Urlaub von der Ehe

W0074226

Cheryl Jarvis

Urlaub von der Ehe

Wie man glücklich verheiratet bleibt
und trotzdem eigene Träume wahr macht

Übersetzt aus dem Englischen
von Christine Strüh

Scherz

Vielleicht ist es genauso wichtig, dem individuellen Seelenleben des
Partners einen angemessenen Platz einzuräumen, wie Nähe und
Gemeinsamkeit zu fördern.

Thomas Moore
Soul Mates

Eine gute Ehe zeichnet sich dadurch aus, dass alles diskutiert und
hinterfragt werden kann.

Carolyn Heilbrun
Writing a Woman's Life

Die Originalausgabe erschien unter dem Titel »The Marriage Sabbatical«
bei Perseus Publishing, Cambridge, Massachusetts.

Erste Auflage 2001
Copyright © 2001 by Cheryl Jarvis.
Alle deutschsprachigen Rechte
beim Scherz Verlag, Bern, München, Wien.
Alle Rechte der Verbreitung, auch durch Funk, Fernsehen,
fotomechanische Wiedergabe, Tonträger jeder Art und auszugsweisen
Nachdruck, sind vorbehalten.
Umschlaggestaltung: Elisabeth Petersen, München.
Unter Verwendung einer Fotografie von A. Inden,
Agentur zefa visual, Düsseldorf.

Inhalt

Einleitung

Ich sitze am Esszimmertisch und führe ein Telefonat nach dem anderen, weil ich alles versuchen will, um in einer Stadt, in der die Möglichkeiten im kreativen Bereich äußerst begrenzt sind, einen Job zu bekommen. Meine rechte Nackenseite tut schon weh, so krumm und verkrampft habe ich die ganze Zeit dagesessen. Der Schmerz zieht sich den ganzen Arm hinunter. Wie schön wäre jetzt eine Schultermassage! Da klingelt das Telefon. Es ist der Chefproduzent der Fernsehsendung, an der ich gearbeitet habe, bevor die Produktion an die Ostküste verlegt wurde. Mit der Produzentin, die meine Nachfolge übernommen hat, klappt es nicht so recht, und ihre Nachfolgerin kann erst in ein paar Monaten anfangen. Wäre ich bereit, nach Connecticut zu kommen und einzuspringen?

Als ich auflege, sind alle Schmerzen vergessen. Ich fühle mich richtig übermütig bei dem Gedanken an einen Job, auf den ich mich voll und ganz konzentrieren kann, ohne dass ständig jemand an mir herumzerrt. Was für eine herrliche Vorstellung! Früher habe ich, wenn ich bei der Arbeit war, immer an zu Hause gedacht, und wenn ich zu Hause war, immer an die Arbeit; stets waren meine Loyalitäten geteilt. Ich kam zu spät ins Büro nach langwierigen Verhandlungen über Frühstück, Termine und Last-Minute-Schulprojekte und rannte früh wieder weg zu den Baseballspielen der Kinder, Tenniswettkämpfen und Musikstunden – immer mit dem unguten Gefühl, dass die unverheirateten Kolleginnen im Stab länger arbeiteten und mehr leisteten. Ich denke daran, welche Programme ich auf die Beine stellen könnte, wenn ich mir nicht ständig darüber Sorgen machen würde, wen oder was ich gerade vernachlässige. Meine Gedanken wandern zurück zu den drei Monaten, die ich allein gelebt habe, in denen ich die Sonntage ganz für mich hatte. Ich denke an lange Spaziergänge durch New England. Schuldbewusste Freude überschwemmt meinen Körper wie ein Endorphinrausch.

Beim Abendessen rühre ich kaum etwas an, während ich aufgeregt von meiner großen Chance erzähle. Mein Mann hält sich bedeckt; als erfahrener Psychotherapeut ist er geübt darin, zuzuhören und seine Reaktionen zurückzuhalten. Die Jungs, zehn und vierzehn Jahre alt, stellen ein paar Fragen: Ab wann wäre das? Wie lange wärst du weg? Später am Abend liege ich im Bett und lese, mit den Gedanken bereits im Flugzeug. Mein jüngerer Sohn kommt herein, schließt die Tür und setzt sich auf den Bettrand. «Ich möchte nicht, dass du gehst», sagt er. «Da fängt grade die Schule an. Was ist, wenn ich Schwierigkeiten kriege? Ich brauche dich, wenn die Schule anfängt. Du kannst doch ein andermal weggehen. Bitte nicht jetzt.» Später kommt mein älterer Sohn herein, setzt sich auf die gleiche Stelle am Bett und äußert die gleiche Bitte, wenn auch aus anderen Gründen.

Plötzlich wallen widerstreitende Gefühle in mir auf: die innere Gewissheit, dass ich das Angebot nicht annehmen werde. Trauer über die verpasste Gelegenheit, ein paar Monate allein zu leben und zu arbeiten. Freude darüber, dass meine Söhne mich brauchen. Aber unabhängig davon ist etwas Wichtiges geschehen: Ich habe vor mir selbst zugegeben, wie sehr ich mich danach sehne, eine Weile wegzugehen.

Damals war ich achtunddreißig. In den darauf folgenden zehn Jahren feierte ich silberne Hochzeit, schickte meine zwei Söhne in entgegengesetzten Teilen des Landes aufs College und arbeitete in fünf verschiedenen Jobs. Jedes Mal, wenn ich sah, wie sich unverheiratete Kollegen auf den Weg nach Chicago, Los Angeles oder New York machten, spürte ich einen Stich – meine verpasste Chance. Gleichzeitig wusste ich, dass viele von ihnen ihre verheirateten Kollegen um die kontinuierliche Vertrautheit einer Paarbeziehung beneideten, wie ich sie um ihre Freiheit beneidete. Liegt es in der menschlichen Natur, dass wir uns nach dem verzehren, was wir nicht haben? Oder wollen wir einfach beides? Jedes Mal, wenn ich einem unserer Söhne beim Packen half – in die Ferne, zu einem Sommer in Oregon, einem Auslandssemester in Spanien –, beneidete ich ihn darum, dass er ganz allein auf Abenteuer ging. Ich brachte ihn zum Flughafen, spürte, wie sein Leben sich erweiterte, während meines enger wurde und mir immer mehr Zeit, immer mehr Möglichkeiten entglitten. Irgendwo in jeder dieser Abschiedsszenen – zwischen Lächeln und Umarmen und der Ermahnung, anzurufen, vorsichtig zu sein und auf sich aufzupassen – vertröstete ich mich mit dem, was inzwischen mein Motto geworden war: «Das mach ich dann im nächsten Leben.»

In dem Jahr, als ich achtundvierzig wurde, machte es klick und ich fragte mich: In welchem nächsten Leben eigentlich?

Dieses Buch ist aus einem Konflikt heraus entstanden – dem Konflikt zwischen der Liebe zu meinem Mann und dem Bedürfnis, ihn zu verlassen. Nein, der *Notwendigkeit*, ihn zu verlassen. Dabei ging es nicht um die Frustration über die traditionellen Geschlechterrollen. Er wäscht die Wäsche, seit ich im ersten Jahr unserer Ehe Bleiche über sein liebstes Tennishemd geschüttet habe. Auch ging es nicht um angeblich typisch männliche Unzulänglichkeiten, wie sie in Frauenzeitschriften so gern angeprangert werden. Ich bin diejenige, die in letzter Sekunde noch losstürzt, um für ihn ein Geburtstagsgeschenk zu besorgen, ich lasse meine Klamotten überall auf dem Schlafzimmerboden herumliegen, ich halte mich stundenlang an der Fernbedienung fest und zappe durch die Kanäle. Als wir uns kennen lernten, war Jim Feminist, und wir führten schon eine gleichberechtigte Ehe, ehe der Psychologe Pepper Schwartz diesen Ausdruck prägte. Wir hatten ein unabhängiges Leben. Wir gestehen uns gegenseitig zu, was man allgemein eine lange Leine nennt.

Doch es reichte nicht, damit ich mich zu Hause frei fühlen konnte. Ich musste weggehen, allein. Nicht nur für eine Woche – das hatte ich schon oft getan. Auch nicht für immer. Nur für eine Weile. Aber die Sehnsucht fühlte sich wie etwas Unnatürliches an und Schuldgefühle bemächtigten sich meines Körpers wie die Arthritis, die ich mir über die Jahre hinweg durch zu viel Sport angelacht habe. Während die Schuldgefühle schlimmer wurden, flammte der Ärger auf. Wo zum Teufel stand geschrieben, dass ich mich nicht allein ins Abenteuer stürzen durfte, dass ich, nur weil ich verheiratet war, kein Recht auf eine Auszeit hatte, auf Zeit ganz für mich allein, ohne meine Familie? Was hatte das eine mit dem anderen zu tun? Und woher kamen all diese Gefühle?

Ich hatte keine Antworten auf all diese Fragen, weil ich keine verheirateten Frauen kannte, die je getan hatten, was ich gern tun wollte. In den ersten siebzehn Jahren meiner Ehe dachte ich nie daran. Als ich anfing, mit dem Gedanken zu spielen, konnte ich ihn nicht in Worte fassen. Doch je älter ich wurde, desto mehr kam ich zu der Überzeugung, dass es Frauen geben musste, die das Gleiche empfanden, sonst hätte das Gefühl in mir nicht so stark und hartnäckig sein können. Ich habe dieses Buch geschrieben, um solche Frauen zu finden, Frauen, die ihr Zuhause für eine Zeit verlassen haben, um einem Traum nachzugehen, Frauen, die in einer guten Ehe leben, die mir die Reiseroute beschreiben und mich auf meinem Weg unterstützen würden. Ich habe dieses Buch geschrieben, weil ich Antworten auf meine Fragen brauchte. Unbewusst suchte ich nach der Erlaubnis, gehen zu dürfen.

Zögernd begann ich, meine Gedanken einer älteren Freundin anzuvertrauen, die mir ihre Geschichte erzählte. Diese Freundin führte mich zu anderen Frauen, die mir ihre erzählten. Und dann wurde mir klar, was in unserer Kultur fehlte: eine neue Geschichte der Ehe. Und als ich sie fand, entdeckte ich die Schönheit in der Spannung: Ich entdeckte einen Weg, meinen Wunsch nach einer festen Verpflichtung und meine Sehnsucht nach Freiheit miteinander zu verbinden, eine Methode, gleichzeitig und gleichermaßen meine Ehe und mich selbst zu respektieren. Die Geschichte selbst mag modern sein, dass Modell jedoch ist uralt, verfasst in einer inzwischen zweitausend Jahre alten Sprache.

In der Schöpfungsgeschichte der Bibel heißt es: «Und so vollendete Gott am siebenten Tage seine Werke, die er machte, und ruhte am siebenten Tage von allen seinen Werken, die er gemacht hatte.» Und er segnete und heiligte diesen Tag. Den Sabbat zu ehren (das Wort kommt von *shabbat*, ruhen), wurde zu einem der zehn Gebote und ein charakteristisches Merkmal des jüdischen Glaubens. Heute respektieren die meisten Weltreligionen solche Ruhephasen. Die alten Hebräer dehnten das Prinzip auch auf die Landwirtschaft aus: Nach dem Gesetz Moses sollten Ackerland und Weinberge alle sieben Jahre brachliegen, «als Sabbat für den Herrn». Man glaubte, dass Wiesen nur eine bestimmte Zeitspanne als Weideland dienen konnten, sonst verloren sie ihren Nährwert. Dann mussten sie sich erholen und regenerieren. Die Hebräer nannten diese Ruhepause ein «Sabbatjahr».

Mit seiner theologischen Bedeutung überlebte das Konzept die Jahrhunderte. Wenn selbst Gott sich vom Werk der Schöpfung ausruhen musste, dann brauchten sterbliche Männer und Frauen sicher erst recht Ruhezeiten. Im Jahr 1880 gewährte die Harvard University als erste amerikanische Institution ihren Mitgliedern ein Sabbatjahr. Bis heute ist das Sabbatjahr auch in Deutschland fast ausschließlich Schul- und Hochschullehrern vorbehalten. Seine inhaltliche Bedeutung ist in den letzten hundert Jahren grundsätzlich die gleiche geblieben: Ausstieg aus der täglichen Routine, um sich intellektuell zu entwickeln, kreativ zu sammeln, körperlich zu erholen.

Doch in der Ehe – einer der ältesten Institutionen der Welt, einer der größten Herausforderungen des Lebens, einer Beziehung, die emotional genauso intensiv und anstrengend sein kann wie jeder Job, den selbst die herkömmliche Weisheit als *harte Arbeit* bezeichnet – ausgerechnet in der Ehe gibt es keinen Entwicklungsurlaub, keine rituelle Ruheperiode. Vielleicht ist es kein Zufall, dass in biblischen Zeiten das Land alle sieben Jahre brachliegen sollte und dass in fast allen westlichen Ländern eine Ehe durchschnittlich sieben Jahre hält. Tatsächlich lag die Zahl in den letzten drei Jahrzehnten konstant in diesem Bereich, sodass das «verflixte siebte Jahr» durchaus etwas mehr als ein Schlagwort sein könnte. Was würde passieren, wenn wir unsere Ehen eine Weile ruhen ließen, damit sie sich regenerieren? Was würde passieren, wenn wir uns Zeit nehmen würden für diese Erfahrung, bei der wir Kraft sammeln und uns auf unsere persönliche Entwicklung konzentrieren könnten?

Genau genommen gibt es das Sabbatjahr in der Ehe, einen «Urlaub» von der Ehe aber eigentlich schon seit Jahrhunderten, wenn auch in anderem Gewand. Im Mittelalter zogen sich Frauen, die Zeit für sich allein verbringen wollten, ins Kloster zurück. Im viktorianischen Zeitalter empfahl man als Therapie gegen Hysterie – eine psychische Störung, die zum Teil durch exzessive Angstzustände gekennzeichnet ist – zu einer See- oder sonstigen langen Reise, zu einem Umzug von der Stadt aufs Land, kurz, zu Maßnahmen, die das Nervensystem anregten. Zur Therapie bei Neurasthenie – einer Störung, die mit Erschöpfungszuständen und Reizbarkeit einhergeht – gehörte die Trennung von der Familie und der gewohnten Umgebung. Verschiedene Kureinrichtungen,

Sanatorien und andere Rückzugsorte blühten und gediehen in dieser Ära.

Kein Wunder, dass diese Krankheiten als vornehmlich weibliche Gebrechen galten. Kein Wunder, dass sie viel zu häufig diagnostiziert wurden. Kein Wunder, dass man sie nur in den mittleren und höheren Schichten fand, die sich überhaupt einen Rückzug oder eine Schiffsreise leisten konnten. Kein Wunder, dass diese «Behandlungen» gute Erfolge zeitigten. Krank zu werden war eine der wenigen akzeptablen Methoden, wie Frauen Zeit für sich selbst herausschinden konnten.

Heute haben viele Ehen eingebaute Trennungszeiten: Pendlerjobs, Berufe, bei denen man viel auf Reisen sein muss, Militärdienst oder Firmenumzüge. Wenn ein Mann versetzt wird und seine Frau ein Jahr wartet, bis sie ihm hinterherzieht, weil sie das Haus verkaufen will, oder wenn ein Mann ein paar Monate braucht, bis er seiner Frau folgt, die aus beruflichen Gründen in eine andere Stadt gezogen ist, dann gönnen sie ihrer Beziehung eine Ruhepause, ganz gleich, ob die beiden sich dessen bewusst sind oder nicht.

Aber was ist mit Paaren, deren Arbeit keine solchen Gelegenheiten zur Erneuerung bietet? Ein gewichtiger Grund, weshalb die Idee eines Urlaubs von der Ehe gerade heutzutage ernsthaft erwogen werden sollte, ist die höhere Lebenserwartung und damit verbunden die höhere «Eheerwartung». Um die Wende vom 19. zum 20. Jahrhundert erlebten nur wenige Menschen, wie alle ihre Kinder zu Erwachsenen wurden. Die meisten starben um die fünfzig. Heute haben wir mit fünfzig noch dreißig Jahre vor uns. Und wir sind so gesund wie nie in der Geschichte der Menschheit. Wir haben weniger Kinder und verbringen deshalb auch weniger Zeit damit, sie aufzuziehen. Außerdem leben wir in einer Gesellschaft, die sich schneller verändert als wir selbst. In einer Welt, in der die Menschen ihr Leben mit vierzig, fünfzig, sechzig neu erfinden können oder müssen, wird eine lebenslange Ehe zu einer immer größeren Herausforderung. Mit der Gleichberechtigung der Geschlechter kam es zu einer weiteren gesellschaftlichen Wende: zu einer Revolution der Erwartungen, die an eine Ehe gestellt werden. Wie viele von uns gehen eine Ehe ein und rechnen fest damit, dass wir nicht nur einen Liebhaber, sondern auch einen besten Freund, Erziehungspartner und spirituellen Seelenverwandten geheiratet haben? Das ist eine Menge psychisches Gewicht für eine einzige Beziehung – angesichts der Tatsache, dass fast die Hälfte aller Paare sich wieder scheiden lässt, offensichtlich mehr Gewicht, als gut ist. In einer Zeit, in der so viele Menschen sich nicht nur fragen, wie sie ihre Ehe notdürftig am Leben erhalten, sondern auch, wie sie viele Jahre lang blühen und gedeihen kann, sollten wir einen Urlaub von der Ehe nicht als pathologisch, sondern als viel versprechend ansehen.

Ein Urlaub von der Ehe ist für Männer ebenso wichtig wie für Frauen. Mit je mehr Männern ich sprach, desto schwieriger fand ich es, mich ausschließlich auf Frauen zu konzentrieren. Aber während die Gefühle universell sind, gilt dies nicht für kulturelle Realitäten und Erwartungen. Dass der Urlaub von der Ehe für Frauen einen anderen Stellenwert besitzt als für Männer, zeigt sich vor allem an vier Punkten.

Männer profitieren mehr von der Ehe. Dies stellte Jessie Bernard, die Pionierin der Eheforschung, bereits 1972 fest, und heute bestätigen männliche und weibliche Forscher das damalige Untersuchungsergebnis. Verheiratete Frauen leiden häufiger unter Depressionen als verheiratete Männer – in den letzten drei Jahrzehnten waren es im Durchschnitt doppelt so viele. Im Vergleich zu den allein stehenden weiblichen Kontrollpersonen haben sie ein schwächer ausgeprägtes Gefühl von Kontrolle, ein niedrigeres Selbstwertgefühl und leiden unter mehr Stress und mehr Depressionen. Verheiratete Männer dagegen sind gesünder und glücklicher und leben länger als ihre Geschlechtsgenossen. Die Viktorianer gingen davon aus, dass sich der Gesundheitszustand einer Frau nach der Eheschließung verschlechtere, und diese Überzeugung, so meinen die Historiker, gab der Entstehung von Sanatorien und Kurbädern großen Auftrieb. Was im neunzehnten Jahrhundert mehr oder weniger als selbstverständlich hingenommen wurde, bestätigten die Forscher im zwanzigsten: Die Ehe stellt für Frauen ein größeres Gesundheitsrisiko dar als für Männer.

Ein Urlaub von der Ehe hat für Frauen einen anderen Stellenwert, weil es für Frauen schwieriger ist wegzugehen. Obwohl sich Männer immer mehr in der Familie engagieren, gibt es in allen fürsorgenden Rollen immer noch wesentlich mehr Frauen als Männer. Untersuchungen zeigen mit überwältigender Klarheit, dass in Familien, in denen beide Eltern arbeiten, Frauen deutlich mehr Zeit mit Kindern und Haushalt verbringen. Wenn ein Kind berufstätiger Eltern krank wird, bleibt nach wie vor in den meisten Fällen die Mutter daheim. Frauen verbringen wesentlich mehr Zeit als Männer damit, sich um die eigenen Eltern und Schwiegereltern zu kümmern und dieser Trend wird sich so bald wohl nicht ändern. Eine berufstätige Amerikanerin muss heutzutage damit rechnen, dass sie mehr Jahre für einen alternden Elternteil opfert als für ein von ihr abhängiges Kind. Und da Frauen im Durchschnitt älter werden als Männer, ist es wahrscheinlicher, dass sie irgendwann auch ihren Gatten pflegen, und nicht umgekehrt.

Urlaub von der Ehe hat für Frauen auch wegen der psychischen Geschlechtsunterschiede einen anderen Stellenwert. In ihrem bahnbrechenden Werk «Die andere Stimme» stellt die Verhaltenspsychologin Carol Gilligan die These auf, dass Frauen dazu erzogen werden, sich mehr um Beziehungen zu kümmern als Männer. Während Männer ihre Identität durch Trennung und Autonomie entwickeln, ist sie bei Frauen durch ihre Beziehung zu anderen Menschen geprägt. Weil Frauen durch ihre Sozialisation dazu gebracht werden, mehr in Beziehungen zu investieren, weil ihre Selbstwahrnehmung sich an Verbundenheit orientiert, können sie sich schwerer aus Beziehungen lösen.

Der Schweizer Psychologe Carl Gustav Jung vertrat eine andere, aber gleichermaßen relevante Theorie der psychischen Entwicklung. Historisch gesehen hat unsere Kultur das, was wir früher «männliche» Charakteristika nannten (Macht und Unabhängigkeit), bei Frauen unterdrückt, während den Männern «weibliche» Charakteristika (emotionale Ausdrucksfähigkeit und Fürsorge) ausgetrieben wurden. Die Aufgabe der zweiten Lebenshälfte besteht darin, so Jung, unsere gegengeschlechtlichen Energien zurückzugewinnen – mit anderen Worten, unser verlorenes Selbst wieder zu finden. Um diese Aufgabe zu bewältigen, um «ganz zu werden», müssen sich Männer nach innen – zu Heim und Familie – wenden, damit sie ihre «feminine» Seite entdecken können, während Frauen sich zur Entwicklung ihrer «maskulinen» Eigenschaften stärker nach außen orientieren müssen – weg von zu Hause, weg vom Familienleben. Zwar gelangen immer mehr Frauen zwischen zwanzig und dreißig zu persönlicher Stärke und in gesellschaftliche Machtpositionen, doch diejenigen, die die erste Hälfte ihres Erwachsenenlebens mit Kindererziehung verbracht haben, erfahren eine solche Stärke oft erst im mittleren oder späteren Alter.

Und schließlich besitzt der Urlaub von der Ehe für Frauen auch deshalb einen anderen Stellenwert, weil Frauen weniger Rollenvorbilder dafür haben. In der Schule sind wir mit männlichen Archetypen aufgewachsen. Die Odyssee verband als erste Geschichte der Welt Wanderlust mit ehelicher Liebe, aber es war der griechische Held, der Mann Odysseus, der durch die Welt reiste, während seine Frau Penelope zu Hause auf ihn wartete. Seine zehnjährige Seereise nach dem Trojanischen Krieg war eine Reise der Selbstfindung, Penelopes zehnjähriges Warten ein Vorbild an Tugend. Homer schrieb seine epische Prosadichtung vor mehr als zweitausendsiebenhundert Jahren, aber auf der Leinwand herrscht nach wie vor der Mythos von der Mobilität der Männer und der Verwurzelung der Frauen. Ob die Ritter der Tafelrunde in die Wälder reiten, um den Heiligen Gral zu suchen, ob Soldaten die Kontinente durchstreifen, um für die gute Sache zu kämpfen, oder ob ein Abenteurer dem Ozean, den Bergen und dem Himmel trotzt, einfach weil darin eine Herausforderung liegt – die Filmgeschichte ist voller Bilder von Männern, die ihr Heim verlassen und nach bestandenen Abenteuern zurückkehren.

Wenn Frauen Haus und Familie verlassen, wird im Kino eine ganz andere Geschichte erzählt. In «Eine verhängnisvolle Affäre» versinkt die Welt im Chaos, weil die Ehefrau übers Wochenende wegfährt. Ihr Mann begeht Ehebruch mit einer psychotischen Frau, die ihn nicht mehr aus ihren Krallen lässt, seine Familie terrorisiert und schließlich tot in der Badewanne endet, ermordet von der Ehefrau, mit deren Abwesenheit alles begonnen hat. In «Thelma und Louise» verlässt Thelma ihren Mann für einen zweitägigen Angeltrip und rast am Schluss in den Abgrund des Grand Canyon. Wenn Frauen, die weggehen, nicht bestraft werden, wird zumindest dafür gesorgt, dass sie nicht zurückkommen. Die Heldin von «Shirley Valentine», die ihr Haus in London verlässt, um auf eine griechische Insel zu fahren, bleibt in Griechenland. Warum auch nicht? Ihre Ehe erdrückt sie, ihr Mann ist gleichzeitig ein Tyrann und ein Langweiler. Aber als Billy Crystal in «City Slickers» von zu Hause weggeht, hinterlässt er dort eine liebenswerte und einfühlsame Frau und zwei nette Kinder. Nicht nur kehrt er zurück, er ist auch voll neuer Lebensenergie, voller Elan für die Liebe, für die Arbeit. Warum gibt es keinen Film, in dem eine verheiratete Frau Haus und Familie verlässt und gestärkt zu ihrer Familie zurückkehrt? Das Problem mit diesen stereotypen Bildern ist, dass sie unsere Wahrnehmung formen und über unsere Wahrnehmung unser Leben beeinflussen.

Viele von uns haben als Kinder ihren Vater auch in der Freizeit weggehen sehen – zur Jagd, zum Angeln, auf den Golfplatz –, aber wer von uns kann sich erinnern, dass die Mutter weggegangen wäre, außer zu einem Verwandtenbesuch oder weil sie ins Krankenhaus musste? Wie viele von unseren Müttern haben allein und vor allem um ihrer selbst willen etwas Eigenes unternommen? Männer hatten schon immer die Erlaubnis wegzugehen, aber von weggehenden Frauen haben wir eigentlich nur zwei vorherrschende Bilder im Kopf: Edna, die in Kate Chopins «Das Erwachen» ins Wasser geht, und Nora aus Ibsens «Nora – Ein Puppenheim», wie sie den Raum verlässt. Ein Selbst, das für immer versinkt, eine Beziehung, die zerreißt. In beiden Fällen – ob durch Ertrinken oder Weglaufen – ein endgültiger Bruch.

Es gibt kein Paradigma für eine verheiratete Frau, die ihr Zuhause mit dem Ziel persönlicher Weiterentwicklung für eine Weile hinter sich lässt. Es gibt kein Paradigma dafür, dass eine verheiratete Frau überhaupt zurückkehrt, geschweige denn bereichert, voll frischer Energie und vielleicht wieder neu in ihren Ehemann verliebt. Wenn Frauen keine Rollenvorbilder haben, wenn Frauen unter ihrer Ehe leiden, wenn Frauen immer mehr diejenigen sind, die vor Gericht das trennen wollen, was sie in der Hochzeitszeremonie sehnsüchtig zu vereinen wünschten, dann ist es an den Frauen, ein vollkommen neues Drehbuch zu schreiben.

Wer sind die Frauen, die auf diesen Seiten zu Wort kommen? Bei ihren jeweiligen Interviews war die jüngste neunundzwanzig, die älteste vierundsiebzig, verheiratet oder zwischen fünf und fünfzig Jahren in einer festen Beziehung. Zur Zeit ihres Urlaubs waren sie zwischen achtundzwanzig und vierundsechzig. Sie stammten aus zweiundzwanzig amerikanischen Bundesstaaten, aus dem District of Columbia, Kanada und Neuseeland, aus Städten mit zwischen fünfhundert und fünf Millionen Einwohnern. Zwar repräsentieren sie verschiedene Berufsgruppen, Rassen und sozioökonomische Verhältnisse, aber alle gehören der Mittelschicht oder der gehobenen Mittelschicht an, weshalb sie also sicher keine repräsentative Stichprobe aller verheirateten Frauen darstellen, die ihr Zuhause verlassen haben. Dieses Buch ist nicht das Ergebnis klinischer Forschung und auch keine soziologische Studie. Viele Namen sind mir durch Mundpropaganda zugetragen worden. Ich habe jede Frau gefragt, ob sie andere verheiratete Frauen kannte, die «von zu Hause weggegangen sind, um etwas für ihre persönliche Entwicklung zu tun, und wieder zurückkamen». Viele hatten solche Bekannte. Ich verschickte Anfragen per Internet. Ich setzte Anzeigen in überregionale Tageszeitungen.

Dieses Buch basiert auf Interviews mit fünfundfünfzig Frauen. Mit mehreren Frauen habe ich entweder vor oder während ihrer Reise gesprochen und dann noch einmal bei ihrer Rückkehr. Die Mehrheit jedoch blickte aus einer gewissen Distanz auf ihre Erfahrungen zurück. Bei all denen, deren Geschichte bereits gedruckt wurde, erscheint der richtige Name. Bei allen anderen habe ich zwar den Namen geändert, um die Privatsphäre der Frauen zu bewahren, aber nicht den jeweiligen Beruf, denn oft hängt die Art des Urlaubs mit der Arbeit zusammen. Um den Erfahrungen der Frauen das Erleben ihrer Familien entgegenzustellen und sie in einen breiteren Rahmen zu setzen, unterhielt ich mich auch mit dreißig Ehemännern und zwanzig Kindern. Außerdem interviewte ich eine ganze Reihe von Psychologen, Psychotherapeuten, Psychoanalytikern und Analytikern der Jung'schen Schule. Alle von ihnen waren in der klinischen Praxis tätig, die Mehrzahl mindestens zehn Jahre verheiratet. Einige hatten selbst eine Auszeit von der Ehe genommen.

Dieses Buch ist weder ein Ehehandbuch noch ein Ratgeber. Auch ist es keine Analyse eines soziologischen Trends oder der Versuch, sich an einen solchen anzuhängen. Mir geht es vielmehr darum, die Frauen zu Wort kommen zu lassen – über ihre Motive, ihre Ängste, ihre Erfahrungen – und die Auswirkungen ihres Abenteuers auf sie selbst, ihre Männer und ihre Ehe zu erforschen. Je weiter ich bei diesen Themen in die Tiefe vordrang, desto weniger wollte ich meine eigene Geschichte miteinbeziehen. Andere Frauen hatten größere Schwierigkeiten zu überwinden gehabt und interessantere Geschichten zu erzählen. Sicher, es war faszinierend, mit ihnen zu reden, aber es tat weh, dabei mein eigenes Leben zu betrachten, die Fehler, die ich gemacht hatte, die Ängste und Unsicherheiten, die mich gequält hatten und noch quälten. Ich war nicht darauf vorbereitet gewesen, die Landminen anderer Frauen als meine eigenen zu erkennen. Am Ende jedoch fügte ich meine eigene Geschichte doch hinzu, denn aus dem Zentrum dieser Gefühle heraus habe ich dieses Buch geschrieben.

Wie definiere ich den Urlaub von der Ehe? Ich benutze den Ausdruck genauso wie Urlaub im professionellen Bereich: persönliche Auszeit von der Alltagsroutine, Zeit für kreatives, berufliches oder spirituelles Wachstum, zum Studieren, Nachdenken oder Regenerieren. Es ist kein verlängerter Aufenthalt bei Freunden, keine Notbeurlaubung, weil man sich um kranke Eltern kümmern muss. Es ist kein Sommer, den man mit den Kindern am See verbringt, während der Ehemann am Wochenende zu Besuch kommt. Der Urlaub von der Ehe ist – in diesem Buch – eine Reise, die eine Frau allein unternimmt, für die sie freiwillig alles hinter sich lässt, was ihr vertraut und behaglich ist, um in unbekannte Gefilde vorzustoßen.

In welchem Zeitrahmen findet ein solcher Urlaub von der Ehe statt? Je mehr ich versuchte, die Dauer abzustecken, desto dehnbarer wurde sie. Der Urlaub sollte so viel Zeit in Anspruch nehmen, wie eine Frau eben braucht, um ihr Leben neu zu erschaffen oder einen Traum zu erfüllen, was bedeutet, dass er für jede Frau unterschiedlich lang ist. Wichtiger als die tatsächlich verbrachte Zeit ist die empfundene Zeitspanne und deren Effekt. Für die eine Frau können fünf Wochen viel schwieriger sein und eine viel größere Veränderung herbeiführen als fünf Monate für eine andere. In diesem Buch dauerten vier Urlaube über ein Jahr. Sechs erstreckten sich gar über mehrere Jahre, denn die betreffenden Frauen besuchten eine Universität in einer anderen Stadt, was bedeutete, dass sie mehrmals für jeweils vier Monate weg waren. Die übrigen Auszeiten rangierten zwischen einem und neun Monaten. Die Durchschnittszeit betrug vier Monate, doch über die Hälfte aller Reisen dauerte nur einen bis drei Monate.

Manche Frauen gaben zu, Urlaub von der Ehe genommen zu haben, andere hatten das Wort zwar nie benutzt, fanden es aber passend. Eine Frau amüsierte sich sehr über den Ausdruck. Und eine ärgerte sich: Ich habe meinen Ehemann nicht *verlassen!*, protestierte sie. Aber keine der Frauen hat ihren Ehemann verlassen, genauso wenig wie ein Professor seine Universität verlässt, wenn er ein Urlaubssemester nimmt. Während ihrer Abwesenheit telefonierten die Frauen, schickten E-Mails und Geschenke, schrieben Briefe, arrangierten Besuche. Emotional waren sie nicht abwesend, aber körperlich. Ob sie nach einer Ruhepause innerhalb der Beziehung suchten oder nicht, sie bekamen jedenfalls eine.

Zwölf Jahre nachdem der Traum wie der Geist aus der Wunderlampe aufgetaucht war – flüchtig und dennoch mächtig und verführerisch –, beschloss ich, für drei Monate von zu Hause wegzugehen, um dieses Buch anzufangen, drei Monate, um allein zu leben und zu arbeiten. Ein Gedanke stand im Vordergrund: Was passiert, wenn sich eine verheiratete Frau Zeit und Raum jenseits ihrer gewohnten Umgebung zugesteht?

Ein Sabbatjahr ist biblisch, historisch, archetypisch. Eine Zeit, um brachzuliegen. Vielleicht ist ein Urlaub von der Ehe untypisch, aber er kommt vor und seine Geschichte soll erzählt werden.

1

Gründe für eine «Auszeit»

Unter der Vereinfachung des Lebens verstehe ich, dass man ein einfaches Leben führen, sich eine Muschel wählen soll, die man leicht tragen kann – wie ein Einsiedlerkrebs. Aber ich tue es nicht. Mein Lebensstil ist nicht auf Einfachheit zugeschnitten. Mein Mann und die fünf Kinder müssen ihren Weg in der Welt machen. Das Leben, das ich als Frau und Mutter gewählt habe, zieht eine ganze Karawane von Komplikationen nach sich. ...

Das ist nicht das einfache Leben, sondern das vielfache Leben, vor dem uns die Weisen warnen. Es führt nicht zur Sammlung, sondern zur Zersplitterung. Es führt nicht zur Gnade, es zerstört die Seele. ...

Der ganze Instinkt der Frau – der ewigen Nährmutter der Kinder, der Menschen, der Gemeinschaft – verlangt, dass sie sich ausgibt. Ihre Zeit, ihr Wille, ihre schöpferische Kraft fließen, wenn irgend möglich, in diese Kanäle. ... Seit Urzeiten verströmt sich die Frau in vielfältigen Rinnsalen an die Durstigen, und nur selten hat sie die Zeit, die Ruhe und den inneren Frieden, den Krug wieder bis zum Rand aufzufüllen.

Anne Morrow Lindbergh
Muscheln in meiner Hand

1996. Unsere Söhne sind aus dem Haus und ich habe das Zimmer des jüngeren in mein eigenes Büro verwandelt. Das warme Licht, das von Süden hereinfällt, zieht mich an, die vertraute Atmosphäre meiner überall verstreuten Papiere, Stapel auf dem Bett, dem Boden, dem Schreibtisch. Hauptsächlich lockt mich die Stille. Das einzige Geräusch ist das gedämpfte Brummen des Computers. Von einem solchen Zimmer träume ich seit Jahren, aber ich habe mir nie vorgestellt, wie angenehm es sein würde, es jeden Tag zu betreten.

»Mama!» Eine E-Mail von meinem jüngeren Sohn. «Ich brauche ein paar Sachen. Könntest du mir bitte mein neues Nike-T-Shirt schicken und ein anderes heraussuchen, ein graues mit abgeschnittenen Ärmeln? Und ‹Walden oder Hüttenleben im

Walde› – das Buch steht auf dem Regal in meinem Zimmer –, ich brauche es dringend für einen meiner Kurse.»

»Mama!» Sofort erkenne ich die Stimme meines älteren Sohnes am Telefon.

»Ich hab einen Termin, Schätzchen. Kann ich dich heute Abend zurückrufen?»

»Dauert bloß einen Moment. Ich muss unbedingt mit dir darüber sprechen.»

Er ist charmant, er ist hartnäckig und er wickelt mich um den kleinen Finger. Dreißig Minuten später lausche ich ihm noch immer.

Auf dem Anrufbeantworter ist eine Nachricht von meiner Mutter: «Ich bin heute in aller Eile aus dem Haus und weiß nicht mehr, ob ich den Herd ausgeschaltet habe. Wärst du so nett, für mich nachzusehen?» An anderen Tagen hinterlässt sie andere Nachrichten: Könntest du mir helfen, meine Kleider für die Reise rauszusuchen? Könntest du mich zum Flughafen fahren? Ich bin eine von drei Geschwistern, aber die einzige Tochter. Ich bin diejenige, die den Vormittag in der Notaufnahme verbringt, als sich meine Mutter das Handgelenk gebrochen hat. Ich bin diejenige, die ihr Seminar ausfallen lässt, um meiner Mutter vor ihrer Hüftoperation beizustehen. Ich liebe meine Mutter, ich kann sie nicht allein lassen, sie hat doch Angst.

Wenn sich solche Tage zu Wochen und Monaten aneinander reihen, kann ich nicht umhin, mich zu fragen, ob mein Leben nicht hauptsächlich darin besteht, mich anderen Menschen anzupassen. Jahrelange Konditionierung, denke ich, Jahre, die ich damit verbracht habe, die gute Tochter/Ehefrau/Mutter zu sein, Jahre des Ja-Sagens. Jahre, in denen ich meinen Kindern jedes Bedürfnis erfüllt habe, in denen ich lieb und sanft gewesen bin. Natürlich bin ich diejenige, die sie rufen, wenn sie Probleme haben. Der Butler in mir lauert nie sehr weit unter der Oberfläche. Klar, ich hol dich vom Flughafen ab, schicke dir das Päckchen, kauf dir dein Lieblingsshampoo, das du auf dem Campus leider nirgendwo auftreiben konntest. Ich komme mir vor wie eine Marionette, die an immer verschlisseneren Fäden tanzt, und allmählich habe ich das Gefühl, dass ich den Boden unter den Füßen verliere. Solange ich in meinem Haus bin, ist es unmöglich, keine

Mutter und keine Tochter zu sein, selbst wenn ich mich in mein Arbeitszimmer verkrieche.

Es ist auch unmöglich, keine Ehefrau zu sein, aber was in dieser Rolle an mir zerrt, ist subtiler, heimtückischer, weil es hauptsächlich aus meinem Innern kommt.

Was ich alles tue, nur weil ich verheiratet bin: Ich bleibe in einer Stadt, in der ich nicht bleiben will, weil mein Mann seine psychologische Praxis nicht verlegen kann. Fast jeden Abend setze ich mich zu einer warmen Mahlzeit an den Tisch, obwohl ich das Abendessen manchmal lieber ausfallen lassen und nur eine Tüte Popcorn oder einen Becher Joghurt verdrücken würde. Wenn ich ein Video ausleihe, nehme ich oft einen Thriller, von dem ich weiß, er gefällt Jim, statt eines ausländischen Films, von dem ich weiß, dass er mir gefallen würde. Er bittet mich nicht darum, all diese Dinge zu tun, wahrscheinlich würde es ihm kaum etwas ausmachen, wenn ich sie nicht täte. Aber unsere Beziehung ist überfrachtet mit meinem endlosen «Ich sollte», das sich schon vor Urzeiten bombenfest in meinem Hirn eingenistet hat. Ich tue diese Dinge ohne nachzudenken, aber ich tue sie auch, weil ich meinen Mann liebe, weil ich das Gefühl habe, wenn ich sie nicht tue, bin ich gemein und rücksichtslos. In einer Ehe geht es schließlich um Rücksicht und um Kompromisse – und zwar nicht nur gelegentlich, sondern jeden Tag, zehn oder sechzehn oder achtundzwanzig Jahre lang.

An manchen Tagen ist mir aber nicht nach Kompromissen. Da mag ich mich nicht nach dem Terminplan eines anderen Menschen richten, mag nicht zuhören, trösten, Rat geben, daran denken, was alle anderen brauchen oder wollen. Da möchte ich all diesen Rollen eine Weile entfliehen, möchte auch mal diejenige sein, die bestimmt.

Als ich einer New Yorker Schriftstellerin vom Thema dieses Buchs erzählte, meinte sie: «Ich sage dazu: von zu Hause weglaufen.» So nannte Anne Morrow Lindbergh, Schriftstellerin, Frau des berühmten Fliegers und Mutter von fünf Kindern ihre gelegentlichen Soloausflüge zu einem Strandhaus in Florida. «Ich bin weggelaufen», schreibt sie in ihrem schmalen Memoirenband «Muscheln in meiner Hand». «Ich habe den Panzer meines Lebens abgelegt.» Aber wenn Frauen, die ihr Zuhause verlassen, eigentlich weglaufen, wovor laufen sie dann weg? Bei den meisten Frauen, die ich befragt habe, war es keine schwierige Beziehung, sondern – wie bei Lindbergh – ein zerrissenes Leben, ein Leben, in dem die Träume im alltäglichen Kampf um den Lebensunterhalt, im Haushaltführen und in den Pflichten einer Ehefrau, Mutter, Schwiegertochter, Schwester, Nachbarin und Freundin verloren gehen. Ein Leben, das dem widerspricht, wonach sie sich sehnen: Zeit, sich ganz einer Arbeit zu widmen; sich ihr mit Leib und Seele hinzugeben, sich in sie zu versenken – ohne andere Ansprüche, Verantwortung, Ablenkung, Lärm. Manche Frauen sind so aufs Kümmern abgerichtet, dass sie sich nicht davon trennen können, es sei denn, sie gehen weg. Sie sind nicht nur unfähig, das Muster zu durchbrechen, sie haben nicht einmal genügend psychischen Raum, um herauszufinden, wie dieses Muster aussieht.

VERSENKUNG

Als Melissa ihren Juraabschluss gemacht hatte, gab sie sich anderthalb Tage Zeit, um sich an dem Geleisteten zu erfreuen. Anschließend musste sie sich gleich wieder an die Vorbereitung auf das Anwaltsexamen machen und das mitten im Umzug der Familie. Ihr Mann hatte gerade eine neue Stelle in einer anderen Stadt angenommen, also sah sich Melissa quasi schon beim Auspacken nach einem Vorbereitungskurs um. Als sie herausfand, dass es in der kleinen Stadt, in die sie gezogen waren, kein entsprechendes Angebot gab, versuchte sie, in die nächste größere Stadt zu pendeln. Doch dafür musste sie so früh aufstehen, dass sie ständig übermüdet war und sich tagsüber nicht konzentrieren konnte, außerdem raubte ihr die lange Fahrerei die Energie, die sie gebraucht hätte, um abends noch lernen zu können. Sie kaufte den Kurs auf Band, aber daheim war sie ständig abgelenkt, am schlimmsten in den weniger strukturierten Sommermonaten. Zu Hause kamen die Bedürfnisse der anderen immer vor ihren eigenen, und wenn sie sich um ihren Mann gekümmert, für die Kinder gesorgt, sie zu ihren Baseballspielen gefahren, eingekauft, die Wäsche gemacht, sich mit plärrenden Hi-Fi-Anlagen, klingelnden Telefonen und bellenden Hunden herumgeärgert hatte, drängte sich ihr die bange Frage auf: «Woher soll ich die zwölf Stunden pro Tag nehmen, die ich zum Studieren brauche?»

Melissa hatte immer versucht, die Anforderungen ihrer Arbeit um die Bedürfnisse ihrer Familie herum zu arrangieren. Als Lehrerin war das zwar auch nicht einfach gewesen, aber leichter als jetzt im Studium. «Ich habe mein Jurastudium durchgezogen, indem ich gelernt habe, wenn alle anderen schon im Bett waren. Die ganze Nacht habe ich Kaffee getrunken», erklärte sie mir. «Es hätte mich fast umgebracht.»

Am Abend vor einer wichtigen Prüfung hatte sich Melissa gerade zum Arbeiten niedergelassen, als eine Freundin anrief, die mitten in einer Krise steckte. Melissa erklärte ihr, wie sehr sie unter Druck stand, und bot an, sich am nächsten Abend Zeit zu nehmen, aber mit Vernunft ließ sich weder die Panik vertreiben noch hörten die Tränen auf zu fließen. Also blieb Melissa am Telefon, obwohl in ihr die Verzweiflung tobte. Sie lauschte ihrer Freundin, während sie auf ihre juristischen Schinken starrte, auf die Skripte, die Papierstapel, die sie von drei Seiten umringten. Sie lauschte, hörte dabei die Uhr ticken und kämpfte gegen die Müdigkeit an. Als sie nach drei Stunden schließlich ihrer inzwischen beruhigten und dankbaren Freundin eine gute Nacht wünschte, fühlte sie sich so ausgebrannt, dass sie sich nicht vorstellen konnte, wie sie die Prüfung am nächsten Tag schaffen sollte.

Melissa meisterte die Situation wie immer – sie studierte, nachdem die Bedürfnisse aller anderen befriedigt waren, und hielt sich die Nacht über mit Kaffee wach. Als sie die Prüfung bestand, schrieb sie das mehr ihrem Glück zu als ihrer Gelehrsamkeit. Aber beim Anwaltsexamen konnte sie nicht mit dem Glück rechnen, denn da galten strengere Regeln, keine Wiederholungstests, keine zweite Chance. «Ich wusste, dass ich wegmusste und eine Weile allein sein, um mein Ziel zu erreichen», sagte sie. Also zog sie mit den Lernkassetten und ein paar Klamotten für zwei Monate in eine möblierte Wohnung und büffelte.

Wenn eine Frau es nicht fertig bringt, am Abend vor einer wichtigen Prüfung ihre Freundin abzuweisen, und sie stattdessen ausführlich tröstet, würden manche sagen: Mach schleunigst eine Therapie, geh in eine Selbsthilfegruppe für Koabhängige, schreib dich beim nächsten Kurs für ein Selbstsicherheitstraining ein, lerne nein zu sagen. Das Problem mit all diesen Vorschlägen ist nur, dass sich die erwachsene Persönlichkeit nicht innerhalb einer sechsmonatigen Therapie oder eines achtwöchigen Workshops verändert, und ganz bestimmt verändert sie sich nicht über Nacht. Die meisten Psychologen gehen sogar davon aus, dass die Persönlichkeit schon im Alter von sechs Jahren mehr oder weniger festgelegt ist. Melissa wuchs als einziges Kind liebevoller und aufmerksamer Eltern auf. Sie entschied sich, lieber Lehrerin zu werden als Jura zu studieren, denn dann konnte sie nach der Schule und im Sommer bei ihren Kindern zu Hause sein, und das passte besser zu ihren Vorstellungen eines harmonischen Familienlebens. Als Melissas Mutter im Sterben lag, nahm sie sich ein Halbjahr frei, um sie zu pflegen. Als Melissas Vater zu gebrechlich wurde, um alleine zu wohnen, nahm sie ihn für seine letzten beiden Lebensjahre bei sich auf. Als im Haus ein Zimmer frei wurde, stellten Melissa und ihr Mann sich freiwillig als Pflegeeltern für Notfälle zur Verfügung, dann adoptierten sie eins der Kinder, das sie bei sich aufgenommen hatten. Eine Frau, die sich jahrelang emotional für das Wohlergehen anderer Menschen eingesetzt und sich auch körperlich für die Bedürfnisse anderer engagiert hat, ändert ihr Verhalten nicht auf Knopfdruck, sie kann ihre Gefühle nicht einfach abstellen. Und wenn ihr Zuhause von diesen Gefühlen durchdrungen und mit dem entsprechenden Verhalten verbunden ist, dann *spürt sie eine psychische Beanspruchung, sobald sie sich dort befindet, auch wenn gerade niemand akut an ihre Tür klopft.*

Die Umgebung hat sehr viel Macht. Was Melissa am eigenen Leib erfahren hat, konnte die moderne Wissenschaft in Untersuchungen nachweisen: Unsere Umgebung beeinflusst unser Denken, unsere Gefühle und unser Verhalten ebenso stark wie unsere Gene. Wenn es um gewohnheitsmäßige Aufopferung geht – sei es an ein bestimmtes Verhalten, einen Menschen oder eine Droge –, spielt die Umgebung eine entscheidende Rolle, das beweisen die Untersuchungen eindeutig. Weltweit zeigen Forschungsergebnisse, dass nach einem Jahr die meisten Drogenabhängigen, die nicht rückfällig werden, in eine andere Stadt umgezogen sind, in eine Umgebung also, die zwar nicht unbedingt frei von Drogen ist, aber doch frei von einer direkten Verbindung zum Drogenkonsum des Betreffenden. Witwen überwinden ihre Depression rascher, wenn sie umziehen und ihr Zuhause nicht mehr mit dem Verlust assoziiert ist. Um Gewohnheiten zu ändern, meinen die Forscher, sollte man sich von der Umgebung trennen, die diese auslösen, sich von den Assoziationen lossagen, die sie verstärken. Mit anderen Worten: Tapetenwechsel ist das beste Mittel, um der Macht der Gewohnheit zu entfliehen.

Frauen wie Melissa, die leistungsorientiert sind, aber zur Fürsorglichkeit erzogen wurden, neigen manchmal zu dieser geografischen Lösung. Sie gehen aus dem Haus, verlassen die gewohnte Gegend, ziehen in eine andere Stadt. Manche Frauen verlassen ihr Heim, weil sie eine Weiterbildung oder ein Diplom machen wollen, das in ihrer Heimatstadt nicht angeboten wird, andere jedoch gehen weg, obwohl ein Angebot in ihrer Nähe besteht. Als ich nach dem Grund fragte, warum, bekam ich als Antwort: Weil ich zu Hause nicht ablehnen könnte, wenn Freunde zu Besuch kommen, wenn ein Familientreffen stattfindet, wenn ich bei Nichten, Neffen oder Enkeln babysitten, wenn ich Freunde oder Mütter von Freunden im Krankenhaus besuchen, meine Schwiegereltern zum Einkaufen fahren, meine Schwester zum Flughafen bringen, meine Tante zum Arzt begleiten soll. Weil ich es zu Hause nicht schaffen würde, mich den Bedürfnissen anderer Menschen zu entziehen und mich abzugrenzen. Weil es zu Hause viel, viel länger gedauert hätte. *Weil ich mich mit Leib und Seele in mein Projekt versenken wollte.*

Historisch gesehen konnten Männer ihre Eigenständigkeit immer besser behaupten und leichter für sich in Anspruch nehmen. Immer hören wir nur von Frauen, die sich nach einem eigenen Zimmer sehnen. Aber was geschieht, wenn nur noch die Sehnsucht übrig ist, wenn Frauen an etwas leiden, was die Forscher als «Rollenüberlastung» und «Rollenkonflikt» bezeichnen, wenn sie unfähig sind, sich überhaupt Zeit und Raum für sich selbst zu nehmen? Träume werden aufgegeben, persönliche Erfolgserlebnisse geopfert. Die feministische Theologin Valerie Saiving glaubte, da die Versuchungen der Frauen andere sind als bei den

Männern, müsse man für sie auch den Begriff der Sünden anders definieren. Ihre These lautet, dass unser Konzept von Sünde ausschließlich auf dem männlichen Charakter basiert und dass die Sünden der Frauen eigentlich darin bestehen, dass sie ihr Selbst nicht genügend entwickeln, dass sie zu wenig zielgerichtet, diffus und ablenkbar sind.

Sicher, Ablenkung kann auch selbst gemacht sein, aber mit Sicherheit sorgt die Mutterschaft dafür, dass die Synapsen der Aufmerksamkeit ausbrennen. Wenn eine Mutter ständig abrufbereit sein muss, dann besteht ihre geistige Entwicklung bestenfalls darin, dass sie erst ein Baby tröstet, dann einem unruhigen Krabbelkind vorliest, schließlich zwei Stunden lang einem verzweifelten Teenager lauscht und mit einem ängstlichen jungen Erwachsenen eine Nacht im Krankenhaus verbringt. Die Bedürfnisse einer Mutter können sich im Lauf der Jahre ändern – wie bei Melissa –, aber die Erwartungen, die ihre Kinder an sie stellen, verändern sich nicht in gleichem Maße. Sie wollen immer noch ihre volle Aufmerksamkeit, und zwar sofort. Tag für Tag, Jahr für Jahr reagiert sie auf diese Störungen von außen, Tag für Tag, Jahr für Jahr ändert sich ihr mentales Verkabelungssystem. Die Konzentration wird schwächer und gerät ins Flackern, die Zerstreutheit nimmt zu.

Dann kommt der Tag, an dem die Kinder aus dem Haus sind, und nun soll die Zeit des Jonglierens ja angeblich vorbei sein. Die Frau kann sich zu Hause ungestört konzentrieren. Stattdessen aber flitzt sie von einem Projekt zum anderen, von einem Schreibtisch zum nächsten, arbeitet hektisch, aber ineffektiv, hastet körperlich voran, aber ihr Kopf dreht sich dabei im Kreis, denn ein zwanzigjähriges Muster der Fragmentierung verschwindet nicht so leicht und unwiderruflich wie die Kinder. *Für die Frau ist es längst zur Gewohnheit geworden, sich zu verzetteln.* Ausgerechnet dann, wenn sie endlich den Luxus genießen könnte, sich ganz auf eine Beschäftigung zu konzentrieren, entdeckt sie, dass sie die Fähigkeit dazu verloren hat. Glücklicherweise ist dieser Verlust nicht endgültig, denn Konzentration ist eine erlernte Fähigkeit. Und wenn die Umgebung die Macht hatte, das Verhalten zu formen, dann hat sie auch die Macht, es wieder in die Ursprungsform zu versetzen.

In den letzten hundert Jahren haben Frauen hart für ihre Gleichberechtigung gekämpft, die Frauenbewegung hat neue Berufszweige für Frauen geöffnet, für Lohnerhöhungen gesorgt, die Geschlechterrollen neu definiert. Aber für Frauen, die nicht von feministischen Müttern erzogen wurden, haben sich auch die Ansprüche erhöht. Viele Frauen über vierzig befinden sich in einem ständigen Kampf zwischen den Fürsorglichkeitsforderungen der Muttergeneration und dem feministischen Leistungsdruck. Wie die Soziologin Arlie Hochschild in ihrem Buch «Der 48-Stunden-Tag» bemerkt hat, sind viele Frauen auch heute bei weitem nicht von den traditionellen Rollen und Pflichten befreit. Vielleicht leisten und verdienen sie viel, vielleicht stehen sie mitten im Berufsleben, vielleicht sind sie ihrer Überzeugung nach Feministinnen – und dennoch, wenn sie abends durch die Haustür kommen, schlüpfen sie mit den gleichen reflexartigen Bewegungen, mit denen sie ihre Trainingshosen überziehen, in ihre Geschlechterrolle. Die Rolle, sich um andere zu kümmern, wird kaum je entlohnt, selten gelobt, oft nicht einmal bemerkt. Und wenn sie erst kulturell entwertet ist, wird sie mehr als eine körperliche Last. In den psychotherapeutischen Praxen im ganzen Land sitzen Frauen mit dem Gefühl, dass sie zu Hause die größere Verantwortung tragen – mehr Verantwortung für die Kinder, mehr Verantwortung für die familiären Beziehungen, eine schwerere emotionale Last.

Ganz gleich, ob der Fürsorgetrieb der Frauen eher anerzogen oder genetisch bedingt ist – wer wollte leugnen, dass Frauen unter einem enormen kulturellen Druck stehen? Während man uns einerseits einredet, dass wir sein können und gefälligst auch sein sollen, was und wie wir sein wollen, werden wir in Zeitschriften mit traditionellen Rollenerwartungen bombardiert, die uns in der Kassenschlange im Supermarkt verführerisch anlächeln, im Stil von «Kochen, dass Ihre Gäste staunen» bis zu «Dreißig kleine Tipps, wie Sie Ihrem Mann das Gefühl geben, etwas Besonderes zu sein». Die Tatsache, dass sich viele Artikel speziell an junge Ehefrauen und Mütter wenden, weist darauf hin, dass auch die jüngere Generation gegen den Konflikt nicht immun sein wird.

Nicht selten wird Hausarbeit, Kindererziehung und auch das Bewirten von Gästen zur Kunstform hochstilisiert. Sicher, für andere Menschen ein Essen vorzubereiten, ist immer eine Geste der Großzügigkeit und kann viel Freude machen, wenn es den eigenen Wünschen der Frau entspricht. Aber sobald aus dem Wunsch ein Zwang wird, zehrt es Körper und Seele immer mehr aus. Nach Hause zu kommen, bedeutet für eine Frau, die nur vom Arbeitsplatz zum heimischen Herd wechselt, häufig weniger eine Zuflucht, als eine Zumutung. Wie soll man sich zu Hause konzentrieren, beispielsweise als Studentin, Künstlerin oder Schriftstellerin, wenn man im trauten Heim mit nicht enden wollenden Ansprüchen und ständigem unterschwelligem Druck konfrontiert ist? Wie soll man sich auf das eigene Selbst konzentrieren, in einer Umgebung, die durchsetzt ist von Hinweisreizen, dass man für andere sorgen soll? Glücklich verheiratete Frauen müssen ihr Heim nicht verlassen, um einem Traum nachzujagen, argumentieren manche Therapeuten. Auf manche Frauen trifft dies tatsächlich zu. Sie können im Wartezimmer beim Arzt einen Songtext zu Papier bringen, sie können im Schnellimbiss Gedichte verfassen. Sie können studieren, während sie Schlange stehen oder fernsehen, im Buchladen oder in der Badewanne, auf der Zuschauertribüne oder im Bus. Am mit Krümeln und Legosteinen überhäuften Küchentisch schreiben sie Bestseller. Aber was bei einigen Frauen funktioniert, klappt längst nicht bei allen. Für diejenigen, die sich nicht in einem gedrängten Zeitrahmen oder in einer chaotischen Umgebung konzentrieren können, für diejenigen, die lange am Stück Ruhe und Einsamkeit brauchen, ein abgestelltes Telefon und geschlossene Türen, kann das Problem deshalb nicht «zu Hause» gelöst werden, weil «zu Hause» ja gerade das Problem ist.

Letty Cottin Pogrebin, eine berühmte Feministin und Bestsellerautorin, sagte mir, sie hätte ihr erstes Buch nicht schreiben können, ohne von zu Hause wegzugehen. Acht Jahre lang arbeitete sie daran, war gleichzeitig Redakteurin bei einer großen Frauenzeitschrift, Ehefrau und Mutter dreier Kinder. Nicht, dass sie zu Hause weniger motiviert gewesen wäre, aber zu Hause kam das Schreiben nach ihrem Mann, ihren Kindern, ihrem Job. «Gebeugt von der Last» ging sie weg und verkroch sich sieben Wochen in einer Schriftstellerkolonie. Das veränderte ihre Produktivität so dramatisch, dass sie beschloss, ihre nächsten drei Bücher auf dieselbe Weise fertig zu stellen. Sie, die seit fünfunddreißig Jahren mit ihrem Mann zusammen ist und ihn liebevoll «meine Oase» nennt, fasst den Konflikt wie folgt zusammen: «Er ist eine wundervolle Ablenkung, aber eben trotzdem eine Ablenkung.»

Identität

Für manche Frauen besteht der Tag aus einem solch wilden Konglomerat von Aufgaben, verliert sich ihr Leben in dermaßen vielen Einzelheiten, dass sie gar nicht mehr wissen, wer sie sind, und schon gar nicht, wer sie gern sein möchten. Sie wissen, sie sind jemandes Frau, jemandes Mutter, jemandes Tochter, jemandes Kollegin, aber wer sind sie, wenn man all diese Etiketten einmal weglässt?

Die Suche nach dem Selbst ist ein zeitloses mythisches Thema. Vor über zwei Jahrtausenden ritzte man die Ermahnung des Orakels von Delphi in Stein: Erkenne dich selbst. Um ein bewusstes Leben zu führen, müssen wir das, was wir sind, mit dem, was wir waren, und dem, was wir sein werden, in Einklang bringen. Die Suche führt uns zur Psychotherapie und zu Mystizismus, Philosophie und Dichtung, zu Reise, Studium und Kunst. Sie treibt uns dazu, Stätten unserer Kindheit wieder aufzusuchen und unsere Ahnen zu erforschen, Tagebücher und Aufsätze zu schreiben, Drehbücher und Memoiren. Wir suchen unsere Identität in Kultur und sozialer Schicht, in Familie und Beruf, in Religion, Rasse und Geschlecht, in unserem körperlichen und spirituellen Selbst. Der Psychologe Erik Erikson untersuchte die Identität in unserer psychischen Entwicklung, die er als die «Acht Stadien des Menschen» beschrieb, eins seiner Hauptkonzepte.

Identitäten sind vielfältig und stets im Wandel, sie verändern im Lauf der Zeit ihren Fokus. Carl Gustav Jung war der Ansicht, die Aufgabe der zweiten Lebenshälfte bestehe darin, zu entdecken, wer wir in unserem tiefsten Innern wirklich sind, das Selbst, das außerhalb der Langzeitrollen existiert.

1968, als ich anfing zu studieren, kam eines Nachmittags eine Freundin meiner Zimmergenossin zu Besuch, die vor einem Jahr ihr Examen abgelegt hatte und nun bei einem Fernsehsender in

Atlanta jobbte; sie hoffte, dort irgendwann eine Stelle als Reporterin zu bekommen. Meine Zimmergenossin und ich unterhielten uns darüber, was wir nach dem Examen machen wollten. Ich beschloss, auch nach Atlanta zu gehen und beim Fernsehen zu arbeiten.

Im darauf folgenden Herbst hatte ich eine Verabredung mit einem Studenten. Jim war breitschultrig, blond, groß und gut aussehend. Nachdem wir uns ein paar Wochen lang immer wieder getroffen hatten, bekam ich eine Erkältung. Jim kam zum Wohnheim und hinterlegte für mich einen Umschlag mit einem Brief und Vitamin-C-Tabletten. Ein paar Wochen später lud ich ihn zu einer Party ein, wo er sehr charmant und lustig war und mit den Leuten, die er noch nie gesehen hatte, so locker plauderte, wie ich mich still und zurückhaltend verhielt – obwohl ich sie kannte. Mit Jim an meiner Seite fühlte ich mich klüger, interessanter, lebhafter. Er besaß die Persönlichkeit, die ich mir selbst immer gewünscht hatte. Als meine Mutter fragte: «Was hat er für Fehler?», antwortete ich: «Mir fällt keiner ein.» Simon and Garfunkel sangen «Bridge over Troubled Water», und ich hatte endlich den Mann gefunden, der für mich geschaffen war.

In diesem Sommer heirateten viele Frauen aus dem Abschlusssemester. Wir auch. Jim studierte weiter, während ich in der Nachrichtenredaktion der Universität arbeitete. Ohne es richtig zu merken, machte ich meine ersten Kompromisse.

Ich wäre ihm überallhin gefolgt, aber er wollte nur bis zum nächsten Tennisplatz. An einem heißen Julitag spielten wir in North Carolina unseren ersten Wettkampf, gemischtes Doppel. Unsere Gegner waren die als Nummer eins gesetzten Spieler, die Meisterin im Einzel und ihr Bruder. Wegen ihres hohen Bekanntheitsgrads hatte sich am Rand des Rasenplatzes eine ziemlich große Zuschauermenge versammelt. Die Luft war drückend, die Sonne grell. Schweiß rann mir in die Augen, es brannte höllisch. Als das Spiel barmherzigerweise zu Ende ging, war mir ganz schwummrig. Ich stolperte vom Platz auf einen großen Drahtmülleimer zu und übergab mich vor den Augen der schockierten Zuschauer.

Zwei Tage später brachte mir Jim den apfelgrünen Bikini als Geschenk mit, den ich in einem Schaufenster bewundert hatte.

Er entschuldigte sich dafür, dass er uns für das Match angemeldet hatte, und versprach, es nie wieder zu tun. Den Abend verbrachten wir damit, Tennis zu spielen.

Heute stelle ich mir einigermaßen verlegen folgende Fragen: Warum habe ich als frisch verheiratete Ehefrau fünf-, sechsmal pro Woche Tennis gespielt, obwohl ich das Spiel gar nicht mochte? Warum machte ich so bereitwillig Jims Interessen zu meinen? Er hat mich nicht persönlich auf den Platz geschleppt und hat mich nie gezwungen. Tennis war wichtig für ihn und Jim war wichtig für mich, das reichte mir als Motivation. Aber sein Leben wurde unser Leben und unser Leben wurde mein Leben. Zwanzig Jahre lang spielten wir fast jedes Wochenende, Einzel gegeneinander, gemischtes Doppel mit Freunden. Wir nahmen – ich mag es kaum aussprechen – an weiteren Wettkämpfen teil. Anfangs wollte ich nur nett sein, aber es dauerte nicht lange, bis das stillschweigende Einverständnis zur Gewohnheit und zum Ritus wurde. Der Prozess verläuft subtil und unbewusst, aber mit einem ebenso verfestigten, wie durchschlagenden Ergebnis.

Eines Tages erkennt man dann, dass man sich in den Wünschen und Bedürfnissen des anderen verloren hat.

Hier die Ironie der Geschichte: Nachdem ich mir eine Rückenverletzung zugezogen und ein Jahr pausiert hatte, in dem ich das Spiel nicht eine Sekunde vermisste, wusste ich, dass meine Tage als Tennisspielerin gezählt waren. «Wäre es schlimm für dich», fragte ich meinen Mann, «wenn ich nicht mehr mit dir Tennis spielen würde?»

Und er antwortete: «Kein Problem. Ich habe eigentlich auch keine rechte Lust mehr.»

Das zwanzigste Jahrhundert ist vorbei, doch Frauen reden immer noch darüber, wie bereitwillig sie ihr eigenes Leben vom Leben ihres Partners auffressen lassen. In ihrem Buch «Marriage Shock" (Heiratsschock) geht Dalma Heyn davon aus, dass Frauen einen lebenswichtigen Teil ihres Selbst verdrängen, wenn sie heiraten. Auf jeder Seite dieses provozierenden Buchs erkannte ich mich selbst in jungen Jahren wieder. Überraschend fand ich, dass die Frauen, die Dalma Heyn *mehr als zwei Jahrzehnte später* interviewte, zwischen zwanzig und fünfzig waren. Es ging um eine existentielle Frage: Wie können Frauen ihre Ehe und ihr eigenes

Selbst erhalten? Heyn kam zu dem Schluss, dass eine Frau, der es in ihrer Ehe langfristig gut gehen soll, «aus der Struktur heraustreten» muss. Eine gewisse Zeit vom Ehemann getrennt zu verbringen, hat sich als Methode bewährt. Manche Frauen tun dies jedes Jahr – für einen Monat oder wenige Wochen – um das zurückzuerobern, was sie unterdrückt haben.

Das Streben nach Identität kann bei Frauen, die jung geheiratet haben, besonders stark sein, bei denen also, die schon zur Hälfte eines Paares verschmolzen, ehe sie die Chance hatten, ein ganzes Individuum zu werden. Nach sechzig Jahren Feminismus zeigt uns der Film «Die Braut, die sich nicht traut» das Thema noch einmal in seiner ganzen Aktualität. Maggie Carpenter, die von Julia Roberts gespielte Hauptperson, eine allein stehende Frau Mitte/Ende zwanzig, ist tagsüber berufstätig (sie führt eine Eisenwarenhandlung) und bei Nacht kreativ (sie bastelt Lampen). Die Handlung rankt sich darum, dass Maggie jedes Mal, wenn sie mit einem Bräutigam vor den Altar tritt, kehrtmacht und wegläuft. Der Journalist Ike Graham (Richard Gere) will ihre Geschichte in seinem Blatt veröffentlichen und trifft auf der Suche nach Informationen in der Stadt ein, als Maggie und ihr neuester Verlobter gerade dabei sind, Hochzeit und Hochzeitsreise zu planen. Ihre Mitbürger sind gespannt, ob sie die Sache diesmal durchzieht, Ike möchte wissen, warum sie eigentlich immer ausreißt. Nachdem er zufällig beobachtet, wie sie ein Omelett bestellt und dabei genau das wiederholt, was ihr sportlicher Verlobter ordert, macht er ihr Problem an einer einzigen Frage fest, die er nacheinander allen ihren Verflossenen stellt: In welcher Form isst Maggie selbst Eier am liebsten? Sie mag am liebsten Spiegeleier, genau wie ich, antwortet der Rock 'n' Roller. Sie liebt Rührei mit Salz, Pfeffer und Dill, genau wie ich, meint der Pfarrer. Sie mag nur pochierte Eier, behauptet der Insektenforscher, genau wie ich.

So versucht Maggie, sich zur Idealfrau des betreffenden Mannes zu machen. Ehe Maggie wirklich eine Bindung eingehen kann, muss sie acht verschiedene Eierspeisen probieren und herausfinden, welche davon *ihr* am besten schmeckt. Die Botschaft des Films liegt auf der Hand: Eine Frau muss sich selbst kennen, ehe sie heiraten kann. Garry Marshalls Komödie wurde von der

Kritik verrissen und avancierte trotzdem zum Kassenschlager, über den sich Millionen von Zuschauern amüsierten. Das Thema ist nach wie vor aktuell. Der Anstieg des Durchschnittsalters, in dem Frauen heiraten – heute um die 25, 1970 noch bei 20,6 Jahren –, ist für die weibliche Identität eine positive Entwicklung, denn wenn eine Frau sehr jung heiratet und womöglich auch schon bald Kinder bekommt, ist der Grundstein für ein Leben gelegt, das sich mehr an anderen als an sich selbst orientiert. Und je früher dieser Grundstein gelegt ist, desto härter muss eine Frau darum kämpfen, sich zu verändern.

Das Streben nach Identität motiviert auch Frauen, die starke, dynamische Männer geheiratet haben. Die gleichen Qualitäten, die eine Frau an einem Mann anziehend findet – die Zeichen von Dominanz, die nach Meinung der Anthropologen evolutionär verankert sind –, können im Lauf der Jahre dazu führen, dass sie völlig in seinem Schatten steht. Anne Morrow Lindbergh, die Frau eines internationalen Helden, fand ihre Identität als Schriftstellerin nicht zu Hause in Connecticut, sondern in Captiva an der Westküste Floridas, wohin sie sich über Jahrzehnte jedes Jahr zurückzog, gewöhnlich allein. Fast während der gesamten Ehe mit dem gefeierten Fotografen Alfred Stieglitz verbrachte Georgia O'Keeffe den Sommer mit Malen in New Mexico, zum Teil deshalb, weil sie ihre künstlerische Vision getrennt von der mächtigen Aura ihres berühmten Ehemannes und der Künstlerwelt von Manhattan, über die er regierte, entwickeln musste. Eine Frau braucht aber nicht mit einem Mann vom Format eines Lindbergh oder Stieglitz verheiratet zu sein, um dieses Problem zu kennen. Beispielsweise macht die Frau eines brillanten Akademikers vielleicht die Erfahrung, dass jedes Mal, wenn sie eine gute Idee hat, alle Leute glauben, es sei die Idee ihres Mannes. Eine Frau, die mit einem blendenden Debattierer oder unwiderstehlichen Geschichtenerzähler verheiratet ist, merkt vielleicht rasch, dass er bei sozialen Anlässen unweigerlich im Mittelpunkt steht.

Für eine Frau besteht immer die Gefahr, dass sie in der Ehe ihr Selbst verliert, selbst wenn sie nicht jung heiratet und ihr Ehemann nicht sonderlich dynamisch ist. Wenn sie es von Natur aus gern anderen recht machen möchte, wenn sie instinktiv ihre eigenen Bedürfnisse hinter die ihres Ehemanns zurückstellt, dann kann man ihr einen langwierigen Kampf um ihre Identität beinahe garantieren. Der Verlust des Selbst ist schleichend, denn genau wie eine Herzerkrankung schreitet er unbemerkt fort. Wenn eine Frau sich dessen nicht bewusst ist, wird ihre Umwelt sie kaum darauf hinweisen. Für gewöhnlich sieht ein Mann die Anpassung seiner Frau nicht als Problem, wenn er – zumindest oberflächlich – davon profitiert. Die Kinder nehmen den Verlust des Selbst ihrer Mutter nicht wahr, wenn sie die Zeit gewinnen, die sie für sich verliert. Der dänische Philosoph Sören Kierkegaard drückte das Problem so aus: «Die größte Gefahr, nämlich die, das eigene Selbst zu verlieren, kann sich in aller Stille abspielen, als geschähe nichts; jeder andere Verlust, der eines Arms, eines Beins, der von fünf Dollar ... wird ganz sicher bemerkt.»

Ist etwa jemandem aufgefallen, was ich dadurch verlor, dass ich einem Sport nachging, den ich nicht mochte? «Ich hatte ja keine Ahnung, dass du nicht gerne Tennis spielst», meinte mein jüngerer Sohn, nachdem er einen frühen Entwurf dieses Buchs gelesen hatte. Auch Jim schien ein bisschen überrascht. «Manchmal hast du besser gespielt als ich», sagte er. «Den Wettkampf damals im Sommer haben wir nur deinetwegen gewonnen.» Wie hätten sie wissen sollen, wie ich mich fühlte, wenn ich es nicht einmal vor mir selbst zugeben konnte? Was in unserem Leben und unserer Ehe zur Gewohnheit wird, wird leicht übersehen und dann nicht mehr in Frage gestellt. Ich dachte nie an das Selbst, das ich unterdrückte, bis ich Heyns Buch las. Erst als ich Geschichten wie die von Sarah hörte, musste ich wieder daran denken.

Nach ihrer Scheidung fühlte sich Sarah älter und klüger, sicherer, bezüglich dessen, was sie sich von einer Beziehung wünschte. Sie wollte einen interessanten, herausfordernden Partner, etwas Besonderes. Zu Steve hatte sie sich sofort hingezogen gefühlt, sie mochte seine aufgeschlossene Persönlichkeit, seinen scharfen Verstand. Alles an ihm versprühte Energie, wie er sich bewegte, wie er redete, seine Ideen. Sarah war von seiner Vitalität so fasziniert, dass sie ihn nicht nur heiratete, sondern «ein paar Jahre nicht wieder an die Oberfläche kam, um Luft zu schnappen». Bis dahin hatte sich das Muster bereits eingeprägt.

Wie die meisten charismatischen Männer hatte auch Steve große Träume. Wenn diese Träume Risiko und Chaos in ihr gemeinsames Leben brachten, sorgte Sarah für Stabilität und Unterstützung. Wenn diese Träume ihn zu unternehmerischen Projekten überall im Land führten, organisierte Sarah die Umzüge und folgte bereitwillig nach. Zwölf Jahre lang verwirklichte Steve seine Träume, während Sarah irgendwelche Jobs annahm, die sie in der jeweiligen Stadt finden konnte. Zwölf Jahre lang zog Steve die Aufmerksamkeit auf sich, wenn sie gemeinsam einen Raum betraten.

Sarah bekam den dynamischen Ehemann und die aufregende Ehe, die sie sich gewünscht hatte, aber dabei bemerkte sie plötzlich einen ganz unerwarteten Verlust. «Meine Identität geriet aufs Abstellgleis», sagt sie. «Zum einen, weil mein Mann eine so starke Persönlichkeit besitzt, zum anderen, weil ich nicht das tat, was notwendig gewesen wäre, um mein eigenes Leben und meine eigene Arbeit voranzutreiben.» Nicht nur ihre Identität hatte zu leiden, sondern auch ihr Selbstwertgefühl.

Intellektuell durchschaute Sarah ihr Problem, aber körperlich steckte sie viel zu fest in der Struktur, um sich davon zu lösen. Sie sah, was los war, hatte aber nicht das Werkzeug, um es zu ändern. Als die Firma, in der sie arbeitete, ihre Abteilung dichtmachte, sah Sarah eine Gelegenheit, das Muster zu ändern. Um sich die Karriere aufzubauen, die zu ihr passte und die sie in die Richtung lenken würde, in die sie gehen wollte, ergatterte sie ein Stipendium für die Ausbildung zur Systemingenieurin. Dann beschloss sie, drei Monate mit Onlinestudien in einem hübschen Küstenstädtchen zu verbringen. Da Sarah kein Problem damit hatte, zu Hause zu arbeiten, brauchte sie keine ablenkungsfreie Umgebung. Sie suchte nicht die Möglichkeit, sich zu versenken, sie suchte nach ihrer Ganzheit.

»Wenn ich mit meinem Mann zusammen bin, reagiere ich immer auf ihn, springe automatisch auf, um mich auf die eine oder andere Weise um ihn zu kümmern», erzählte sie. «Ich wollte lernen, das nicht mehr zu tun, mich nicht von seiner Intensität mitreißen zu lassen, ich wollte mein eigenes Leben führen, statt mich nach dem zu richten, was er braucht und will.»

Sarahs Kampf – innerhalb der Ehe ihr eigenes Leben zu führen – ist einer der zentralen Frauenkämpfe seit Jahrhunderten. Manche Frauen sind fest davon überzeugt, dass es sich nicht vereinbaren lässt, als Frau autonom zu leben und verheiratet zu sein, und bleiben deshalb lieber allein. Für diejenigen, die doch heiraten, wird es weiterhin ein Kampf bleiben, solange doppelt so viele Frauen wie Männer bereit sind, ihrem zukünftigen Partner zuliebe umzuziehen, solange Frauen sich bereitwillig der Karriere ihres Partners unterordnen, solange sie ihre Arbeit der Familie zuliebe widerspruchslos einschränken. Wenn die Anpassung die Karriere verstümmelt, kann sie auch die Identität einer Frau schwächen. Sarah durchschaute diese Dynamik nur allzu gut. «Jetzt möchte ich, dass er mir eine Weile überallhin folgt», sagte sie.

Die Identität, die wir letztlich suchen, ist die innere Identität, die sich nur aus inneren Quellen definiert. Sie ist schwer zu erlangen, und diejenigen, die sie erreichen, brauchen dazu gewöhnlich ihr ganzes Leben. Unterdessen kämpfen wir mit den uns vertrauteren Identitäten, mit denen, die von Äußerlichkeiten definiert und deshalb auch von Äußerlichkeiten abhängig sind. Es sind fließende Identitäten, wie jeder weiß, der je seinen Job verloren hat. Eine Frau, die – freiwillig oder nicht – ihre Karriere aufgibt oder zumindest Abstriche an ihr vornimmt, solange die Kinder klein sind, entdeckt vielleicht, dass ihre Identität, die früher einmal stark war, plötzlich auf wackligen Beinen steht. Sarahs Problem kam nicht bei ihrem ersten, sondern bei ihrem zweiten Ehemann an die Oberfläche, nicht als sie zwanzig war, sondern in den Vierzigern.

Natürlich muss eine Frau ihr Zuhause und ihren Mann nicht verlassen, um ihre Individualität zu stärken und *theoretisch* sollte es auch nicht notwendig sein. Aber *praktisch*, beispielsweise in einer Ehe wie der von Sarah, «erleichtert eine körperliche Trennung die Sache, denn sie bricht automatisch mit den alten Strukturen und Rollen», meint Dr. Bill Bumberry, ein klinischer Psychologe aus St. Louis, Spezialist für Eheberatung. «Wenn eine Frau weggeht, wird allen Beteiligten klarer, dass sie es tun *muss*.» Das Weggehen bringt das zum Ausdruck, was im Schweigen verloren gegangen ist. Die Stimme ist stark und verdeutlicht die Bedeutung, die *Notwendigkeit*, dass eine Frau sie selbst sein muss. Und die Stimme hallt wider und sorgt dafür, dass andere hören, was so leicht zu überhören ist.

Für viele Frauen hat eine Auszeit für sich selbst wenig oder gar nichts mit der Beziehung, sondern ausschließlich mit Abenteuer zu tun. Joan Mister, eine Künstlerin aus Brooklyn, wollte eine große Reise unternehmen und dazu gehörten für sie ein großer Plan und eine große Zahl. Ihr Ziel war es, mindestens fünfundzwanzigtausend Meilen zurückzulegen, mehr als der Erdumfang am Äquator. Ihre sechsmonatige Reise quer durch Amerika, von der in der «New York Times» berichtet wurde, bedeutete für sie unter anderem «eine große Idee zu verwirklichen, wie Christo, wenn er ein Gebäude einpackt». Für Mister bestand das Abenteuer in einem langjährigen Traum, der auf einer langjährigen Leidenschaft beruhte: Auto fahren, unterwegs sein. Sie verließ New York in einem elf Jahre alten Volvo, der hundertachtzehntausend Meilen auf dem Buckel hatte; Reisepläne, Landkarten und Reiseführer stapelten sich neben und hinter ihr, vor ihr lag eine weit verzweigte Route nach Kalifornien und zurück. Das Abenteuer war teils Wanderlust, teils Heldinnenreise: tausend Meilen pro Woche zurücklegen, auf Nebenstrecken und kleineren Highways, unbekannte Orte kennen lernen, mit unbekannten Menschen sprechen, das riesige Land und die Verschiedenheit seiner Einwohner spüren und dabei stets an der Idee festhalten, dass es alles ihre eigene Schöpfung war, dass jeder Moment an jedem Tag von ihr selbst bestimmt wurde, dass sie mit Hilfe der Straße vor ihr die Frau in sich erforschte.

Für eine andere Frau, die weder Wanderin noch Bergsteigerin noch Wochenendläuferin war, bestand das Abenteuer darin, sechs Monate um die Welt zu reisen, mit fünfzehnhundert Dollar und einem Rucksack. Falls Abenteuer nicht das Hauptmotiv war, dann doch zumindest ein unterschwelliges.

»Warum haben Sie nicht in Ihrer Heimatstadt Französisch oder Deutsch studiert?«, fragte ich und die Frauen antworteten: «Weil das kein Abenteuer gewesen wäre.»

Frauen wie diese erschufen sich ihre Erfahrung. Andere erkannten die Gelegenheit. Bei vielen Frauen war der Katalysator für ihr Abenteuer einfach eine Notiz in einer Zeitschrift, eine Ankündigung in der Post, eine zufällige Begegnung, ein unerwarteter Anruf. Ob Ferienkurs oder Studium, ob Wanderung oder Studentenzimmer – es überkam sie ohne Plan und offenbarte einen Wunsch, von dem sie bis zu diesem Augenblick nichts geahnt hatten, bot ihnen ein Abenteuer an, von dem sie nicht gewusst hatten, dass sie es erleben wollten.

Abenteuer erweckt Neugier, regt die Fantasie an, ruft Geheimnisse hervor, zeigt, dass das Leben mehr sein kann als Alltagsroutine. Mehr als Fahrgemeinschaften und Terminplanung und von zu Hause zur Arbeit und wieder zurück rasen, mehr als beim Abendessenkochen Telefonanrufe erwidern, dann eine Ladung Wäsche in die Maschine stopfen, eine Runde laufen und schließlich bei der Kassette «Befreie dich von Sorgen» einschlafen und sich fragen, ob das wirklich alles gewesen ist. Ein Abenteuer ist so weit entfernt von der Lebensrealität der meisten Frauen, dass sie irgendwann im Lauf ihres Lebens aufgehört haben, es sich vorzustellen. Wenn wir dazu noch ohne die Erwartungen und ohne entsprechende Rollenvorbilder aufgewachsen sind, dann leben wir in einer Kultur, in der die Fantasien angestachelt werden, ihre Verwirklichung aber systematisch entmutigt wird. Wenn eine Frau jedoch Abenteuergeist besitzt, so bleibt er da, hinter den Doppelfenstern, unter der Daunendecke, in dem Bücherstapel, der neben ihrem Bett liegt – Romane und Memoiren, überdimensionale Fotobände und Hochglanzreisemagazine, mit Klebezetteln bei fernen, exotischen Reisezielen, sinnlich, klar und friedlich.

Eines Tages klingelt das Telefon mit der Verlockung des Abenteuers und die Frau hat das Gefühl, von einem Blitz aus heiterem Himmel getroffen worden zu sein. Je länger sie in behaglicher Häuslichkeit verharrt hat, desto heftiger ihr Gefühl der Körperlosigkeit. Adrenalin durchströmt ihre Adern und sie spürt die Freude der Bewegung, vor sich, über sich, in sich. In der Spannung des Unerwarteten und dem Versprechen auf Veränderung fühlt sie sich jünger, lebendiger.

Es muss gar nichts falsch sein am Leben einer Frau, wenn sie sich danach sehnt, aus ihrer alltäglichen Routine auszubrechen, um etwas Außergewöhnliches zu erleben. Es muss nichts falsch sein an der Ehe einer Frau, wenn sie ihren Mann verlassen will, um sich in das Abenteuer ihres Lebens zu stürzen. Wie eine von mir interviewte Frau es ausgedrückt hat: «Dass ich dafür meinen

Mann drei Monate allein lassen musste, war lediglich eine Fuß-note. Es war eine Herausforderung, um mich zu vergewissern, dass ich wieder allein leben und arbeiten konnte, dass ich immer noch in der Lage war zu wachsen.»

Diese Motivation kam in den Gesprächen mit den Frauen immer wieder hoch: *Ich wollte mich auf die Probe stellen, ich wollte beweisen, dass ich es schaffe … Ich musste mir zeigen, dass ich immer noch ein Risiko eingehen kann … Ich wollte wachsen.* Der Drang zu wachsen ist uns allen angeboren. Es ist ein menschlicher Impuls, ein authentisches Leben zu führen, unser Potential auszuschöp-fen. Manche Therapeuten meinen, der Wunsch nach individuel-lem Wachstum sei so stark, dass manche Frauen eine Trennung erzwingen, um ihn zu erfüllen. Der chilenische Dichter Pablo Neruda hat es ähnlich ausgedrückt: *Y no es la adversidad la que separa los seres, sino, el crecimiento …* Nicht das Unglück trennt uns, sondern das Wachstum …

Um zu wachsen, brauchen wir eine Herausforderung, und die gibt uns das Abenteuer. Eine Reise, ob entlang eines historischen Pilgerpfades oder einen legendären Berg hinauf, durch das ganze Land oder halb um die Welt, sorgt immer dafür, dass die Heraus-forderung auch eine körperliche ist. Ob eine neue Umgebung oder eine neue Erfahrung oder beides, ob wir die Vereinigten Staaten auf Straßen durchstreifen, auf denen wir noch nie gefah-ren sind, oder ob wir in einem Land studieren, dessen Sprache wir nicht sprechen, all das garantiert, dass die Herausforderung men-tal ist. Und wenn das Abenteuer etwas mit unserer Arbeit zu tun hat, wenn wir einen Kurs im Ausland abhalten oder einen Kurs in Harvard besuchen, für einen Roman recherchieren oder für ein Diplom studieren, dann haben wir auch eine berufliche Heraus-forderung.

Karen mochte Herausforderungen schon seit eh und je. Sie entschied sich für den herausfordernden Beruf einer Psychologin, sie wählte die Herausforderung in der Person ihres Ehemannes. In dieser Hinsicht passten die beiden gut zusammen, trieben sich stets zu neuen Leistungen und beruflichen Weiterbildungen an, wechselten die Jobs, stürzten sich in neue Projekte. Die entspann-te Atmosphäre der hawaiischen Insel, auf der Karen lebte, spiegelte das Niveau, das sie in ihrem Job erreicht hatte. Aber das

Leben war zu behaglich geworden, unruhig suchte sie nach einer neuen Herausforderung. Als ihre Firma ihr eine Stellung in der Hauptniederlassung auf dem Festland anbot, erkannte sie die Herausforderung, die sie brauchte, in einem Traum, den sie lange gehegt hatte: «Ein großer Job in einer großen Stadt.»

Es war eine gute Gelegenheit, aber nicht der richtige Zeitpunkt. Karens Mann, der sich ähnlich unruhig fühlte, wollte in eine noch ländlichere Gegend ziehen, um ein neues Unternehmen zu starten. Dass ihre Wünsche sich widersprachen, war nichts Neues; die acht Jahre ihrer Ehe waren ein ständiges Auf und Ab gewesen, bei dem einer immer etwas für den anderen aufgegeben hatte. Das letzte Mal hatte Karens Mann das Opfer gebracht und er war, wie sie beide zugaben, ziemlich nachtragend. «Ich wusste aber, wenn ich diesmal nachgebe, bin ich diejenige, die grollt», sagte Karen. Was nützt es, fragte sie sich, wenn ich meine Träume seinen Wünschen opfere und die nächsten zwei Jahre damit verbringe, dass ich alles hasse? Was nützt es, wenn meine Wut unsere Ehe zerstört? Warum muss es immer ein Entweder-oder sein, bei dem einer von uns beiden unglücklich ist? Warum können wir nicht eine Ehe führen, in der jeder für kurze Zeit eine andere Richtung einschlägt, aber eine, die er selbst will?

Karen spürte, wie dringlich die Sache war. «Ich hatte Angst, dass ich, wenn ich diese Gelegenheit nicht ergreife, nie wieder eine solche Chance bekomme», sagte sie. «Ich hatte das Gefühl, dass ich als Individuum etwas Wichtiges zu tun hatte und dass unsere Liebe stark genug war, um die Verschiedenheit unserer Ziele auszuhalten.» Sie verpflichtete sich ihrer Ehe insofern, als sie sich eine Frist von zwei Jahren setzte und mit der Firma aushandelte, dass sie einmal im Monat die Reise nach Hause bezahlt bekam.

Was macht Karens Fall zu einem Urlaub von der Ehe und nicht zu einer Wochenendbeziehung? Ein Unterschied besteht darin, dass ein Urlaub von der Ehe immer mit einem Zeitlimit beginnt, was bei einer Wochenendbeziehung für gewöhnlich nicht der Fall ist. Außerdem überspannt eine Wochenendbeziehung normalerweise nicht eine Entfernung von viereinhalbtausend Meilen. Der größte Unterschied besteht jedoch in der psychischen Motivation. Das zeigt schon Karens Wortwahl. Sie sagte nicht: «Ich muss wegen meines Jobs gehen.» Sie wusste, dass sie eine Wahl hatte, und sie traf die Wahl, ihre Energie – für einen begrenzten Zeitraum – in ihre eigene Weiterentwicklung zu investieren. Viele Wochenendehen ergeben sich unmittelbar aus den Bedingungen eines Jobs, aber manche haben vielleicht Komponenten eines Eheurlaubs in sich. Andere wiederum sind vielleicht gar verkappte Eheurlaube.

Das Abenteuer, das eine Frau eingeht, ist so individuell wie sie selbst; die Herausforderung, die sie sucht, ist eine Manifestation dessen, wo sie im Leben steht und was sie für ihr persönliches Wachstum braucht. Für jede verheiratete Frau jedoch wird das Prickeln dadurch verstärkt, dass sie ihr Abenteuer alleine besteht. Denn durch diese Eigenständigkeit ist die psychische und emotionale Herausforderung garantiert.

SPIRITUELLE SUCHE

Ein Urlaub von der Ehe kann als Abenteuer, als Phase des sich Versenkens oder als Suche nach dem eigenen Selbst gestaltet werden – oder als alles auf einmal. Für manche Frauen kann er aber auch eine noch tiefere Dimension annehmen – in Form einer spirituellen Reise. Sue Bender, eine Künstlerin und Therapeutin aus Kalifornien, lebte acht Sommer lang in einer Amischen-Gemeinschaft, eine Erfahrung, die sie in ihrem wunderschönen Bericht «So einfach wie das Leben» wiedergibt. «Als ich zum ersten Mal einen Quilt der Amischen ansah und mein Herz zu klopfen begann», schreibt sie, «wusste ich nicht, dass meine Seele am Verhungern war, dass eine innere Stimme versuchte, einen Sinn in meinem Leben zu finden. Ich wusste nicht, dass ich eine Reise des Geistes antrat.»

Vor ihrem allerersten Sommer dort dachte Bender, es zöge sie deshalb zu den Amischen, weil sie mehr über ihre Quilts lernen wollte. Viel später erst begriff sie, dass die Quilts nur symbolische Wegweiser waren, «die mich zu dem führten, was ich eigentlich lernen musste, um die Frage zu beantworten, die ich noch gar nicht formuliert hatte: ‹Gibt es eine andere Art, ein gutes Leben zu führen?›». Bender befand sich auf einer lebenslangen Suche nach Selbstvervollkommnung, hatte in Harvard und an der Universität von Berkeley studiert und besuchte ständig weiterführende Kurse. Ihre Suche nach Antworten führte sie zurück zu der Frage: Was ist wirklich wichtig?

Wenn das Motiv Kontemplation ist, wird die Reise einer Frau zu einem Sabbatjahr im wahrsten Sinn des Wortes. Wie am Sabbat ist es Zeit, aus der Routine auszubrechen und die tiefere Bedeutung des Lebens zu erforschen. Für Frauen auf einer Seelenreise dient die Auszeit dem Zweck, sich nach innen zu wenden, sich aus einer materialistischen Kultur zurückzuziehen, die Prioritäten neu zu überprüfen, den Glauben zu vertiefen, sich der Reflektion hinzugeben – wichtige Aufgaben, wenn wir vom Leben lernen wollen, statt nur auf es zu reagieren. Spirituelles Wachstum kann – wie bei Bender – die einzige Motivation sein oder aber eine von mehreren. Helens Odyssee durch Amerika kombinierte ein großes Abenteuer mit einer Seelensuche. Helen begann und beendete ihre Reise mit einem Aufenthalt in einem Kloster, sie besuchte unterwegs Friedhöfe, Kirchen und Missionen. «Ich halte mich selbst nicht für einen religiösen Menschen», erzählte sie, «aber in einem sehr privaten Teil meiner selbst hatte ich das Gefühl, Gottes Werk zu tun.»

Der Versuch, ihrem Leben einen Sinn zu verleihen, führte eine Frau wie Bender, die stets in hektischer Geschäftigkeit gelebt hatte, die sich zerrissen und von ihren Aktivitäten tyrannisiert fühlte, zu einer Gemeinschaft, in der die Einfachheit gepflegt wird. Auf der Suche nach einem weiteren Betätigungsfeld gelangte eine Krankenschwester in eine Klinik auf Haiti, eine Lehrerin in ein afrikanisches Dorf und eine Journalistin engagierte sich bei einer Rettungsaktion in einem Überschwemmungsgebiet. Andere Frauen bemühten sich um spirituelles Wachstum, indem sie aus einer glänzenden Karriere ausstiegen und ein Priesterseminar besuchten. Eine Yogalehrerin unternahm eine Pilgerfahrt nach Indien.

In der hinduistischen Religion gilt die spirituelle Befreiung (Mokscha) als das höchste Ziel der menschlichen Existenz und das letzte Stadium eines idealen Lebens. Der Hinduismus definiert vier Stadien (allerdings werden sie in der patriarchalischen Kultur Indiens nur auf Männer angewandt): Student, Haushälter,

Waldbewohner und Weltabgewandter. Nachdem die sozialen Pflichten erfüllt sind – arbeiten, Kinder großziehen und sich mit seinem Partner im Wald niederlassen, um dort in Meditation und Stille zu leben –, kann ein Mensch Heim, Ehepartner und Familie verlassen, um sich ganz dem spirituellen Leben hinzugeben. Einige der Frauen, die ich interviewt habe, haben die Reihenfolge der beiden letzten Stadien umgedreht. Nach den Jahren der Kindererziehung nahmen sie sich Urlaub von ihren familiären Verpflichtungen und kümmerten sich ausschließlich um ihr spirituelles Wachstum, bevor sie nach Hause zurückkehrten, um wieder bei ihrem Ehemann zu leben.

Die Suche nach dem Spirituellen verlangt nicht unbedingt nach Einsamkeit, genauso wenig wie die Suche nach dem Abenteuer. Tausende von Jahren sind Pilger in Massen zu den großen Heiligtümern der Welt gewallfahrtet, nach Canterbury und nach Mekka, nach Rom und nach Jerusalem, nach Assisi und nach Lourdes, auf den Gipfel des Machu Picchu und in die Täler von Delphi. Kirchen und Synagogen, Klöster und Meditationszentren nähren das spirituelle Leben allesamt innerhalb einer gemeinschaftlichen Umgebung. Spirituelles Wachstum erfordert auch keine geographische Entfernung. Wir können es in einem Gotteshaus in unserer Heimatstadt finden oder im Garten hinter unserem Haus. Wir können es in unserem Wohnzimmer finden, in Büchern über Philosophie, in Büchern mit Gebeten, in spirituellen Diskussionsgruppen und im Internet.

Aber für manche Frauen bedeutet Seelenarbeit in manchen Zeiten ihres Lebens, dass sie weggehen und allein sein müssen. Was in guten Zeiten ein Wunsch ist, wird unter Druck zu einer Notwendigkeit. Akuter Verlust ist oft ein Katalysator für eine spirituelle Reise. Nachdem sein geliebter älterer Bruder an Wundstarrkrampf gestorben war, zog sich Henry David Thoreau an den Walden Pond zurück. Seine Erfahrung dort brachte ihn zu der Überzeugung, dass *jeder* irgendwann im Leben einen Rückzug aus der Verstrickung mit anderen und den damit verbundenen Erwartungen braucht. Nur so könne man sich selbst entdecken und regenerieren. Heute wird er vor allem wegen seiner nonkonformistischen Ideen und seinem literarischen Erbe verehrt.

Als Sue Bender ihr Zuhause verließ, um bei den Amischen zu leben, sehnte sie sich danach «eine Leere zu füllen», aber was diese Leere ausmachte, wusste sie nicht. Marion dagegen wusste genau, was ihre Leere ausmachte: Es war der Tod ihres Kindes, die tiefste Seelenwunde, die ein Mensch verspüren kann; sie wollte ihre gewohnte Welt verlassen, die für sie zu schmerzlich geworden war, weil es in ihr zu viele Erinnerungen, zu viele ungelöste Fragen gab. Es zog sie in eine Welt, in der sie sich keine Sorgen darüber machen musste, was sie sagte oder was andere sagten oder wie andere auf das reagierten, was sie sagte. Als sie ihren Mann, ihr Zuhause und ihre Stelle als Lehrerin hinter sich ließ, um auf dem Appalachian Trail zu wandern, stieg sie zwar aus, aber sie bewegte sich vorwärts. In New England war sie mit Geschichten über diesen legendären Wanderweg aufgewachsen und für sie als passionierte Wanderin war ihr Vorhaben die ultimative körperliche Herausforderung. Als Mutter, die einen Sohn verloren hatte, sah sie die geplante Reise als eine Pilgerfahrt: zu Fuß, erfüllt von Glauben und mit einem Ziel vor Augen. Mit der Bibel im Rucksack zog sie los, um in den zweitausendeinhundert Meilen Wildnis eine Zuflucht zu finden, in der sie ungestört trauern und in aller Ruhe beten konnte. In der Natur, die sie und ihr Sohn geliebt hatten, hoffte sie, sich regenerieren zu können: Heilung für ein gebrochenes Herz, einen neuen Sinn für ein zerbrochenes Leben.

ZUGEHÖRIGKEITSGEFÜHL

Wenn eine Frau ihr Leben mit dem Leben eines anderen Menschen verbindet, kann sie vor Liebe so kurzsichtig sein und so expansiv in ihrem Denken, dass sie alle Grenzen aus den Augen verliert. Sie nimmt kaum wahr, dass sie plötzlich an einem Ort lebt, der davon bestimmt wird, wo ihr Ehemann arbeitet. Eines Tages merkt sie dann, dass der Ort, an dem ihr Leben verwurzelt ist, nicht der Ort ist, der sie innerlich nährt, der ihr gut tut. Wie soll sie diese Umgebung jetzt wieder loswerden?

Sinclair Lewis hat diesen Konflikt 1920 in seiner Novelle «Main Street» dargestellt. Seine Protagonistin, eine junge Frau namens Carol Kennicott, sehnt sich nach einem bewussteren Leben. Aber nachdem sie einen Familienarzt geheiratet hat, findet sie sich statt in einer fortschrittlichen Stadt, in der sie ihren Interessen nachgehen könnte, in einem selbstgefälligen, langweiligen und von Tratsch beherrschten Kaff im Mittleren Westen wieder. Ihr Feind ist ihre Umgebung, und nachdem sie sich hundert Fluchtmöglichkeiten ausgedacht hat, geht sie eine Weile nach Washington, «um Ruhe zu haben und nachzudenken».

Achtzig Jahre nach Lewis' Bestseller hat eine Frau noch immer häufig damit zu kämpfen, dass sie einen Mann liebt, nicht aber seinen Wohnort. Vielleicht lebt er in einer konservativen Kleinstadt, während sie gerade ihre geistige Freiheit entwickelt. Oder er sitzt in einer verregneten Gegend fest, aber sie leidet unter Depressionen, wenn es draußen zu lange grau ist. Oder er hat seine Kanzlei in einer ländlichen Idylle, die ihm als Ausgleich für die stressige Juristerei dient, für sie aber eine gravierende Einschränkung ihrer beruflichen Karriere darstellt. Vielleicht lebt er auch in einer Stadt in Alaska mit langen, strengen, dunklen Wintern. Ursprünglich verband sich ein Gefühl von Mut und Abenteuer mit ihrer Bereitschaft, mit ihm dorthin zu ziehen, aber eine Ehe mit einem Mann, der weniger als hundert Meilen vom Polarkreis entfernt wohnt, bedeutet, dass er noch bei vierzig Grad minus joggen geht, während sie die Kälte hasst und Angst im Dunkeln hat.

Eine Frau kann respektieren, dass ihr Mann aus beruflichen oder gefühlsmäßigen Gründen in einer bestimmten Umgebung leben muss, aber gleichzeitig erkennen, dass sie selbst etwas – beruflich oder gefühlsmäßig – aufgibt, indem sie mit ihm dort lebt. Wenn die landschaftliche Umgebung als Verlust empfunden wird, dann wird aus dem physischen auch ein psychischer Ort, die Geografie zum Symbol. Eine Umgebung, die unseren Empfindungen zuwiderläuft, unseren Ehrgeiz behindert oder unsere Energiereserven strapaziert, behindert unsere Entwicklung und gibt uns das Gefühl, dass wir im Leben zu kurz kommen. Und schon bald fühlen wir uns minderwertig. Da unsere Umgebung unsere Selbstwahrnehmung beeinflusst, spielt sie für unsere Identität eine große Rolle. Wenn das Selbstbild negativ ist, kann das unsere Ehe beträchtlich beeinflussen. Wenn die Umgebung, die ihm Auftrieb gibt und ihn stark macht, für sie wie ein ständiger

Sog nach unten wirkt, kann eine Frau ihren Mann leicht als Trost und Last gleichzeitig sehen, als Seelenfreund und als Fessel.

Was sie sucht, ist ein Zugehörigkeitsgefühl; sie will sich zu Hause fühlen. Es ist ein Unterschied, ob man Wasser tritt oder sanft auf der Oberfläche treibt. Wie kann eine Frau in Alaska wohnen und trotzdem die Sonne im Rücken spüren? Wie kann sie in einer Kleinstadt leben und trotzdem die große weite Welt fühlen? Wie kann sie die Wünsche ihres Ehemannes erfüllen, ohne ihre eigenen preiszugeben?

Doris wuchs in einer multikulturellen Umgebung im Süden von Louisiana auf und lernte ihren Mann am College kennen, wo er ihr wegen seiner liberalen Ansichten aufgefallen war. Vom Tag ihrer Eheschließung an stellte sie sich ihre gemeinsame Zukunft in einem kosmopolitischen Umfeld vor, unter Menschen, die sich wie sie an Vielfalt und Verschiedenheit freuten.

So begann ihre Zukunft auch, als sie beide in einer anderen Universitätsstadt promovierten. Aber als Doris nach der Geburt ihres dritten Kindes aus ihrem Programm ausstieg, wusste sie, dass ihr nächster Umzug dorthin stattfinden würde, wo ihr Mann einen Job bekam. Eines Tages brachte er dann die Nachricht nach Hause, dass man ihm eine Lehrerstelle in der tiefsten amerikanischen Provinz angeboten hatte. «Ich erinnere mich, dass ich fast in Ohnmacht gefallen wäre», erzählte Doris. Sie machte sich auf gutartige Stereotypen gefasst, nicht aber auf den Rassismus, Sexismus und das rigide Klassenbewusstsein, das sie dort vorfand.

Doris und ihr Mann beschlossen, dass er seine Stelle fünf Jahre behalten sollte, dann würden sie umziehen. Doch als die fünf Jahre um waren, stand ihm eine Beförderung bevor, er mochte die Abteilung, in der er arbeitete, hatte sich an das Leben in der neuen Umgebung gewöhnt und war zufrieden. Auch Doris hatte sich Mühe gegeben, hatte versucht, sich anzupassen, gab Kurse für Ausländer und Nachhilfe, engagierte sich im sozialen Bereich, zog vier Kinder groß, unterstützte ihren Mann, freute sich am Familienleben, konnte aber nicht aufhören, mit ihrem Lebensort zu hadern. Als intellektuelle Afroamerikanerin lebte sie in einer Stadt, in der nur zwanzig Prozent der Bevölkerung ein College besucht hatten und nur zwei Prozent einer Minderheit angehörten. Sie stand ideologisch «links vom Zentrum», und das in einer Bastion des politischen Konservatismus und religiösen Fundamentalismus. Sie begeisterte sich für Kunst in einer provinziellen Enklave, in der weder ausländische Filme noch Avantgarde-Konzerte noch modernes Theater angeboten wurden. «Der Lebenskampf hier macht mich so müde», sagte sie. «Ohne meinen Mann wäre ich ganz bestimmt nicht hier.»

Eine Lösung des Problems fiel ihr erst ein, als sie eine ältere Frau kennen lernte, die ihrem Ehemann ebenfalls in dieses finstere Provinznest gefolgt war. Doris spitzte die Ohren, als die Frau ihr ihre Lebensgeschichte erzählte, wie sie ihren Abschluss in Modernem Tanz gemacht hatte und jahrelang aufgetreten war, bevor sie in diese Stadt zog, wo sie weder unterrichten noch auftreten konnte. Nach fünfundzwanzig Jahren, in denen sie alles aufgegeben hatte, um bei ihrem Mann zu sein, verließ er sie. Inzwischen hatte sie Kinder und Enkel, die in der Nähe wohnten, und da sie in ihrer Nähe bleiben wollte, war sie noch immer an eine Stadt gebunden, die sie schon vor langer Zeit hatte verlassen wollen.

Von diesem Gespräch kam Doris wild entschlossen nach Hause: Ihr Leben sollte einem anderen Kurs folgen, ihre Ehe mit einem Mann, den sie liebte, würde ihre persönliche Entwicklung nicht einschränken, sie würde sich nicht von ihrer beengenden Umgebung einsperren lassen. Wenn sie Bewegung in ihr Leben bringen wollte, musste der Impuls von ihr selbst kommen; von ihrer Umgebung konnte sie nichts erwarten, das war ihr klar. Und auch nicht von ihrem Mann. Sie wollte ihm nicht die Schuld dafür geben, was aus ihrem Leben geworden war. Und sie wollte auch nicht, dass er ihr die Schuld dafür gab, was aus seinem Leben wurde. Sie wollte ihm keinen Umzug aufzwingen, der womöglich seine Karriere und die Familienfinanzen gefährdete. Sie würde die Verantwortung für ihre eigene Selbstverwirklichung auf sich nehmen, aber nicht die Verantwortung für seine Unzufriedenheit. Also setzte sie sich an den Schreibtisch und bewarb sich für einen Lehrauftrag in Übersee. Seither fährt sie jedes Jahr im Sommer weg.

»Um zu wachsen, um mich zu entwickeln, um zu dem Menschen zu werden, der ich werden möchte, muss ich raus aus diesem Kaff», sagte sie. «Ich versuche, das Beste daraus zu machen, aber im Mai halte ich es oft kaum mehr aus. Dass ich den Sommer im Ausland verbringe, hilft mir, mit dem Kompromiss zu leben, den ich eingegangen bin.»

Populärpsychologen behaupten zwar gerne, dass man seine Probleme mitschleppt, wohin man auch gehen mag, und dass man letztlich immer nur vor ihnen davonläuft, aber wissenschaftliche Untersuchungen haben bewiesen, dass es einen bedeutenden Einfluss auf das Leben eines Menschen hat, wo er lebt und arbeitet. Für diejenigen, die davon nicht überzeugt sind, hat Winifred Gallagher über dreihundert Seiten von Beispielen zusammengetragen, mit denen sich obige Scheinweisheiten ein für alle Male widerlegen lassen. Darunter befindet sich eine Studie, die sich damit beschäftigt, welche Faktoren die Lebensqualität bestimmen. An erster Stelle stand eine gute Ehe, an zweiter die unmittelbare Umgebung.

Doris' Sommeraufenthaltsorte sprachen sowohl ihren Geist als auch ihren Intellekt an. Im Fernen Osten, wo sie sich für gewöhnlich aufhielt, konnte sie ihre sprachwissenschaftlichen Talente zum Tragen bringen, die im so genannten Bibelgürtel Amerikas allmählich zu verkümmern drohten. Während wir uns bemühen, unseren beruflichen Werdegang so schnell neu auszurichten, wie sich die Welt rund um uns verändert, können uns neue Landschaften von zu Hause weglocken. Eine Autorin technischer Fachtexte aus dem Mittleren Westen, die davon träumte, Drehbücher zu schreiben, verbrachte über mehrere Jahre den Herbst in Los Angeles, nahm Kurse bei Filmprofis und traf sich mit Agenten und Produzenten. «Ich wollte nicht eines Tages auf dem Sterbebett liegen und es nicht wenigstens versucht haben», erklärte sie. Georgia O'Keeffe fand ihre ideale Leinwand und ihren reichsten Ausdruck als Künstlerin in der «wundervollen Leere des Südwestens», wie sie es ausdrückte. Die Schönheit der kargen Wüstenlandschaft inspirierte ihre Fantasie, und mit jedem Aufenthalt absorbierte sie mehr von der ihr eigenen Energie. Auch O'Keeffe sagte, wenn ihr Ehemann nicht in Manhattan gewesen wäre, hätte sie keinen Grund gehabt, jeden Herbst dorthin zurückzukehren, und als Stieglitz starb, zog sie ganz nach New Mexico. Anne Morrow Lindbergh fand ihre Möglichkeit, sich zu regenerieren, in der Bildersprache der Landschaft von Captiva, und wie es Scott Berg in seiner faszinierenden Biografie ihres Ehemannes ausdrückte: «Für den Rest ihres Lebens fühlte sie sich zu dieser Gegend hingezogen, auf der Suche nach Metaphern.»

RAUM ZUM ATMEN

Fast zwei Millionen Jahre der Menschheitsgeschichte lebten Paare in Stämmen, in denen es Brauch war, dass die Männer mehrere Monate am Stück auf die Jagd gingen. Der amerikanische Anthropologe George Murdock führte eine ethnografische Untersuchung an 554 Gesellschaftsformen aus aller Welt durch und fand heraus, dass in einem Viertel davon der Ehemann/Vater nur gelegentlich anwesend war. Außerdem entdeckte Murdock, dass in manchen primitiven Gesellschaften Ehemänner und Ehefrauen nicht gemeinsam essen. In anderen fordern bestimmte Tabus, dass sie über längere Zeiträume getrennt voneinander schlafen.

In der Renaissance hatten Aristokraten und andere wohlhabende Paare getrennte Schlafzimmer. Die Privatsphäre wurde nicht nur sehr hoch geschätzt, sondern blieb auch im Heim der Menschen des siebzehnten und achtzehnten Jahrhunderts ein Statussymbol. Im viktorianischen Zeitalter setzten reiche amerikanische Paare die Gebräuche ihrer britischen Ahnen fort, indem sie nach Möglichkeit auf getrennten Schlafzimmern und gelegentlich sogar auf getrennten Wohnungen bestanden. Am auffallendsten an den Häusern aus der Zeit nach dem Bürgerkrieg sind die auf getrennte Bereiche angelegten Grundrisse. Im frühen zwanzigsten Jahrhundert wandelte sich das Bild: Die neuen Häuser waren ganz auf Gemeinsamkeit ausgerichtet. (Ironischerweise war einer der Architekten dieser neuen Vorstellung des häuslichen Raums, in dem es keinen Bereich für individuelle Aktivitäten gab, ausgerechnet Frank Lloyd Wright, der seine Frau und seine sechs Kinder in dem auf Gemeinsamkeit angelegten Haus sitzen ließ und sich mit seiner späteren zweiten Frau nach Europa davonmachte.) Nach dem Zweiten Weltkrieg wurde die eheliche Gemeinschaft noch mehr betont, und nun wurden große Doppelbetten zum Symbol der Intimität. Heute teilen wir nicht nur Bett, Schlaf- und Wohnzimmer, Bad und Küche, sondern sogar unsere Heimbüros. Immer mehr Menschen arbeiten zu Hause, weshalb viele Paare mehr Zeit zusammen verbringen, als sie es je erwartet hätten. Gleichzeitig werden wir mehr denn je von äußeren Energien bombardiert, Reize überfluten uns schneller, als wir sie verarbeiten können, die Technologie ändert sich schneller, als wir hinterherkommen, Informationen brechen schneller über uns herein, als wir es ertragen. Wir können nur ein bestimmtes Maß von Energien aus der Welt – und von anderen Menschen – aufnehmen, wir müssen sie wieder loswerden, um unsere eigenen Energien zu entdecken und zu stärken.

In einer von Redbook 1996 in Auftrag gegebenen Umfrage wurden verheiratete Frauen gefragt: «Wovon träumen Sie?», worauf die Hälfte antwortete: «Mehr Zeit für mich.» Bei meinen Gesprächen mit Frauen stieß ich auf eine ausgeprägte Sehnsucht nach Zeit ganz für sich allein. Diesen Wunsch äußerten Frauen, die diesen Luxus *niemals* genossen und direkt nach dem College geheiratet hatten; Frauen, die zwar später geheiratet, aber immer eine Zimmergenossin gehabt hatten; Frauen, die sich früher ihr Zimmer mit Schwester oder Bruder teilen mussten, und Frauen, die fünfzig Jahre lang nie allein in einem Bett geschlafen hatten. Aber auch diejenigen, die diesen Luxus vor der Ehe *immer* genossen hatten, die als Einzelkind aufgewachsen waren oder zumindest immer ein eigenes Zimmer gehabt hatten oder gar bereits jahrelang allein lebten verspürten diesen Wunsch.

Frauen, die mit Männern verheiratet sind, deren Arbeit sie zu Hause festhält, verbringen jahrein, jahraus fast jeden geschlagenen Tag mit einem anderen Menschen. Wenn nicht die Beziehung selbst, sondern deren äußere Umstände sie bedrücken, kann es durchaus vorkommen, dass eine Frau ihren Mann von Herzen liebt, aber dennoch in einen Freudentaumel ausbricht, wenn er das Haus verlässt. Möglicherweise würde sie ihn jederzeit noch einmal heiraten, aber sie beneidet trotzdem andere Frauen, deren Ehemänner aufgrund ihrer Arbeit viel unterwegs sind. Sie kann glücklich verheiratet sein und sich dennoch nach Zeit für sich alleine sehnen. Diese Sehnsucht bedeutet keine

Zurückweisung ihres Partners, sondern eine Auszeit für sie selbst. Was ist unnatürlicher: dreißig, sechzig oder mehr Jahre getrennt zu leben oder über neuntausend Tage gemeinsam? Es ist keine große Überraschung, dass Eheberater oft von Klientinnen berichten, die sagen, dass sie sich nicht hätten scheiden lassen, wenn ihr Mann aus beruflichen Gründen mehr unterwegs gewesen wäre.

Raum zum Atmen ist ein sehr ausgeprägtes menschliches Bedürfnis. Dabei kann es um Raum zum Denken oder um Raum zum Fühlen gehen, um physischen oder mentalen Raum, um ein bewusstes Motiv unter vielen oder ein unbewusstes, das erst im Rückblick als solches erkannt wird. Was auch immer die Eigenschaften dieses Raums sein mögen, es kommt darauf an, dass er uns gehört, dass wir dort auf nichts anderes Rücksicht nehmen müssen als auf das, was in uns selbst vor sich geht. Es ist ein Raum, in dem es kein Chaos gibt, in dem sich Ruhe und Klarheit frei entwickeln können, ein Raum, in dem wir unser Gleichgewicht wieder finden oder Energie tanken können, eine Idee zur Welt bringen oder einen Gedanken nähren. Im antiken Griechenland war das Wort für «Atem» *anapnoi*, was sowohl Leben als auch Seele bedeutet; das hebräische Wort *ruah* steht für Atem und für Geist. In der Sprache der Eskimos gibt es ein Wort, das gleichzeitig «atmen» und «ein Gedicht verfassen» bedeuten kann. In dem Raum, der uns gehört, atmen wir den Stress aus und atmen Inspiration ein, atmen die Luft, die wir brauchen, um eine Karriere aufzubauen, ein Leben zu formen, ein Gedicht zu schreiben, eine Ehe neu anzufangen.

Eines Tages begegne ich einem alten Bekannten, einem Anwalt, den ich vor zwanzig Jahren kennen gelernt habe, als wir im gleichen Apartmenthaus wohnten und unsere Kinder noch Babys waren. Seither hatte ich nur in einem Zeitungsartikel von ihm gehört, und zwar, dass er innerhalb einer Woche zwei große Fälle um ärztliche Kunstfehler gewonnen hatte. Er war also ein gemachter Mann.

»Noch verheiratet?«, frage ich.

Er grinst. «Ja.»

»Was denkst du, warum?«

Er grinst wieder. «Trägheit.»

Wir lachen, aber ich werde nachdenklich.

Wie viele Paar merken eines Tages, dass ihre Ehe eine Sache der Gewohnheit geworden ist, die sich allmählich dem Absterben nähert? Dem ganzen Medienrummel über die Kultur der Scheidung zum Trotz bleiben in der Realität die Hälfte aller Paare zusammen, bis einer der Partner stirbt. Da hat die Routine mehr als genug Zeit, die Herrschaft zu übernehmen, da kann auch ein Höchstmaß an Energie verebben. Das Problem ist, dass viele von uns kein Rollenvorbild für eine lange *und* befriedigende Ehe besitzen und dass unsere Kultur wenig dafür tut, diesen Zustand zu ändern. Fast die Hälfte aller veröffentlichten Taschenbücher sind Liebesgeschichten, die mit der Aussicht auf den Beginn einer Ehe enden. Von dreißigsekündigen Werbespots bis zu zweistündigen cineastischen Verführungskünsten verströmt unsere Kultur das Bild von Leidenschaften à la Romeo und Julia. Aber diese Bilder widersprechen dem Auf und Ab realer Beziehungen. Die Realität ist näher an dem Bild der verzweifelten Frau auf der Postkarte, die ausruft: «Als ich gesagt habe ‹Bis dass der Tod uns scheidet›, wusste ich nicht, dass ich so lange leben würde!»

»Möchtest du heute Abend ins Kino?»

»Ich hab noch eine Menge Arbeit, ich könnte auch ein andermal. Was ist mit dir?»

»Ich hab auch noch eine Menge Arbeit. Meinetwegen können wir auch ein andermal gehen. Was würdest du gern sehen?»

»Ich hab das Programm noch gar nicht angeschaut. Was würdest du sehen wollen?»

Jim und ich wiederholen diesen Dialog an drei von vier Wochenenden. Wo sind die Spontaneität, die Energie, der Spaß geblieben? Warum sind wir am Samstag so erschöpft, dass uns nichts Kreatives mehr einfällt, wie wir den Abend verbringen können? Als ich Jim diese Fragen stellte, meinte er: «Wir sind einfach erledigt. Wir haben anstrengende Zeiten hinter uns – die Kinder, unerwartete finanzielle Belastungen. Wir arbeiten die ganze Zeit.» Wenn wir dieser Erklärung zustimmen, löst das noch lange nicht das Problem. Fast jeden Samstagabend gehen wir ins Kino.

Ich liebe das Kino. Ich möchte einen Film so sehen, wie er gesehen werden soll – auf einer riesigen Leinwand in einem dunklen Saal. Wenn die Lichter verlöschen, greife ich ganz automatisch nach Jims Hand und lehne mich an ihn. Die Vertrautheit und das beruhigende Gefühl, das von diesem Ritual ausgeht, erinnert mich immer an das, was ich an der Ehe liebe. Ich kenne keinen Menschen, mit dem ich lieber ins Kino gehen möchte. Wenn der Film beginnt, versetzen mich die belebten Bilder in andere Zeiten und an andere Orte. Ich lasse mich von der Geschichte gefangen nehmen, von der Magie Hollywoods in ihren Bann schlagen. Und dann sehe ich unweigerlich an zwei von vier Wochenenden auf der Leinwand riesige Bilder von Verlangen und Leidenschaft – überdeutlich, dringlich, intensiv – am helllichten Tag, mitten im Büro, im fahrenden Aufzug, auf einem untergehenden Schiff. Plötzlich bin ich wieder in meiner eigenen Welt und frage mich: Denkt er das Gleiche wie ich? Wo ist unser Verlangen, unsere Leidenschaft geblieben?

Es ist Sonntagmorgen, wir sind allein, meine liebste Zeit mit Jim. Es ist der einzige Morgen, an dem wir einfach rumsitzen und uns unterhalten können, solange wir wollen. Wir diskutieren Projekte, an denen wir gerade arbeiten, tauschen Ideen aus, reden über die neuesten Schlagzeilen, den Zustand der Welt, den Zustand unserer Familie. Ich liebe es, wenn ich seine Aufmerksamkeit ganz für mich alleine habe. Aber an diesem Morgen beschäftigen mich andere Gedanken.

»Wenn wir die zweite Hälfte unseres Lebens gemeinsam verbringen wollen, wirst du aus deiner Höhle hervorkommen müssen», sage ich.

Er blickt vom Sportteil der Zeitung auf.

»Lebe ich in einer Höhle?», erkundigt er sich lächelnd.

»Ja. Du bist ständig in deinem Zimmer, mit deinem Computer und deiner Hi-Fi-Anlage. Ich möchte, dass wir auf Berge klettern, Kurse besuchen, tanzen gehen.»

Das letzte Detail ist vollkommen absurd. Jim hasst Tanzen.

Wieder lächelt er. «Mir war nicht klar, dass unser Leben so langweilig ist.»

»Ist es aber.»

Am nächsten Tag ruft er mich von der Arbeit an.

»Am Wochenende findet ein Kunstmarkt statt, der lohnenswert sein soll. Wollen wir nicht hingehen? Danach können wir essen gehen, irgendwo, wo wir noch nie waren, vielleicht wo man im Freien sitzen kann.«

»Wunderbar. Klingt gut.«

Es wird auch wunderbar.

Das nächste Wochenende kommt.

»Möchtest du heute Abend ins Kino?«

»Ich weiß nicht. Möchtest du heute Abend ins Kino?«

»Vielleicht. Was würdest du denn gerne sehen?«

»Ich hab mir das Programm noch nicht angeschaut. Was würdest du sehen wollen?«

Wenn eingefahrene Gleise in der Ehe unvermeidlich sind – und das behaupten die meisten erfahrenen Therapeuten –, wie können wir sie wieder verlassen? Wie bewegen wir uns zwischen Routine und Begeisterung hin und her? Wie kann man die Dynamik einer Ehe verändern? Man muss sie erkennen, sich darum kümmern und dann muss man sich ernsthaft bemühen. Eingefahrene Gleise zeigen an, dass es Zeit ist, Nahrung zuzuführen, ein neues Muster zu schaffen, die Temperatur zu steigern, *aktiv zu werden*. Therapeuten stimmen darin überein, dass Frauen als Wächterinnen der Intimität eher merken, wenn sie und ihr Partner in konventionellen Bahnen dahintrotten, dass sie ihren Partner eher mit dieser Erkenntnis konfrontieren und eher bereit sind, die Energie aufzubringen, sich daraus zu befreien.

Aber diese Arbeit kann eine Frau nicht in ihrer Freizeit oder mitten in der Ehesituation leisten. Die Zeit ist zu knapp, die Aufmerksamkeit zu weit gestreut, die Verhaltensmuster sind zu festgefahren. Um eine neue Perspektive zu gewinnen, muss sie aus der Routine der Beziehung aussteigen, und dafür braucht sie mehr als ein Wochenende. Um über eine Ehe nachzudenken, um sie neu zu entwerfen, braucht man Zeit. Eine gute Ehe braucht Zeit und viele Frauen wollen keine andere Ehe als eine gute. Sie weigern sich strikt, sich mit einer Zweckehe zufrieden zu geben, mit einer Beziehung ohne Überraschungen. Sie wissen genau, was sie wollen, aber sie suchen die Lösung nicht bei ihrem Ehemann. Sie suchen die Antworten in ihrem Inneren.

Am Anfang einer Ehe steht nicht nur ein legaler, sondern auch ein psychologischer Vertrag. Er enthält die Erwartungen, die wir in die Ehe mitbringen, und die Normen, die sich im Lauf der Ehe entwickeln. Die Erwartungen haben ihren Ursprung in der Familie, in der wir aufgewachsen sind, und in der Ehe, die uns dort vorgelebt wurde. Gewöhnlich schlüpfen wir in diese Erwartungen und Rollen; oft formen wir sie unbewusst nach dem Vorbild unserer Eltern. Für die meisten Paare ist der psychologische Vertrag nicht schriftlich festgelegt, seine Klauseln wurden nie verhandelt. Wie viele arbeiten bei der Heirat schon einen psychologischen Vertrag aus und formulieren ihn womöglich sogar schriftlich? Und wie viele verhandeln im Lauf der Jahre über neue Vertragsinhalte?

In der keltischen Tradition konnten irische Paare bis ins zwölfte Jahrhundert am ersten Februar, dem Fest von Imbolc, die Entscheidung treffen, sich zu trennen, wenn ihre Beziehung sie nicht mehr zufrieden stellte. Dieser Ritus basiert auf der Haltung, dass Menschen im Lauf der Zeit wachsen und sich verändern und dass im Zuge dieser Veränderungen auch so manche Ehe neu bewertet werden muss. Die Kelten glaubten, dass eine Ehe jedes Jahr erneuert werden sollte, wie eine Versicherungsplakette. Manche Therapeuten meinen, dass Paare etwa alle sieben Jahre ihre Beziehung von Natur aus neu verhandeln, womit sie den landwirtschaftlichen Sitten der alten Hebräer unbewusst Folge leisten. Andere meinen, dass Paare ihr eheliches Terrain neu abstecken, wenn ihr Leben in eine Umbruchphase eintritt: wenn Kinder geboren werden, aus dem Haus gehen oder wenn ein Partner anfängt oder aufhört zu arbeiten.

Um sich der Metapher von C. G. Jung zu bedienen: Wir können am Nachmittag des Lebens nicht mehr nach dem Programm des Morgens leben. Wir können nicht davon ausgehen, dass die Ehe, die wir mit fünfundzwanzig geführt haben, noch auf die gleiche Weise funktioniert, wenn wir vierzig oder fünfzig sind. Unser Leben ist geprägt von Trennungen – von Städten und Schulen, von Arbeitsstellen und Freunden. Warum sollte man sich nicht ebenso von einer bestimmten Form der Ehe befreien, damit sie sich in etwas anderes verwandeln kann? Während manche Paare im Lauf der Zeit immer mehr zusammenwachsen, brauchen andere immer mehr Raum zum Atmen. In einer kulturübergreifenden Studie von 1996 entdeckten Wissenschaftler, dass seit Jahrzehnten verheiratete Paare in Amerika aktiv getrennte Wege auskundschafteten, psychisch und physisch. Viele Paare fanden ihr Glück durch ein getrenntes, abgegrenztes Selbst, was bedeutete: eigener Computer, eigenes Auto, eigene Interessen und einen eigenen Bereich im Haus. Eine der beteiligten Forscherinnen fasste die Studie so zusammen: «Wir entdeckten, dass glückliche, lange verheiratete Paare ihre gemeinsame Zeit mehr genossen, wenn sie einander eine gewisse Distanz zubilligten. Sie sahen die Zeit, die sie getrennt verbrachten, als förderlich für die Nähe zwischen ihnen.»

Anne Morrow Lindbergh verglich die mittleren Jahre einer Ehe mit der Austernschale, verkrustet mit allen möglichen Ablagerungen und fest mit ihrem Felsen verankert. Nun kommt die Zeit, in der die Muschelschale abgeworfen werden soll, schreibt sie, die Zeit, in der sie sich vom Felsen lösen soll. Manche Leute melden Zweifel an, ob eine Loslösung alles ist, was eine Frau sich wünscht. Sie meinen, ein Urlaub von der Ehe sei einfach eine kulturell verbrämte Trennung.

Wo liegt der Unterschied? Ein Urlaub von der Ehe ist ein Schritt zum eigenen Selbst, bei einer Trennung fliehen die Partner voreinander. Ein Urlaub von der Ehe wird von beiden genau geplant. Er sagt: «Du bist mir wichtig.» Eine Trennung verläuft impulsiv, sie sagt: «Vielleicht bist du mir nicht wichtig.» Ein Urlaub von der Ehe setzt ein Datum für die Rückkehr fest, bedeutet also: «Ich komme wieder.» Eine Trennung hat normalerweise ein offenes Ende, bedeutet also: «Vielleicht komme ich nicht zurück.» Der Unterschied? Er liegt in der Absicht.

Catherine Gray, eine Psychologin aus Washington, rät seit einiger Zeit den Paaren, die zu ihr in die Paartherapie kommen, einen Urlaub von der Ehe zu nehmen. Meines Wissens ist sie die Einzige vom Fach, die über das Thema geforscht hat. Sie beschreibt den Unterschied folgendermaßen: «Ein Urlaub von der Ehe bedeutet Wachstum. Eine Trennung bedeutet Auseinanderreißen. Bei einem Urlaub von der Ehe können sich die Partner weiterentwickeln, ohne die Beziehung aufs Spiel zu setzen – sie können diese sogar bereichern. Ein Jahr nach der Scheidung wünschen sich viele Menschen, sie hätten sich nicht getrennt. Aber inzwischen ist so viel Feindseligkeit zwischen ihnen entstanden, dass sie nicht mehr zurückkönnen. Ich bin überzeugt, das sich viele Leute scheiden lassen, die eigentlich nur eine sinnvolle Pause gebraucht hätten.»

Die Midlife-Kollision

Die Motivationen für einen Urlaub von der Ehe laufen parallel zu den Bedürfnissen des mittleren Lebensalters, was erklärt, warum die meisten Frauen, die ich interviewt habe, zum ersten Mal um die Lebensmitte herum weggegangen sind. Bei vielen war es sogar in dem Jahr, in dem sie vierzig oder fünfzig wurden.

Aus dem wachsenden Fundus von Studien über Themen des mittleren Lebensalters wissen wir, dass dieses Entwicklungsstadium des Erwachsenenlebens eine emotionale Schwelle ist, die mit der Wahrnehmung eines Verlusts beginnt und mit dem Gefühl für die Begrenztheit der eigenen Zeit. Es ist eine Zeit des psychischen Tumults, in der alte Identitäten verloren gehen und neue geboren werden, in der wir Fragen stellen, Antworten suchen und die Lücken füllen. Es ist eine Übergangzeit, die das Ende einer Lebensstruktur signalisiert und den Anfang einer anderen, eine Zeit, um Rollen abzulegen und sich weiter auf das eigene Selbst zuzubewegen, eine Zeit, um unser Leben neu zu bewerten und es zu erneuern, mehr zu lernen, sich beruflich neu zu orientieren, etwas Sinnloses zu verändern. In ihrem grundlegenden Werk über Lebensübergänge identifizierte die Journalistin Gail Sheehy die wichtigsten Aufgaben der mittleren Lebensjahre: Das Individuum muss sein Leben neu ausrichten, sonst stagniert es. Paare müssen ihre Verträge neu aushandeln. Frauen müssen die Abhängigkeit überwinden, indem sie sich selbst manifestieren.

Die Aufgabe der verheirateten Frau mittleren Alters wird in dem Märchen «Die Ehefrau, die König wurde» erläutert. Diese Geschichte stammt aus China und beginnt damit, dass ein Mann und eine Frau sich verlieben und heiraten. Statt nun einfach glücklich bis an ihr seliges Ende weiterzuleben, wird die Frau von einem bösen König entführt, in seinen Palast gesperrt und unter Druck gesetzt, seine Konkubine zu werden. Ihre Freiheit und ihre Identität stehen also auf dem Spiel; die Frau verkleidet sich als Mann, und mit Hilfe ihrer Klugheit, ihres Einfallsreichtums und ihrer Entschlossenheit gelingt es ihr, zu fliehen und ihren Angreifern zu entgehen. Sie kommt wieder zu ihrem Ehemann, der ihr bei der Flucht geholfen hat, indem er ihre Anweisungen befolgte und beispielsweise ihre Frauenkleider trug, um ihre Verkleidung glaubhafter wirken zu lassen. Am Ende wird die Frau selbst König, aber nach der Krönung offenbart sie ihre wahre Identität, woraufhin ihr Mann zum König gekrönt wird und sie zur Königin und gleichberechtigten Partnerin. Die Moral der Geschichte ist, dass eine verheiratete Frau in der Mitte des Lebens ihre Macht wieder für sich in Anspruch nehmen muss und die Partner ihre Rollen tauschen. Diese Geschichte ist nicht nur deshalb interessant, weil ihre feministische Botschaft aus einer patriarchalischen Kultur kommt, sondern weil die Frau ihre gesellschaftliche Unterdrückung überwindet und ihre bisher nicht erkannte Macht beansprucht – *während* sie als liebende Partnerin bei ihrem Mann bleibt. Anders als bei vielen feministischen Geschichten gibt sie die Ehe nicht zugunsten der Autonomie auf, sondern integriert die beiden.

Diejenigen, die sich in ihrer Forschung – mit welcher Ausrichtung auch immer – dem mittleren Lebensalter widmen, behaupten, dass es eine zweite Welle von Identitätsthemen mit sich bringt. Jung meinte, wenn wir uns ansehen, worum wir andere beneiden, dann wissen wir, was wir in unserem eigenen Leben vernachlässigt haben.

Es ist Sommer 1994 und ich kuschle mich auf mein altes Sofa, schlürfe Jasmintee und spüre eine Woge der Nostalgie, als ich das Jahrbuch zum fünfundzwanzigjährigen Treffen meines Collegejahrgangs aufschlage. Jede Erinnerung führt mich weiter zurück zu der gotischen Architektur mit ihren Türmchen, zum leichten Duft der Magnolien, dem leuchtenden Pink und Gold des Gartens. Ich sinke tief in die Kissen und finde die Einträge mindestens so faszinierend wie einen guten Roman. Dann verlangsame ich das Tempo, wie ein Autofahrer, der am Straßenrand einen Unfall entdeckt, mit einer Mischung von Anziehung und Abscheu. Ich erkenne das Gesicht sofort, vor fünfundzwanzig Jahren schon hübsch und auf dem Jahrbuchfoto hinreißend. Ihr Eintrag ist leichtfüßig geschrieben, mit Ausrufezeichen und Ellipsen. Der Stil verursacht mir eine Gänsehaut, aber die Worte haben Gewicht. Ihre Höhepunkte seit der Abschlussprüfung: «Dass ich mir eine Fahrkarte nach San Francisco gekauft und nie zurückgeblickt habe, dass ich mir überlegt habe, Medizin zu studieren, aber zu der Erkenntnis kam, dass das Leben zu kurz ist ... Winter in Aspen, Sommer auf Hawaii als Krankenschwester auf der Intensivstation ... Verschiedene Wohnsitze an der kalifornischen Küste ... Arbeit als Krankenschwester auf den Westindischen Inseln, in Israel und Mexiko ... Reisen nach Sardinien, in die italienischen Alpen und nach Marokko mit Hans, der Liebe meines Lebens ... Heirat mit Hans, hin und her zwischen unseren Restaurants in Park City und Mammoth Lakes ... Hans macht seinen Flugschein ... und ein bisschen später ich auch!»

Das ist die Frau, die ich um ihr Leben beneide. Nicht die Klassenkameradin, die drei Bücher geschrieben und dabei als Neurochirurgin gearbeitet hat, nicht die Frau mit dem Titel von der Wall Street und der Adresse in der Park Avenue, nicht die Schönheitskönigin, die einen der einflussreichsten Politiker des Landes geheiratet hat. Ich beneide die Frau, die überall auf der Welt gelebt und gearbeitet hat, deren Leben ein exotisches Abenteuer war.

Ich war kurz vor dem Studienabschluss und verlobt, als die Parole «Make Love, Not War» über den Campus schallte. Wenig später war ich frisch verheiratet. Als der Feminismus der siebziger Jahre das amerikanische Leben in jeder Hinsicht umkrempelte, hatte ich einen schmaleren Pfad gewählt. In einem Teil meiner selbst sah ich das Leben vor mir ausgebreitet, in einem anderen fühlte ich, dass meine Möglichkeiten bereits eingeschränkt waren.

Am Tag, als ich das Jahrbuch meines Collegejubiläums lese, sind fünfundzwanzig Jahre vergangen, und ich habe nicht nur nie alleine gelebt, ich wohne auch immer noch in der Stadt, in der ich aufgewachsen bin. Ich klappe das Buch mit einer beunruhigenden Erkenntnis zu: Ich möchte gern mit dem Rucksack durch Europa ziehen, in Oxford studieren und wie Thoreau in einer Hütte im Wald leben. Ich möchte wieder zwanzig sein, aber ohne die Verpflichtungen. Ich möchte das nachholen, was ich verpasst habe.

»Teile von uns, die unentwickelt sind, verharren in einem unbewussten Stadium«, erklärte mir eine Psychoanalytikerin Jung'scher Schule aus Boston. «An einem bestimmten Punkt müssen wir zurückgehen und mit diesen nicht gelebten Leben Kontakt aufnehmen, damit wir ganz werden können.» So viele Frauen, die ich interviewt habe, bestätigten Jungs Entwicklungstheorie. Doris stieg aus einem Promotionsprogramm für fernöstliche Sprachen aus und ging weg, um im Fernen Osten Englisch zu unterrichten. Eine Frau, die sich auf dem zweiten Bildungsweg mit Kursen und Jobs durchschlug, verließ ihr Zuhause und schrieb sich als Vollzeitstudentin an einer renommierten Universität ein. Eine Frau, die professionelle Sängerin geworden war, obwohl sie Pfarrerin hatte werden wollen, ging ins Priesterseminar. Die englische Romanschriftstellerin George Eliot sah Jungs Theorie voraus, als sie schrieb: «Es ist nie zu spät, das zu werden, was du hättest werden können.»

Genau daran glaubte auch Rebecca. In ihrer Geschichte überschneiden und verweben sich die Motivationen mehr als in jeder anderen und offenbaren, wie vielschichtig die Reise einer Frau sein kann.

Rebecca ist Malerin und lebt mit ihrem zweiten Ehemann in New England. Sie beschreibt ihre Beziehung zueinander als «entspannt und häuslich», doch als ich zum ersten Mal mit ihr sprach, bereitete sie sich darauf vor, Heim und Ehemann zu verlassen und den Winter in Washington zu verbringen. Zwei Stunden lang erzählte mir Rebecca von den Gründen für ihre Auszeit. Zuerst sprach sie von ihrer Sehnsucht nach einer anderen Landschaft. Sie wusste die Schönheit der waldigen Küstenlandschaft sehr wohl zu schätzen, aber nicht ihre Isolation. Sie respektierte die Liebe, die ihr Mann, ein Schreiner, dem Haus entgegenbrachte, das er selbst gebaut hatte, seinen künstlerischen Charme, aber sie hatte genug vom Landleben, das notwendigerweise damit einherging. Sie sehnte sich nach dem pulsierenden Trubel in einer Großstadt und der Energie menschlicher Interaktion, in der sie Anregung für ihr Leben, neue Bilder für ihre Kunst finden konnte. «Ich brauche nicht sehr viele Menschen», sagte sie, «aber ich muss sie beobachten. Ich bin keine Naturkünstlerin.»

Das Gespräch über Kunst brachte Rebecca auf das Thema Versenkung. Allein erziehend mit dreiundzwanzig, hatte sie das Gefühl, dass sie nicht gleichzeitig verantwortungsvolle Mutter und Künstlerin sein könnte. Schließlich musste sie ja auch noch für den Lebensunterhalt sorgen. Nachdem sie jahrelang in verschiedenen Jobs gearbeitet hatte, schien ihr nun die Zeit gekommen, ihren kreativen Impulsen einen vorherrschenden Platz in ihrem Leben einzuräumen. «Sich versenken, das ist es, was Kunst braucht und verdient», sagte sie. «Es ist verrückt, wenn man sich einer Sache nicht verschreiben kann, die so eng zur historischen Erfahrung der Menschen gehört.» Das Sich-Versenken war ihr ungelebtes Leben, die Vergangenheit, zu der sie zurückkehren musste.

Dann redete Rebecca über spirituelles Wachstum und ihr dringendes Bedürfnis, ihrem inneren Leben Priorität zu verleihen. Schon lange wünschte sie sich, am Leben einer metaphysischen Kirche teilzunehmen, aber in ihrer Kleinstadt gab es keine. In den ganzen Vereinigten Staaten existierten überhaupt nur zwölf solcher Kirchen, eine davon in Washington. Wieder schwenkte das Gespräch zur landschaftlichen Umgebung und wir sprachen über Rebeccas Liebe zu Washington, wo sie früher einmal gewohnt hatte. Hier hatte sie schon einmal an einem Scheideweg gestanden und eine gute Entscheidung getroffen, und als solcher war der Ort für sie ein Ort der Stärke.

Schließlich sprach Rebecca darüber, dass sie Zeit und Raum brauchte, um über ihre Ehe nachzudenken. Jede Ehe hat ihre Probleme, die von Rebecca war keine Ausnahme. Die Frage für sie war die gleiche wie für alle anderen verheirateten Menschen: Wie soll ich damit umgehen? Den Schmerz einer Scheidung kannte sie bereits; diese Lösung stand für sie nicht zur Debatte. Sie kannte auch schon die Frustration, die damit einhergeht, wenn man um alles, was man möchte, bitten und flehen und kämpfen muss, es aber trotzdem nicht bekommt; auch diese Möglichkeit kam nicht in Frage. Ihr Mann war zufrieden und sah keinen Grund für eine Veränderung, aber Rebecca wünschte sich eine andere Form des Zusammenlebens, und dafür brauchte sie Raum zum Atmen. Ganz klar formulierte sie ihr Motiv. «Ich will keinen anderen Mann», sagte sie. «Ich will etwas lernen.»

Dann kam sie auf Meilensteine und das mittlere Lebensalter zu sprechen. «Ich bin gerade fünfzig geworden und habe das Gefühl, ich bin aufgewacht.»

Das erinnert mich an den Witz – oder ist es nicht eher traurig? –, dass Dornröschen hundert Jahre schlief, und als sie aufwachte, war sie fünfzig. Viele Mädchen verstecken ihr wahres Selbst, um zu überleben, halten wie Dornröschen psychologisch einen Winterschlaf, bringen wie die kleine Meerjungfrau ihre Stimme zum Schweigen. In der Lebensmitte erwachen Frauen, *müssen* sie erwachen, wenn sie vermeiden wollen, im späteren Leben unglücklich zu sein. Wir müssen aufhören, darauf zu warten, dass etwas von außen unser Leben verändert, und anfangen, auf unsere eigene Stimme zu hören. Wie Rebecca sagt: «Ein Ehemann kann nicht alle unsere Bedürfnisse erfüllen – und warum sollte er auch?»

Für manche Frauen bedeutet es eine Reise weg von zu Hause, wenn sie die Verantwortung für ihr eigenes Leben übernehmen – um mehr über sich selbst zu lernen, über die Welt und den eigenen Platz darin. Wenn eine Frau sich zerrissen fühlt, wünscht sie sich einen Mittelpunkt, einen Fokus. Wenn sie das Gefühl hat, aus dem Gleichgewicht geraten zu sein, möchte sie Gleichgewicht. Wenn sie ruhelos ist, möchte sie ein Ziel. Wenn sie sich unvollständig fühlt, möchte sie ihr Bewusstsein erweitern, möchte mehr lernen und tiefer lieben. Sie geht weg, um einem Traum zu folgen, sich einer Herausforderung zu stellen, den fehlenden Teil zu finden, ganz zu werden. *Sie geht, um den Rhythmus ihres Lebens zu verändern.*

Ob die Entscheidung eine natürliche Folge der Interessen einer Frau ist oder ein entscheidender Augenblick ihres Lebens, auf jeden Fall ist es keine vorübergehende Laune oder gar der Ausdruck von Wut. Manche Frauen haben es so beschrieben, dass sie aus einem Traum aufgewacht sind oder eine Art Erleuchtung hatten.

Für andere war es eine Krise. Was jetzt? Was kommt als Nächstes? Was bleibt mir? Unfälle oder körperliche Symptome können sich wie Zeichen anfühlen. Eine Frau sprach von einem Hunger, der sich zu einer Besessenheit steigerte, andere erzählten von Schockwellen, von einem Blitz aus heiterem Himmel. Sue Bender hörte eine Stimme, die ihr sagte, sie solle bei einer amischen Familie leben. «Ich halte mich für eine vernünftige Frau, nicht für eine, die Stimmen hört oder ihnen folgt», schrieb sie in «So einfach wie das Leben», «aber diese Stimme war so laut und klar und kam so tief aus meinem Innern, dass sie mir vorkam wie die Stimme eines anderen Menschen. Ich musste einfach auf sie hören.»

Eine Stimme, ein Traum oder ein Zeichen weisen auf die spirituelle Natur der Reise hin. Das Gleiche gilt für das Gefühl der Dringlichkeit. Wenn eine Frau spürt, dass sie auf das «hören muss», was sich da in ihr regt, wenn es sie gleichermaßen mit Freude und Angst erfüllt, darüber nachzudenken, wenn es so wichtig ist, dass sie bereit ist, große Schwierigkeiten auf sich zu nehmen, wenn die Entscheidung aus einem tiefen und authentischen Bedürfnis resultiert, dann ist ein mächtiger Geist am Werk.

Wenn der Wunsch in unseren bewussten Träumen und unbewussten Sehnsüchten liegt, wenn es natürlich ist, dass wir wachsen wollen, unsere Talente entwickeln und einen neuen Sinn für unser Leben finden wollen, wenn Unabhängigkeit und der Wille zum Risiko und die Abenteuerlust Eigenschaften sind, die wir bewundern, wenn Buchläden voll sind von Titeln, die uns drängen, unseren Träumen nachzugehen, warum wird es dann nicht als natürlich wahrgenommen, wenn eine Frau sich einen Urlaub nimmt? Warum ist es so schwierig?

2

Ängste

> Ich erzählte meinem Mann, was ich vorhatte, dabei schrie ich rum
> wie ein Drillsergeant in schweren Kampfstiefeln und verkündete
> meine Entscheidung voller Angst, dass ich, wenn ich Luft holte
> und mit jemandem vernünftig darüber diskutierte, sofort meine
> Entschlossenheit verlieren würde.
>
> Sue Bender
> *So einfach wie das Leben.*
> *Eine Frau bei den Amischen*

Ich war einundvierzig, als ich meinen Traumjob bekam: Redakteurin bei einer neuen Zeitung, der ersten Tageszeitung in einer Großstadt, die vor fünfzig Jahren in den Vereinigten Staaten gegründet worden war. Ich fand es toll, an einem journalistischen Abenteuer teilzuhaben, dem sogar etwas Missionarisches anhaftete – eine Zeitung, die es sich zur Aufgabe gemacht hatte, den Markt zu revolutionieren. Von London bis New York wurde über das Fünfundzwanzig-Millionen-Unternehmen berichtet. Henry Kissinger kam zur Besichtigung vorbei – in einem anmutig geschwungenen Gebäude aus smaragdgrünem Glas, gut sechsundfünfzig Meter über dem Ufer des Mississippi, ein supermoderner Redaktionsraum mit Fenstern vom Boden bis zu Decke, aus denen man auf die Skyline von St. Louis blickte, beeindruckend bei Tag, atemberaubend bei Nacht.

Nur eine Glaswand trennte mein Büro von dem Pressemagnaten, der mit seinem Vierhundert-Millionen-Dollar-Vermögen, seinem Privatjet, seinem BMW samt Chauffeur, seinen visionären Ideen und seinem kosmopolitischen Charme von der Ostküste eingeflogen war. Ich liebte die Einladungen zum Feinschmeckerlunch im Chefspeisesaal. Ich liebte die Dove-Seife in der Chefküche. Vor allem aber liebte ich mein Gehalt – das Doppelte von dem, das ich im vorherigen Job verdient hatte. Morgens konnte ich es kaum erwarten, durch die marmorverkleidete Lobby zu stolzieren. Ich brauchte kein Koffein, um durch den Tag zu kommen, für mich war es anregend genug, am täglichen Redaktionstreffen teilzunehmen, die einzige Frau am Tisch der Ressortleiter. «Besser geht's nicht», dachte ich. «Endlich hab ich eine richtig gute Stelle.» Verführt von der Atmosphäre und ganz wild auf die Herausforderung, begann ich mit neunzig Arbeitsstunden pro Woche. Als ich mich auf fünfzig Wochenstunden abgebremst hatte, was ich einigermaßen bewältigen konnte, machte die Zeitung Bankrott.

Wenn ich mich heute an diese Zeit des Karriererauschs erinnere, muss ich immer auch daran denken, wie hoch der Preis dafür war. Und mit dieser Erinnerung kommen die Schuldgefühle. Mein jüngerer Sohn war zu oft allein zu Hause, zündete in der Schule eine Rauchbombe, wurde rausgeworfen und reagierte mürrisch und deprimiert. Mein älterer Sohn war dabei, sich fürs College zu bewerben, aber warum sollte er sich um ein akademisches Stipendium bemühen, wenn genug Geld, aber keine Zeit vorhanden war? Neun Monate gehörte ich zu den oberen fünf Prozent weiblicher Gehaltsempfänger, mit dem Ergebnis, dass wir vier Jahre Studiengebühren bezahlten, die wir uns nicht leisten konnten. Und was mich bis heute verfolgt: Als ich den Job antrat, zeigte meine Großmutter, die ich abgöttisch liebte, die ersten Anzeichen von Demenz. Ich hatte mir vorgenommen, sie jeden Monat zu besuchen, aber ich fand nie die Zeit dazu. Am Tag nachdem die Zeitung dichtgemacht hatte, fuhr ich endlich zu ihr. Aber inzwischen war sie in einem Pflegeheim, ihr Gesicht ausdruckslos, die Augen leer.

Ich habe den besten Teil meines Lebens – meine Familie – im Stich gelassen, wegen einer unbekannten Zukunft, die mir so verlockend erschien. Wenn ich die Stadt für drei Monate verlasse, frage ich mich automatisch, ob ich dabei bin, dasselbe wieder zu tun. Was, wenn Jim einen Unfall hat oder krank wird, und ich bin tausend Meilen weit weg? Was, wenn er stirbt?

Er ist mein emotionaler Rettungsanker. Ich brauche ihn ebenso sehr wie die Luft zum Atmen. Ich weiß, er braucht mich genauso, aber ihm scheint das nichts auszumachen. Ich kämpfe dauernd damit, dass ich ihn brauche. An der Oberfläche wirke ich wie eine unabhängige Frau, und ich bin mir bewusst, dass mich andere Menschen so sehen. Abgesehen von einer fünfjährigen Durststrecke habe ich mein gesamtes Erwachsenenleben immer genug verdient. Als Jim noch auf der Uni war, habe ich uns drei ernährt. Ich weiß, dass ich mich finanziell versorgen kann. Aber das ist nur eine Art von Unabhängigkeit und ich fürchte, in anderen Bereichen kann ich nicht mithalten. Ich denke, das Gefühl kommt hauptsächlich von einer angelernten Hilflosigkeit, die zur Ehe zu gehören scheint – für Männer und Frauen gleichermaßen –, eine Hilflosigkeit, die daher rührt, dass man die anfallenden Aufgaben aufteilt, wie es die meisten Paare tun.

Zu unserem ersten Rendez-vous holte mich Jim mit einem roten Sportwagen ab, einem Firebird 400, der glänzte, als käme er soeben aus der Vorführhalle. Für den Wagen hatte er zwei Sommer lang als Baumstutzer gearbeitet und seine Eltern und Großeltern hatten sich an der Finanzierung beteiligt. Jim liebte sein Auto, das so tief gelegt war, dass er «die Straße fühlen» konnte. Ohne dass seine Familieninvestoren davon wussten, raste er damit wie ein Wilder durch die Gegend. Die ersten sieben Jahre unserer Ehe war es unser einziges Auto und seine Wartung geriet für Jim zu einem liebevollen Ritual – das Auto zu waschen war seine schönste wöchentliche Entspannungspause. Als wir einen zweiten Wagen kauften, kümmerte er sich um den genauso. Für Jim war jedes Fahrzeug eine Investition, ein Hobby und eine Leidenschaft. Für mich war es ein Werkzeug und ein Versteck.

Mir war es nur recht, dass er die Verantwortung für diesen Bereich übernahm, denn so hatte ich eine Sorge weniger. Jahrelang dachte ich überhaupt nicht darüber nach. Dann fiel mir eines Tages auf, dass ich kein einziges Mal getankt hatte, seit die Tankstellen auf Selbstbedienung umgestellt hatten. Auf einmal bedeutete der Umstand, dass ich mich darum wenigstens nicht zu sorgen brauchte, auch, dass ich eine Sache weniger gelernt und gemeistert hatte.

»Hör auf, meinen Wagen zu waschen und jede Woche aufzutanken«, fauchte ich ihn eines Sonntags an. «Hör einfach auf, dich um ihn zu kümmern. Da leite ich mein eigenes Ressort und kann mich nicht mal um mein eigenes Auto kümmern.»

Da ich nur etwa alle zwei Jahre einmal die Stimme erhebe, blickte Jim erschrocken von seinem Schreibtisch auf.

»Ich hatte keine Ahnung, dass es dir was ausmacht. Du hättest doch nur was zu sagen brauchen.«

»Na, jetzt sage ich ja was.«

Im nächsten Jahr wurde ich angehalten und bekam einen Strafzettel, weil ich mein Nummernschild nicht erneuert hatte, hätte um ein Haar den Motor ruiniert, weil ich vergessen hatte, Öl nachzufüllen, und musste mehrmals den Abschleppdienst rufen, jedes Mal wegen leerer Batterie. Die ganze Zeit über wurden die Rechnungen von der Reinigung höher und höher, weil der Schmutz an meinem Wagen meine Kleider mit verdreckte. In diesem Jahr kam ich mir nicht vor, als hätte ich sonderlich viel gemeistert, aber im zweiten Jahr wurde es deutlich besser. Wenn Ihr Ehemann sich seit Jahren um die Autos oder die Finanzen oder die Wäsche kümmert (weil er, wie Jim bezüglich unserer Wagen, den höheren Standard hat), wird Ihr eigenes Wissen auf diesen Gebieten immer geringer, weil immer jemand da ist, der es besser weiß. Dieses häusliche Zusammenspiel verstärkt die Illusion, dass immer jemand anderes da sein wird, der bestimmte Dinge für uns erledigt, eine Illusion, die erst zu Abhängigkeit und dann zu einem Gefühl von Inkompetenz führt.

Ich glaube, das passiert vielen Männern bei der Hausarbeit. Ihre Frau hat den höheren Standard, erledigt deshalb die meiste Arbeit, und schließlich haben sich die Ehemänner eine erlernte Hilflosigkeit auf diesem Gebiet angelacht. Als meine Mutter nicht mehr Auto fahren konnte, musste mein Vater im Alter von fünfundsiebzig Jahren plötzlich die Einkäufe erledigen. Er war ein Mathematik- und Elektronikgenie und hatte eine Approbation für zwei medizinische Fachgebiete, aber in einem Lebensmittelgeschäft war er verloren, kam ohne die Sachen nach Hause, wegen denen er losgezogen war und suchte danach stundenlang nach den fehlenden Artikeln. Er gewöhnte sich nie daran und verabscheute es immer. Ich möchte lebenswichtige Fähigkeiten lieber nicht unter Druck und in einer Krise lernen, wenn die Gefühle ohnehin schon durcheinander laufen.

Psychologische Abhängigkeit ist problematischer, weil man sie nicht so gern zugeben mag und sie deshalb schwieriger zu durchdringen ist. Ich kann an kaum eine Entscheidung denken, bei der ich nicht Jims Rat suche. Ständig frage ich ihn: Was denkst du bezüglich dieses Jobs, dieser Idee für eine Geschichte, dieses Artikels, dieses Computers, dieser Kontaktlinsen? «Was denkst du?» könnte mein Mantra sein. Zwar folge ich nicht unbedingt seinem Rat, aber da er immer durchdachte und intelligente Kommentare abgibt, frage ich ihn das nächste Mal wieder, und so setzt sich der Kreislauf fort. Daraus ergibt sich bei mir folgende Sorge: Wenn er mir immer für meine Fragen zur Verfügung steht, bedeutet das, dass ich mein eigenes Potential nicht voll ausschöpfe? Behindert seine ständige Anwesenheit meine Entscheidungskapazität? Oder habe ich tatsächlich seine besten Eigenschaften übernommen – seinen klaren Blick, seine Unverwüstlichkeit, seine Gelassenheit –, weiß es aber nicht, weil diese Eigenschaften bei ihm ausgeprägter sind als bei mir? Oder denke ich nur, dass sie bei ihm ausgeprägter sind, weil sie es waren, als wir uns kennen lernten?

Ich habe Schwierigkeiten, mich selbst aus einer angemessenen Perspektive zu betrachten. Unabhängigkeit fühlt sich für mich an wie ein Kleid, das ich gekauft habe, ohne es anzuprobieren, weil es am Ständer so großartig aussah. Wenn ich nach Hause komme, entdecke ich, dass es an meinem hageren Körper gar nicht richtig sitzt. Ich möchte, dass sich der Jerseystoff mit mir bewegt und nicht an mir runterhängt, als gehörte er gar nicht zu mir. Ich möchte eine bessere Passform.

Ich möchte wissen, dass die Selbstbestimmtheit, die ich ausstrahle, innerlich begründet ist, aber ich bin nicht sicher, ob das möglich ist, solange Jim neben mir steht. Ich frage mich oft: Wie wäre ich ohne ihn? Wer wäre ich ohne ihn? Als die Jungen klein waren, haben wir, wenn Jim unterwegs war, auf dem Wohnzimmerteppich aus Kartons gegessen und Papierservietten als Teller benutzt. Ich servierte Erdnussbutter zum Frühstück und Müsli mit Eiscreme zum Abendessen. Ich ließ die Klamotten und Zeitungen sich ebenso stapeln wie das Geschirr in der Spüle und wirbelte dann wie eine Wilde herum, kurz bevor Jim zurückkam. Die Wahrheit ist, dass er mich zu einem zivilisierten Menschen macht.

Er hilft mir auch, mich zu konzentrieren auf der Reise von Punkt A zu Punkt B, während es meiner Natur viel eher entspricht, eine Menge Umwege zu machen. Würde ich ohne ihn auf Kurs bleiben? Ich habe Angst davor, herauszufinden, dass ich ihn mehr brauche, als mir lieb ist. Und ich habe genauso viel Angst davor, herauszufinden, dass ich ihn überhaupt nicht brauche. Genau genommen ist die zweite Angst sogar die größere, denn wenn ich ihn nicht so brauche, wie ich glaube, was passiert dann mit unserer Ehe?

Manche modernen Denker glauben, dass es nur zwei Grundgefühle gibt, von denen sich alle anderen ableiten: Liebe und Angst. Wenn eine Frau Urlaub von der Ehe nimmt, verlässt sie das Bekannte und wagt sich ins Unbekannte. Wie soll das nicht beängstigend sein? Das Unbekannte bedeutet Risiko, Risiken aber sind real. In den heiligen Legenden vieler Kulturen enthielten die Götter den Menschen das volle Wissen vor; damit war immer für Versuchung und Risiko gesorgt. Adam und Eva konnten von allen Bäumen des Gartens Eden essen außer vom Baum der Erkenntnis; als sie die verbotene Frucht aßen, wurden sie aus dem Paradies verbannt und zu einem Leben des Leidens verurteilt. In der griechischen Mythologie bekommt Psyche die Anweisung, ihrem Geliebten, der sie jede Nacht besucht, nicht ins Gesicht zu sehen. Aber sie hält sich nicht daran, verschafft sich mit Hilfe einer Laterne Klarheit und wird dazu verurteilt, in die Unterwelt zu reisen. Erst wenn sie zurückkehrt, darf sie wieder mit ihm zusammen sein. In einer anderen griechischen Legende schenken die Götter Pandora, der Ahnin aller sterblichen Frauen, eine goldene Büchse als Mitgift für ihren zukünftigen Ehemann, mit der Auflage, sie um keinen Preis zu öffnen. Als sie es doch tut, ergießt sich aus dem Behälter das ganze menschliche Elend über die Welt. In der europäischen Sage gibt Blaubart jeder neuen Braut den Schlüssel zu seinem Schloss mit der Anweisung, dass sie damit alle Türen öffnen darf, bis auf eine. Natürlich lässt ihr das Verbot keine Ruhe; als sie die verbotene Tür aufmacht und dahinter die Skelette seiner bisherigen Frauen entdeckt, tötet er sie. Die Botschaft in den heiligen Schriften und Mythen lautet also, dass der Wunsch nach Wissen uns teuer zu stehen kommt. Bewusstsein hat seinen Preis.

Die Innenarchitektin Jessica hatte an der Westküste ein Haus entworfen, das für Fotos in Katalogen und Zeitschriften sehr gefragt war. Sie übte ihren Beruf gern aus und hatte sich ein profitables Geschäft aufgebaut, entdeckte aber immer mehr ihr Herz fürs Schreiben. Also ging sie noch einmal an die Universität, um Literatur zu studieren, in der Hoffnung, ihren Roman vollenden und veröffentlichen zu können. Wieder draußen aus dem akademischen Rahmen und auf sich allein gestellt, fand sie es schwer, sich Zeit zu nehmen, weshalb sie immer langsamer vorankam. Der einzige Ausweg schien ihr der Rückzug in ein Schriftstellerhaus zu sein. Ihr Wunsch wegzugehen hatte wenig mit Richard zu tun, dem Mann, den sie liebte und mit dem sie seit vierzehn Jahren zusammmenlebte. Doch die Ängste, die nun auftauchten, hingen sehr eng mit ihm zusammen.

Von Anfang an wollte ich mich für die längstmögliche Zeitspanne bewerben, also für zwei Monate. Aber als ich das Bewerbungsformular bekam, sagte ich zu Richard: «Ich denke, ich bleibe zwei Wochen.» Dann ging ich nach oben und arbeitete eine Weile an der Bewerbung. Als ich wieder herunterkam, sagte ich: «Weißt du, ich glaube, ein Monat wäre eine gute Aufenthaltsdauer. Wahrscheinlich bleibe ich nur zwei Wochen, aber ich bewerbe mich lieber vorsichtshalber für einen Monat.» Wieder ging ich nach oben, arbeitete noch eine Weile an der Bewerbung, kam herunter und sagte: «Weißt du, ich denke, sechs Wochen wären gut. Ich bewerbe mich für sechs Wochen.» Ich ging nach oben und arbeitete wieder eine Weile an der Bewerbung. Dann kam ich nach unten und sagte: «Tja, jetzt bin ich fertig und habe mich für zwei Monate beworben. Ich kriege sie sicher nicht, aber ich hab's reingeschrieben.»

Dass ich die verschiedenen Zeitspannen austesten musste, lag daran, dass ich mir solche Sorgen wegen Richard machte. Als mir die zwei Monate bewilligt wurden, hatte ich Angst, es ihm zu sagen. Ich wusste nicht einmal, wie ich selbst mich dabei fühlte, weil ich mir solche Sorgen machte, wie er sich fühlte. Immer wieder fragte ich ihn: «Kommst du auch wirklich damit zurecht?» Ich hatte solche Angst, er würde einsam sein ohne mich, womöglich buchstäblich an gebrochenem Herzen sterben. Aber das ist ganz schön narzisstisch, wenn man es sich recht überlegt. Ein Grund, warum er mich

mag, ist die Tatsache, dass ich eine starke Frau bin. Warum beneh-
me ich mich dann wie ein Waschlappen? Woher kommt das nur?

Die Antwort auf Jessicas Frage ist eins der Lieblingsthemen von
John Gottmann, den viele für den Eheforscher Nummer eins in
den Vereinigten Staaten halten. Dr. Gottman leitet an der University of Washington in Seattle eine Paarklinik mit dem Spitznamen
«Liebeslabor». Er vertritt die Auffassung, dass Frauen Schwierigkeiten haben, sich selbst die Lebensträume zu erlauben, die nichts
mit Familie zu tun haben, nichts damit, eine gute Ehefrau, eine
gute Mutter, eine gute Tochter zu sein – also nicht zu den einzigen
Träumen gehören, die Frauen innerhalb unserer Gesellschaft zugestanden werden. Das Ergebnis ist seiner Meinung nach, dass
«Frauen nur allzu bereit sind, ihre Träume zugunsten der Beziehung aufzugeben, dabei ist es gut und nicht schlecht für eine Beziehung, wenn diese Träume ernst genommen werden».

Dr. Gottman glaubt, dass Frauen möglicherweise deshalb so
häufig an Depressionen erkranken, weil sie ihren Träumen nicht
nachgehen, und findet, dass sie es schon allein ihrer psychischen
Gesundheit zuliebe tun sollten. Er veranstaltet Workshops, in denen Frauen die «Erlaubnis» zur Verwirklichung ihrer Träume
vermittelt wird, weil sie sich diese Erlaubnis oft selbst nicht geben
können. «Ich sage ihnen: ‹Sie helfen keinem, wenn Sie Ihren
Träumen nicht nachgehen, Sie verlieren höchstens einen Teil von
sich selbst.› Das ist für viele Frauen eine sehr schwierige Erkenntnis.»

Es ist deshalb so schwierig, weil die meisten Frauen nicht an die
Verwirklichung ihrer Träume denken können, ohne sich Sorgen
darüber zu machen, wie sie damit alle anderen um sich herum
beeinflussen. Es ist deshalb so schwierig, weil Frauen ihre Beziehungen erhalten wollen; sie haben Angst, dass die Menschen, die
sie lieben, ihre Träume ablehnen – und was dann? Diese Angst ist
durchaus realistisch. Seit den ersten Untersuchungen zu diesem
Thema ist eines nie in Frage gestellt worden: Eine Frau erhält bei
der Verwirklichung ihrer Träume wesentlich seltener Unterstützung als ein Mann.

Was von der Forschung bewiesen wurde, hat Jessica intuitiv
erfasst. Sie erwartete Kritik und einen Mangel an Unterstützung,

und lange Zeit hatte sie nicht nur Angst, Richard von ihrem Wunsch zu erzählen. Sie schämte sich auch, ihn ihren Freunden zu verraten. «Ich kam mir vor wie eine Angeberin», sagte sie. «Ich hatte Angst, alle würden denken: ‹Was, die hält sich für eine Schriftstellerin? Ganz schön eingebildet.›»

Jessica hatte auch Angst, Richards Eltern davon zu erzählen, weil sie denken könnten, sie ließe ihn im Stich. Richard hatte keine Angst, es ihnen zu sagen, er machte sich keine Sorgen, wie sie reagieren würden. Aber an dem Abend, als sie sich vorgenommen hatten, es ihnen gemeinsam beizubringen, war Jessica furchtbar unruhig. «Die ganze Zeit hab ich insgeheim gebetet, *bitte Richard, sag ihnen nicht, wie lange ich wegbleiben möchte.*»

Natürlich fürchtete sich Jessica auch davor, ihre eigenen Eltern zu informieren. Sie waren dabei, ihre Wohnung zu renovieren, deshalb würde es ihnen umso weniger gefallen, wenn ihre Tochter eine Weile nicht erreichbar war. Außerdem hatten sie in ihrer zweiundfünfzigjährigen Ehe keine einzige Nacht getrennt verbracht, weshalb sie Jessicas Entschluss wohl kaum gutheißen würden. «Ich war total nervös, weil ich nicht wusste, wie ich es meiner Mutter beibringen sollte. Als ich dann endlich damit herausrückte, fragte sie gleich: ‹Und was ist mit meinem Haus?› Wenn es nicht das Haus gewesen wäre, hätte sie gesagt: ‹Und was ist mit Richard?› Ich wusste, sie würde sich nicht für mich freuen – und das hat sie auch nicht getan.»

Jessica war eine von mehreren Frauen, mit denen ich gesprochen habe, die Angst hatten, ihrer Mutter von ihrem Entschluss zu erzählen, und viele Mütter bestätigten mit ihrer Reaktion die Angst ihrer Töchter als begründet. Diese Frauen stammen aus einer anderen Generation und hatten nie die gleiche Freiheit und ökonomische Sicherheit wie ihre Töchter, ihre Ehe war weit mehr an traditionellen Maßstäben ausgerichtet. Wenn sie nun sehen, wie die jüngere Generation Heim und Ehemann verlässt, um sich einen Traum zu erfüllen, kann das gefühlsmäßig eine Büchse der Pandora freisetzen: Bedauern, den eigenen Traum nicht verwirklicht zu haben; Neid, dass die Tochter das tut, was man selbst tun wollte, aber nie getan hat; Sorge, wenn der Traum körperliche Gefahren einbezieht; Angst, wenn die Mutter von der Tochter pflegerisch abhängig ist; Angst, ihre Tochter könnte ihren Mann verlieren, oder davor – und vielleicht ist diese Angst noch größer –, in welchem Licht die eigenen Lebensentscheidungen erscheinen, wenn die Tochter ihren Mann *nicht* verliert. Jedes dieser Gefühle oder alle zusammen können im Gewand der Ablehnung erscheinen und Ablehnung ist eines der Risiken, die Frauen in solchen Situationen eingehen.

Manchmal ist es nur eine abwehrende Handbewegung oder ein harter Blick, ein Augenblick des Schweigens. *Wie kommst du bloß auf die Idee etwas Besonderes zu sein?*, lautet die unausgesprochene Frage.

»Na, da bist du aber lange weg«, meinte eine Schwiegermutter mit hochgezogenen Augenbrauen und pikierter Stimme.

»Freunde meinten, wenn ich das tue, ist meine Ehe im Eimer«, erzählte eine Frau, die für sechs Monate von ihrem Ehemann wegging, der seinerseits ihr Vorhaben unterstützte.

»Alle meine Kollegen fanden es schrecklich von mir, dass ich meinen Mann und meinen Sohn für drei Monate allein lassen wollte«, erinnerte sich eine Krankenschwester. Ihr Mann und ihr Sohn fanden es vollkommen okay.

»Die Familie meines Mannes ist sehr religiös«, berichtete eine andere Frau. «Obwohl keiner von ihnen etwas gesagt hat, wusste ich doch, was sie dachten: Sie denkt doch nur an sich selbst und vergisst ihn völlig.»

Obwohl keiner von ihnen etwas gesagt hat … Nur mein Eindruck … Sie hat es nicht laut geäußert, aber die unterschwellige Botschaft war: «Eine Frau verlässt ihre Familie nicht.» Mit Körpersprache lässt sich Ablehnung sehr leicht ausdrücken, und Frauen haben ein gutes Gespür für die Bedeutung, die hinter Gesten und Stimmlage steckt. Aber wenn die Gesichter neutral sind und die Stimme schweigt, werden unsere Reaktionen zum Spiegel unserer eigenen Gefühle. Dann müssen wir uns fragen, was hier zum Tragen kommt – Ablehnung von außen oder unser eigenes schlechtes Gewissen?

Es kann sich sehr wohl um unsere Schuldgefühle handeln, denn diese entstehen aus dem verinnerlichten «Du solltest», der kritischen Stimme in uns. Ob diese Stimme von den Eltern oder unserer Kultur im Allgemeinen stammt, das Ergebnis ist das gleiche: Unsere Empfindlichkeit gegenüber den Reaktionen anderer wird erhöht, was dazu führt, dass wir Ablehnung auch dort wahrnehmen, wo sie gar nicht vorhanden ist. In ihrem aufschlussreichen Buch zu diesem Thema, «Schuld ist der Lehrer, Liebe die Lektion», unterscheidet Joan Borysenko zwischen gesunden Schuldgefühlen, die uns ein Gewissen verleihen, und ungesunden Schuldgefühlen, die uns hypersensibel auf Kritik reagieren lassen. Ungesunde Schuldgefühle finden unter anderem ihren Ausdruck darin, dass man sich Gedanken macht, was andere denken könnten; dass man sich vor der Wut anderer fürchtet; dass man es allen recht machen will; dass man sich um alle kümmert, nur nicht um sich selbst.

Wenn eine Frau sich in der Vergangenheit um alle außer um sich selbst gekümmert hat, kann ihr Entschluss zu einem Urlaub von der Ehe eine ganze Litanei von Schuldgefühlen heraufbeschwören. Sie kann ein schlechtes Gewissen haben, weil sie sich auf etwas freut, was ihren Ehemann nicht mit einschließt, oder weil er gern eine ähnliche Erfahrung machen würde, aber seinen Arbeitsplatz und sein Einkommen nicht so einfach aufgeben kann. Sie kann ein schlechtes Gewissen haben, weil er dann allein leben und allein schlafen muss. Sie kann ein schlechtes Gewissen haben, weil sie ihren Teil der Hausarbeit nicht mehr erledigt, weil sie eine kranke Mutter oder das Enkelkind allein lässt, auf das sie aufpasst.

Eine Frau kann ein schlechtes Gewissen bekommen, weil sie Geld für sich ausgibt, selbst wenn sie genauso viel oder mehr verdient als ihr Ehemann, selbst wenn sie ihr Projekt selbst bezahlt und auch für die Zeit ihrer Abwesenheit Geld hinterlässt, selbst wenn sie mehr als genug Geld hat. Eine Frau kann ein schlechtes Gewissen haben, weil sich ein Urlaub von der Ehe anfühlt wie Egoismus, wo sie doch dazu erzogen wurde, die Bedürfnisse aller anderen wichtiger zu nehmen als ihre eigenen. Ein schlechtes Gewissen kommt daher, dass man sich selbst gefallen will, wo man doch gelernt hat, dass man anderen gefallen soll.

Schuldgefühle sind das Markenzeichen des ersten Urlaubs von der Ehe, denn Schuldgefühle entstehen, wenn man den Status quo verändert. Schuldgefühle entstehen, wenn man sich von den traditionellen Erwartungen entfernt, wenn man sich einem anderen Umgang mit der Welt annähert. Schuldgefühle entstehen, wenn man nein zu anderen sagt, obwohl man immer ja gesagt hat, wenn eine Frau sich um sich selbst kümmert, obwohl sie nie gesehen hat, wie sich ihre Mutter um sich kümmert. Ein schlechtes Gewissen entsteht aus Gefühlen, nicht aus dem Intellekt, deshalb kann es für eine Frau, die zum ersten Mal weggeht, emotional sehr anstrengend sein, ganz gleich, wie legitim ihr Wunsch ist, wie sehr ihr Partner sie unterstützt, wie echt ihre gegenseitige Zuneigung und wie gut die finanzielle Absicherung sein mag. Eine Schlinge von Schuldgefühlen legt sich um Emotionen, die sich falsch anfühlen, und mit jeder abwertenden Bemerkung zieht sie sich fester zu. «Der Schmerz der Schuldgefühle deutet darauf hin, dass wir am falschen Ort nach unserem Selbstwert suchen», schreibt Borysenko. «Indem wir ja zu den Schuldgefühlen sagen, beginnen wir nein zum Leben zu sagen.»

Jessicas Schuldgefühle führten dazu, dass sie Ablehnung erwartete, aber mit Ausnahme ihrer Mutter bewahrheiteten sich ihre Befürchtungen nicht. Ihre Geschichte offenbart typische Frauenängste. Maria dagegen hatte kein schlechtes Gewissen, deshalb erwartete sie Anerkennung, aber die bekam sie von niemandem außer von ihrem Ehemann. In ihrer Geschichte geht es um die Ängste der anderen.

Maria, eine dreißigjährige Künstlerin, war seit sechs Jahren mit ihrem Mann zusammen. (Fünf Jahre hatten sie zusammengelebt, seit einem Jahr waren sie verheiratet.) Er war der Mann ihres Lebens, sie liebte ihn. Vor der Ehe hatte sie ihn einmal für zwei Monate allein gelassen, um zu malen. Damals hatte ihre Umgebung mit Achselzucken reagiert, beim zweiten Mal reagierte sie mit offener Kritik. Dabei war Maria doch dieselbe Frau geblieben, lebhaft und ehrgeizig, liebevoll und liebenswert. Sie verdiente sich immer noch auf dieselbe Weise ihren Lebensunterhalt, gab Kunstunterricht, arbeitete Möbel auf und malte Wandbilder für Kinderzimmer. Sie liebte denselben Mann und zog sich für dieselbe Zeitdauer und zum selben Zweck an denselben Ort zurück. Das zweite Mal jedoch trug sie einen Ehering. Das veränderte alles.

Ihre beste Freundin sagte: «Meinst du nicht, du lässt Jeff ein bisschen zu lange allein?»

Eine zweite Freundin fragte: «Was willst du denn machen, wenn du weg bist? Hast du irgendwas zu verbergen?»

Ihre Schwester meinte: «Geht es nicht auch kürzer?»

Ihre Mutter sagte: «Du machst einen großen Fehler.»

Die Verheirateten aus ihrem Bekanntenkreis glaubten allesamt, dass sie weglief, um Jeff zu betrügen. Dieser Gedanke zog blitzschnell den nächsten nach sich: Hatte sie selbst denn keine Angst, dass Jeff in ihrer Abwesenheit sie betrügen würde? Alle gaben ihr zu verstehen, dass sie ein großes Risiko einging.

Allen voran ihre Mutter. «Du nimmst deine eigenen Bedürfnisse wichtiger als die deiner Ehe», warnte sie ihre Tochter. «Jedes Mal, wenn du gehst, öffnest du unerwünschten Zwischenfällen Tür und Tor.» Maria wusste, dass ihre Mutter, genau wie ihre anderen verheirateten Freundinnen, nie allein verreist war. Sie wusste auch, dass ihre Mutter immer noch mit ihrer Scheidung zu kämpfen hatte, dass sie immer noch wütend auf Marias Vater war, der sie wegen einer anderen Frau verlassen hatte – wegen einer Frau, die er auf Geschäftsreise in einer anderen Stadt kennen gelernt hatte. Maria respektierte den scharfen Verstand ihrer Mutter, fand ihre Logik aber falsch. Wer konnte wissen, ob nicht das Gleiche passiert wäre, wenn ihre Mutter ihren Vater auf seiner Reise begleitet hätte? Wer konnte wissen, ob die Dynamik einer Ehe so ohne weiteres auf eine andere übertragen werden konnte? Ihre Diskussion steigerte sich zu einem ausgewachsenen Streit und ein paar Wochen später folgte der zweite.

Was Maria Probleme machte, waren nicht ihre eigenen Ängste, sondern die ihrer Umgebung. Was ihr Stress und Kummer bereitete, war die Art und Weise, wie andere voreilige Schlüsse zogen, verborgene Missetaten vermuteten, einen engstirnigen Gedankengang vermittelten: *Verheiratete Frauen sollen ihr Zuhause nicht verlassen.*

»Ich weiß nicht, worum es bei diesen Reaktionen ging, aber mit mir hatten sie nichts zu tun«, sagte Maria.

Die Reaktionen hatten nichts mit der Frau zu tun, der sie entgegenschlugen, sondern ausschließlich mit den Leuten, die sie zum Ausdruck brachten. Sie reflektierten keine individuelle Beziehung, sondern ein öffentliches Ritual, keine *konkrete*, sondern eine *vermutete* Realität. Die kollektive Reaktion zeigte eine kollektive

Angst, die mittels einer kollektiven Botschaft vermittelt wurde: *Verheiratete Frauen sollen nicht allein von zu Hause weggehen*. Dies ist die Stimme von Hunderten von Jahren kultureller Konditionierung: die Rechte eines Ehemanns, die Pflichten einer Ehefrau. Eine über Zeit und Generationen gefilterte Klausel des Ehevertrags: «Gute» Ehefrauen gehen nicht weg. «Gute» Frauen bleiben zu Hause.

In der griechischen Mythologie wird diese Botschaft in der Person von Hestia übermittelt, der Göttin des Herdes. Um sicherzustellen, dass das heilige Feuer nicht verlöscht, verlässt Hestia als einzige Gottheit ihren Thron auf dem Olymp. Ihr Opfer wurde belohnt: Bei den Männern war sie die am meisten verehrte Gottheit (obgleich ihre Geschichte in den Büchern am wenigsten Platz einnimmt). Der Mythos von Hestia, der stets Wachsamen, stets Gegenwärtigen, ist der Mythos weiblicher Restriktion. Dass ihre Freunde so negativ reagierten, als Maria für eine Weile ihren Mann verließ, zeigt, dass der Mythos in unserer Gesellschaft noch immer existiert. Er muss dringend ausgeräumt werden, nicht nur weil er auf Angst statt auf Realität basiert, sondern auch, weil die Annahmen, von denen er ausgeht, psychologisch ungesund, spirituell repressiv und kulturell zerstörerisch sind.

Annahme 1: Es gibt nur eine Art von guter Ehe, und die ist eine Verschmelzung wie bei siamesischen Zwillingen. Diese Perspektive wird immer noch häufig vertreten, dreißig Jahre nachdem die Soziologin Jessie Bernard in ihrem bahnbrechenden Buch *The Future of Marriage* schrieb: «Die wichtigste Aufgabe für Frauen in der Ehe der Zukunft besteht darin, autonom zu werden.»

Denken wir daran: Im Herbst 1998 fragte eine Anruferin Laura Schlesinger in ihrer Radiosendung, ob sie einen Job annehmen sollte, bei dem sie vier Wochen im Jahr von ihrem Ehemann getrennt sein musste. Die Antwort, die «Dr. Laura» vor mehr als achtzehn Millionen Zuhörern gab, war rigide und völlig veraltet: «Sie müssen sich entscheiden, was Ihnen wichtiger ist: Karriere oder Ehe.» Sie riet der Anruferin von dem Job ab.

1987 erklärte der Leitartikel von «Newsweek» mit dem Titel «How to Stay Married» (Wie man verheiratet bleibt) den Erfolg eines seit neunundzwanzig Jahren verheirateten Paares folgendermaßen: «Sie haben hart daran gearbeitet, sich nahe zu bleiben. Sie haben sich nie länger als für eine Woche getrennt.»

Viele Eheratgeber vertreten bis heute dieselbe Ideologie. In einem Handbuch mit Fallstudien berichtete die Autorin von einer Klientin, die verzweifelt war, weil ihr Mann zehn Tage allein in einer Hütte verbringen wollte. Die Eheberaterin beschrieb, wie sie die Frau überzeugte, ihren Mann mit List und Tücke dazu zu bringen, dass er seinen Ausflug verkürzte. In strengem Ton wird das Rat suchende Paar darauf hingewiesen, dass schon allein die Suche nach Eigenständigkeit eine falsche Einstellung zur Ehe zeigt. Schon wer eine Nacht getrennt von seinem Partner verbringt, kann nach Meinung mancher zeitgenössischer Experten die Ehe gefährden.

Als Linda McCartney starb, wurde in den Medienberichten immer wieder hervorgehoben, dass sie und Paul nur elf Tage ihrer Ehe getrennt verbracht hatten (als Paul wegen Marihuanabesitz in Japan inhaftiert war). In einer guten Ehe, in einer wirklich großartigen Ehe, so lesen wir zwischen den Zeilen, sind die Partner ununterbrochen zusammen.

Natürlich ist diese siamesische Mentalität in Ordnung für Paare, bei denen sie funktioniert, aber was passiert, wenn persönliche Arrangements zu Medienbotschaften werden und individuelle Überzeugungen zu allgemeinen Vorschriften? Dass die Scheidungsrate in den industrialisierten Ländern so hoch ist, dass Ehen für viele Paare auf lange Sicht einfach nicht funktionieren, dass über die Hälfte aller Paare davon ausgehen können, wieder geschieden zu werden, scheint ein deutliches Zeichen dafür, dass man die kulturelle Zwangsjacke *lockern* statt enger ziehen und das Diktat, wie eine Ehe auszusehen hat, überwinden sollte.

Wenn eine Freundin befürchtet, zwei Monate wären zu lange, wenn ein Therapeut rät, keine Nacht getrennt zu verbringen, wird die Ehe auf eine Einheitsgröße reduziert. Bei einer Frau um die zwanzig könnte man eine solche Ansicht damit entschuldigen, dass sie naiv und unerfahren ist, aber ein Therapeut ist ein Spezialist für Beziehungen und sollte mehr als alle anderen die Komplexität und Vielfältigkeit individueller Ehen durchschauen. Stattdessen aber baut eine Reduzierung auf der anderen auf:

Annahme 2: Körperliche Nähe bedeutet emotionale Nähe. Eine informelle Umfrage unter geschiedenen Freunden zeigt, dass die meisten, wenn nicht alle, lange vor der körperlichen Trennung aufgehört haben, mit ihrem Partner zu schlafen. In dem Film «American Beauty» verkörpern die Burnhams diese Erkenntnis, die jeder Mensch, der mit zerstrittenen Eltern aufgewachsen ist, nur bestätigen kann: Dass man im selben Haus wohnt, ist kein Barometer für emotionale Nähe. Die Burnhams sind seit sechzehn Jahren verheiratet und erscheinen der Außenwelt wie ein attraktives Paar, das zusammen zur Arbeit fährt und lächelnd der gemeinsamen Tochter beim Cheerleader-Auftritt zuschaut. Aber im Innern des eleganten Heims herrscht eine äußerst kühle Atmosphäre und die Konversation ist ausgesprochen spröde. Jede Nacht liegen Mann und Frau im gleichen Bett, aber die Ehe ist freud- und sexlos, seit Jahren. Carolyn Burnham, dargestellt von Annette Bening, hat alles Interesse, das sie früher einmal ihrem Mann entgegenbrachte, in ihre Karriere als Immobilienmaklerin investiert. Besessen von finanziellem Erfolg und dem dazugehörenden Image, beschimpft sie ihn, als er seinen öden Job kündigt, und weist seinen Wunsch nach spontanem Sex zurück, weil man womöglich das Viertausend-Dollar-Sofa ruinieren könnte.

Obgleich Carolyns Prioritätenwechsel und ihr Rückzug extrem sind, ist emotionale Abwesenheit bei verheirateten Frauen keine Seltenheit. Ob es ein stressiger Job, eine politische Kampagne, ein Start-up-Unternehmen oder ein Studium ist, immer kann eine Verschiebung der Prioritäten dazu führen, dass Partner zwar im gleichen Bett schlafen, aber ohne dass sonst etwas passiert.

Als ich zwölf bis vierzehn Stunden am Tag in hochprofilierten Jobs arbeitete, bekam ich – jedenfalls direkt – nur Bemerkungen zu hören, denen Neugier, Bewunderung oder Neid zu entnehmen waren. Theoretisch lebte ich zu Hause, aber meine Energie und meine Konzentration galten meiner Arbeit. Ich hielt Kontakt übers Telefon. Doch solche Formen der Abwesenheit werden ebenso wie Wochenendehen akzeptiert, ja sogar respektiert – ganz anders als Marias vorübergehende Abwesenheit.

Annahme 3: Ein Job ist wichtiger als ein Traum, selbst wenn ein Traum zu einer neuen Karriere führt oder der Arbeit einen neuen Sinn verleiht. Eine zeitweilige Abwesenheit ist eine zeitweilige Abwesenheit. Wenn man sie in Verbindung mit einem Gehaltsscheck für akzeptabler hält, steckt die Einstellung dahinter, dass der wichtigste Wert des Lebens das Geld ist. Wenn man es für ganz natürlich hält, dass Filmstars oder Staatsoberhäupter zeit-weilig getrennt leben, aber nicht, dass es das Paar gegenüber tut, impliziert diese Haltung, dass Individualität in einer Beziehung das Privileg der kulturellen Elite ist. An die Leute, die zu Hause arbeiten, einen anderen Maßstab anzulegen als an die, deren Ar-beit von ihnen fordert, dass sie unterwegs sind, ist engstirnig, weil es «Pflicht per Vorurteil über die eigenständige Entscheidung stellt», wie es eine der von mir befragten Frauen ausgedrückt hat. Dabei ist die individuelle Entscheidung, die eigenen Träume zu verwirklichen, auch eine Pflicht – eine Pflicht dem eigenen Selbst gegenüber. Und diese Verpflichtung ist nicht nur ebenso wichtig, sondern wichtiger als die einem Arbeitgeber gegenüber, denn letztere ist zeitlich begrenzt, während erstere unser Leben lang bestehen bleibt.

Annahme 4: Eine Frau kann ihren Träumen nur nachgehen, wenn sie ledig bleibt. Seit jeher haben die großen Denker der Welt die Pflicht des Menschen sich selbst gegenüber betont. Und mei-nes Wissens hat keiner von ihnen diese Pflicht auf Unverheira-tete beschränkt. Wenn Marias Mutter ihre Tochter tadelt, weil sie ihre eigenen Bedürfnisse über ihre Beziehung stellt, wenn Thera-peuten schreiben, dass individuelle Wünsche und eine selbst-bestimmte Privatsphäre in der Ehe von einer falschen Einstellung zeugen, dann lassen sie die Verpflichtung sich selbst gegenüber einfach unter den Tisch fallen. Sie behaupten, mit der Institution Ehe ginge ganz automatisch die Botschaft einher: Die Bedürfnisse eines Mannes sind wichtiger als die einer Frau. Die Botschaft lau-tet also, dass eine Frau, wenn sie verheiratet ist, ihre Träume gefäl-ligst vergessen soll. Alles, was sie zu ihrer Zufriedenheit braucht, ist der richtige Mann.

Daran glaubte ich, als ich mit einundzwanzig heiratete. Als Erinnerung habe ich in meinem Büro ein Foto, das Bild eines jungen Paares am Strand; seine Augen sind auf den Horizont ge-richtet, ihre auf ihn. Jahre mütterlicher Indoktrination und Me-dienbeeinflussung haben sich verbündet, um in einem ungeform-ten Bewusstsein eine leidenschaftliche Überzeugung entstehen zu lassen: Jetzt, wo ich den Mann meiner Träume gefunden habe, sind all meine Probleme wie weggeblasen. Wie Dornröschen, deren langer Schlaf von der guten Fee mit süßen Träumen verzaubert wurde, lockt unsere Kultur die Frauen mit dieser Lüge in die Ehe – dass emotionale Zufriedenheit sich mit dem richtigen Mann einstellt. (Männer werden mit einer entsprechenden Lüge eingefangen – dass Zufriedenheit sich mit dem finanziellen Erfolg einstellt.) Nach achtundzwanzig Jahren Ehe glaube ich, dass eine vertraute Beziehung für ein zufriedenes Leben sehr wichtig ist, aber sie ist nicht die einzige Vorbedingung. Wir alle müssen unsere Talente entwickeln und unseren Beitrag zur Welt leisten. Dass die Verwirklichung dieser Talente Zeit außerhalb von zu Hause braucht, beeinträchtigt nicht ihre Legitimität und mindert nicht ihre Bedeutung.

Elsie Roth aus New York war fünfundvierzig und Mutter von fünf Kindern, als ihr erster Mann an einer Herzattacke starb. Nach seinem Tod ging sie auf die Schwesternschule, nicht weil das ihren tiefsten Wünschen entsprach, sondern weil sie dachte, das wäre ein guter Beruf, der sie überall hinbringen würde, wohin sie wollte. Als sie mit vierundfünfzig ihren Abschluss gemacht hatte, wählte sie einen Job im öffentlichen Gesundheitswesen und ging ins Ausland. Da ihre Kinder sie nicht mehr brauchten, kümmerte sie sich monatelang in Äthiopien und Israel um die Bedürftigen. 1986 heiratete Roth zum zweiten Mal. Während des Golfkriegs verließ sie ihren Mann, um sechs Wochen – bis kurz vor Kriegsende – in einer Klinik in Tel Aviv auszuhelfen. Drei Jahre später führte sie vier verschiedene Schwesterngruppen auf eine Mission, die während des Bosnienkriegs medizinische Versorgungsgüter nach Sarajewo brachte. Ihre Arbeit zog die Aufmerksamkeit von Zeitungen und Zeitschriften auf sich und wurde mehrfach ausgezeichnet. «Solange ich verwitwet war, hat keiner meiner Freunde ein Wort darüber verloren, wenn ich auf eine solche Mission ging», erzählt sie. «Aber als ich wieder heiratete, verstanden die meisten nicht, dass ich das, was ich am besten kann, das, was ich tun will, weiterhin tun werde, auch in der Ehe. Sie sahen nur, dass ich meinen Mann allein ließ. Die andere Seite wollten sie nicht wahrnehmen, nämlich dass es mir darum geht, etwas zu bewegen in der Welt.»

Dass Roths Freunde warnende Kommentare abgaben, ist nicht weiter verwunderlich, denn sie sind wie Roth selbst in den Sechzigern, aber dasselbe Echo von Marias Freunden, die dreißig

Jahre jünger sind, ist doch eher überraschend. Diese Warnungen stammten von Frauen, von denen man annehmen würde, sie wären autonome, berufstätige Menschen, dreißig, vierzig, fünfzig, mit gehobener Bildung (wie Marias Mutter). Solche Kommentare überraschen auch, wenn sie von Studenten kommen, die nicht glauben wollen, dass eine fünfzigjährige Frau so weit weg von ihrem Mann studieren möchte: «Wie konntest du deinen Mann denn einfach so im Stich lassen?» Ob jemand ein solches Projekt ablehnt, hat anscheinend weniger mit dem Bildungshintergrund oder der beruflichen Situation zu tun als mit den Überzeugungen, unter denen die Leute aufgewachsen sind, und damit, ob diese Überzeugungen im persönlichen Leben jemals auf die Probe gestellt wurden. Da eine vielfältige Kultur vielfältige Standpunkte hervorbringt, überrascht weniger die Meinung an sich als vielmehr ihre Quelle. Denn sie offenbart, *dass die Rolle der Frau in der Ehe nicht mit der Rolle der Frau außerhalb der Ehe Schritt gehalten hat.* Frauen, die im Lauf ihrer Ehe ganz unterschiedlich gearteten Urlaub von der Ehe genommen haben, gaben an, dass sich die ablehnende Reaktion ihrer Umgebung im Lauf der Jahre ganz allmählich in Richtung mehr Verständnis gewandelt habe.

Annahme 5: Ein Mann kann nicht für sich selbst sorgen. Noch immer wird mit zweierlei Maß gemessen. Wenn eine Frau weggeht, sagen die Leute: Wie bitte, du willst weg? Wie wird dein Mann zurechtkommen? Man sorgt sich, ob er vernünftig essen wird, und lädt ihn voller Mitgefühl zu sich ein, man verspricht, sich «um ihn zu kümmern». Nach der Beobachtung von Frauen, die sich schon in beiden Situationen befunden haben, macht sich niemand Sorgen um die zurückgelassene Ehefrau, wenn ein Mann weggeht, niemand kümmert sich um ihre Ernährung, niemand fragt, wie sie zurechtkommen wird. Solche Kommentare sind nicht nur entwürdigend und unfair den Männern gegenüber, sondern kontraproduktiv für die Frauen. Solange Frauen Kommentare dieser Art abgeben – und das machen sie mindestens so häufig wie Männer –, solange Frauen die Botschaft weiter vermitteln, dass Männer an der Heimatfront unfähig sind, werden ihre Ehemänner nie das tun, was die Frauen eigentlich von ihnen erwarten, und die Hausarbeit bleibt wieder einmal an den Frauen hängen. Wir sollten nicht vergessen, dass niemand Hestia gezwungen hat, das Herdfeuer zu bewachen. Niemand hat ihr auch nur den Vorschlag unterbreitet.

Annahme 6: Eine Frau kann nicht einsam sein, solange ihr Ehemann da ist. Noch eine Behauptung, die ihre Wurzeln in den stereotypen Geschlechterrollen hat. Maria gegenüber wurde sie nicht geäußert, aber andere Frauen, die von zu Hause wegwollten, mussten sich Fragen anhören wie: «Wirst du dich nicht einsam fühlen?» Als eine Frau antwortete: «Doch, das kann schon sein», entgegnete die Fragerin: «Und warum musst du dann unbedingt weg?» Manchmal fühlen wir uns einsam, wenn unsere Partner im selben Haus sind, im selben Zimmer, im selben Bett, und das kann die schlimmste Form der Einsamkeit sein. Alleinsein bedeutet ebenso wenig Einsamkeit, wie es das Ende aller Einsamkeit bedeutet, wenn man mit jemandem zusammenlebt. Wenn einem das Alleinsein nicht vertraut ist, fürchtet man es, und diese Furcht liegt der Ansicht zugrunde, dass eine zeitlich begrenzte Abwesenheit zum Zweck kreativer Entfaltung, zum Studium oder zur Besinnung etwas anderes ist als die Abwesenheit aus beruflichen Gründen. Doris Grumbach, die ihre Langzeitbeziehung (eine Frau) für eine Zeit lang verließ, schreibt in ihren Memoiren: «Ich hatte meinen Bekannten erklärt, dass ich eine Weile allein sein wollte. Sofort merkte ich, dass sie reagierten, als würde ich damit sie und ihre Gesellschaft zurückweisen. Ich hatte das Gefühl, mich entschuldigen zu müssen, ich schämte mich sogar dafür, dass ich ein so seltsames Bedürfnis verspürte, und dann bereute ich es, dass ich es ihnen unbedingt hatte erzählen wollen.»

Die britische Schriftstellerin Doris Lessing fand den Wunsch der Frauen, allein zu sein, ein passendes Thema für eine Kurzgeschichte. «To Room Nineteen» handelt von einer verheirateten Frau mit vier Kindern, die seit zwölf Jahren keinen Augenblick ihres Lebens allein verbracht hat. Selbst wenn sie sich im Badezimmer einschließt, selbst nachdem sie ein Gästezimmer in einen persönlichen Rückzugsort verwandelt hat, hört sie immer noch, wie sie von allen gerufen wird, sie kann sich nie ganz entspannen. Um ihr Bedürfnis zu erfüllen, beschließt sie, ein Hotelzimmer zu mieten, wo sie sich nachmittags, bevor ihre Kinder von der Schule heimkommen, dem Alleinsein hingibt. Aber das Vergnügen vertreibt nicht ihre Angst, dass etwas mit ihr nicht stimmt, dass ihre Sehnsucht nach dem Alleinsein nicht normal ist. Und als ihr Mann sie schließlich fragt, wohin sie nachmittags immer geht, macht sie ihm lieber weis, sie hätte eine Affäre, statt ihm ihr Bedürfnis zu gestehen. Da beichtet er ihr, dass er ebenfalls eine Affäre hat – wie wäre es denn, wenn sich alle benehmen wie Erwachsene und zu viert zu Abend essen? Der Gedanke, zugeben zu müssen, dass ihr Phantomgeliebter das Alleinsein ist, versetzt sie so in Panik, dass sie sich umbringt. Lessings Geschichte wirft die Frage auf: Warum haben Frauen das Gefühl, dass sie unnormal sind, wenn sie sich wünschen, allein zu sein?

Wie die Verpflichtung eines Menschen sich selbst gegenüber ist von großen Philosophen und Psychologen auch das Bedürfnis nach dem Alleinsein artikuliert worden. Und wieder gibt es meines Wissens keinen, der meint, dieses Bedürfnis sei unverheirateten Menschen vorbehalten. In «Briefe an einen jungen Dichter» rät Rainer Maria Rilke seinem Schutzbefohlenen, seine Einsamkeit absichtlich zu verstärken, als eine Art Werkzeug. Abraham Maslow, der Gründer der humanistischen Psychologie, glaubte, dass das Bedürfnis, allein und ungestört zu sein, zu den Eigenschaften eines psychisch gesunden, selbstverwirklichten Individuums gehört. Die Psychologin Barbara Kerr kam zum gleichen Schluss, als sie das Leben von fünfunddreißig bedeutenden Frauen analysierte. Nur ein Mensch mit der Fähigkeit, allein zu sein, hat genügend Zeit, seinen Intellekt und sein Talent ungestört zu entwickeln.

Ganz gleich, was die Wissenschaftler herausfinden, weiß eine Gesellschaft, in der siebzig Prozent der Bevölkerung extrovertiert sind, die Introvertierten wenig zu schätzen. Die meisten Eltern belohnen ihre Kinder nicht dafür, dass sie Zeit allein in ihrem Zimmer verbringen wollen; die meisten Eltern denken wahrscheinlich, dass etwas mit ihren Kindern nicht stimmt, wenn sie viel Zeit allein in ihrem Zimmer verbringen. 1998 zeigte eine Untersuchung, dass Menschen äußerst selten in ihrer Freizeit ohne Begleitung nach draußen in die Öffentlichkeit gehen; nur fünf Prozent der Amerikaner isst regelmäßig allein im Restaurant, nur drei Prozent fährt übers Wochenende allein weg. Im Alter über fünfundfünfzig reisen nur 2,5 Prozent der Amerikaner ohne Begleitung. Kein Wunder, dass freiwilliges Alleinsein suspekt ist. Und am verdächtigsten innerhalb einer Ehe oder einer Familie.

»Wenn es um den Job geht, ist es in Ordnung wegzugehen, das sieht man als Dienst an der Familie an«, sagt der klinische Psychologe Bill Bumberry. «Aber wegzugehen, um allein etwas zu tun, ist in manchen Familien tabu, weil man damit ja gezielt Zeit ohne die anderen verbringt. Als wäre der Maßstab einer Beziehung, dass man jeden möglichen Moment mit dem anderen verbringt, statt dass man hinausgeht und etwas tut, was einen als Mensch interessanter macht und die Beziehung belebt. Das würde bedeuten, dass Menschen lieber aneinander geklammert ertrinken würden, als die Chance zu ergreifen, in Ruhe nebeneinander zu schwimmen.»

Wenn eine Frau einen Urlaub von der Ehe macht, sind andere gezwungen, sich die eigene Ehe anzusehen und sich zu fragen, ob sie eine solche Zeit überleben würden. Wir alle haben unausgesprochene Ängste hinsichtlich unserer Ehe, und ein Urlaub von der Ehe zielt auf die fundamentale Angst, verlassen zu werden, ganz allein zu sein. Diese Furcht ist so alt und so erschreckend, dass manche Leute nicht einmal darüber reden können.

Als ich bei einem renommierten Psychologen anrufe, der schon mehrere Bücher über die Ehe geschrieben hat, sagt die Frau am Telefon, nachdem ich ihr das Thema meines Buchs erklärt habe: «So etwas wird er niemals unterstützen.»

»Ich wollte ihn auch gar nicht um Unterstützung bitten», antworte ich ruhig. «Ich wollte nur seine Meinung dazu hören.»

»Ich bin seine Frau», entgegnet sie hitzig. «Wir sind seit siebenunddreißig Jahren verheiratet und er wird mit Ihnen nicht über dieses Thema sprechen, das kann ich Ihnen versichern.» Dann legt sie auf.

Das Thema ist deshalb so Furcht einflößend, weil es tiefe und kollektiv aufrechterhaltene Illusionen gefährdet: Mein Partner kann alle meine Bedürfnisse befriedigen. Mein Partner gehört mir. Mein Partner will lieber bei mir sein als irgendwo sonst, und zwar immer. Unsere Ehe wird immer gleich bleiben, bis in alle Ewigkeit. Solche Illusionen leugnen eine universelle Wahrheit: Die einzige Garantie im Leben ist, dass nichts beständig ist. Alle Beziehungen sind zeitlich befristet, wir sind alle Leihgaben an diejenigen, die wir lieben, und umgekehrt. Am Ende sind wir alle, ist jeder Einzelne von uns, allein.

Ich erinnere mich an eine Zeit vor sieben Jahren, als mein Traum darin bestand, an der Universität zu unterrichten. Nach zwei Jahren, in denen ich Briefe geschrieben und mit den Fakultätsvorsitzenden verhandelt hatte, bekam ich meinen ersten Kurs. Die Vorfreude, die ich im Frühling und Frühsommer verspürte, ließ nach, während das Semester näher rückte, und an ihre Stelle trat zunehmende Nervosität. In der Nacht vor meinem akademischen Debüt war aus der Nervosität eine ausgewachsene Panik geworden. Jim hörte zu, während ich das Seminar probte; anderthalb Stunde lang war er mein Seelenklempner, mein bester Freund. Seine Unterstützung war eine wichtige, vielleicht sogar die entscheidende Hilfe für mich, um bis zu meinem ersten Unterrichtstag durchzuhalten, aber im Seminarraum war ich allein.

Ganz gleich, wie wundervoll unsere Partner sind, ganz gleich, wie lange wir schon mit ihnen zusammen sind, die größten Kämpfe in unserem Leben fechten wir alleine aus. Wir sind allein, wenn wir einen Berg besteigen, wir sind allein, wenn wir uns aus den Tiefen einer Abhängigkeit herausarbeiten. Wir sind allein beim Vorstellungsgespräch, wir sind allein, wenn wir einen Vortrag halten oder eine Prüfung ablegen. Niemand kann für uns eine Tragödie überleben. Niemand kann uns sagen, was unserem Leben einen Sinn verleihen kann. Ist die Ehe auf einer ganz fundamentalen Ebene nicht eine Methode, die Erkenntnis abzumildern, dass wir im Grunde allein sind auf der Welt? Diese Erkenntnis kann so erschreckend, so bestürzend sein, dass manche Menschen alles tun, um ihr auszuweichen, sogar wenn sie dafür in einer schlechten Ehe verharren müssen. Denn das erscheint ihnen immer noch besser als gar keine Ehe zu haben.

»Ich glaube, es sind deshalb so viele Leute in der Ehe unglücklich, weil sie glauben, die Ehe sei die Antwort schlechthin«, sagte die Psychoanalytikerin Alice Brand-Bartlett. »Dabei ist sie nur ein Fortbewegungsmittel, mit dem wir durchs Leben fahren, kein Ziel oder Endpunkt. Die Herausforderung steckt in dem, was wir als Individuum tun.«

Ein Urlaub von der Ehe ist etwas, was eine Frau als Individuum erfährt, und das kann Ängste anderer Menschen bezüglich ihrer eigenen Ehe zu Tage fördern. Ablehnung ist der äußere Ausdruck solcher Ängste. Wie stark die Reaktion der Umwelt eine solche Frau beeinflusst, hängt letztendlich von ihrer Zufriedenheit ab. Vielleicht höre ich deshalb so viele laute Stimmen am Telefon und lasse mich so schnell von Reaktionen anderer aus dem Konzept bringen, weil ich mich unsicher fühle, weil ich wegen meiner Wünsche ein schlechtes Gewissen habe. Frauen wie Maria, die ganz im Reinen mit sich sind, haben es letztlich leichter, die Meinung anderer Leute an sich abperlen zu lassen. Selbst Jessica merkte, dass sie, nachdem sie die Hürde überwunden und allen von ihrem Vorhaben erzählt hatte, sich mit ihrem Vorhaben wohl zu fühlen begann. Nachdem ihre Eltern sich eine Weile an die Idee gewöhnt hatten, drückten sie sogar Interesse an ihren Plänen aus. Indem Pandora sich den Göttern widersetzte und den Deckel ihrer Büchse öffnete, ließ sie nicht nur die Probleme auf die Welt los, sondern auch Lösungen und Möglichkeiten. Als der Schwarm der Menschheitsgeißeln ausgeflogen war, um sich auf der Erde breit zu machen, spähte sie noch einmal in die Büchse, und siehe da, ganz unten auf dem Boden lag die Hoffnung.

AFFÄREN

Es ist ein frischer, sonniger Herbsttag. Ich spreche mit einem Professor an der Universität, wo ich unterrichte. Ich wandere über den vor kurzem neu bepflanzten Platz und denke daran, wie sehr ich die Arbeit auf dem Campus liebe, verbunden mit einer Welt der Ideen, mit kreativem Problemlösen, progressivem Denken. Ich erkläre meinem Kollegen, dass ich im nächsten Semester nicht unterrichten werde, weil ich mich eine Zeit lang zurückziehen und ein Buch schreiben will.

»Was sagt Ihr Mann denn dazu?«, fragt er.

»Er kommt gut damit zurecht. Er macht schon eine Liste mit Dingen, die er tun will, während ich weg bin. Eine Menge Freunde wollten schon lange mit ihm essen gehen oder in der Kneipe ein Bier trinken, aber er hat es immer wieder verschoben. Jetzt will er das alles nachholen.«

»Ah, ich kann mir seine Liste lebhaft vorstellen. Erstens, mit Freunden ausgehen. Zweitens, den Keller aufräumen. Drittens, eine Affäre anfangen.«

Es ist egal, ob eine Frau dreißig oder fünfzig ist, ob sie ein Jahr oder zwei Jahrzehnte verheiratet ist. Auch spielt keine Rolle, dass laut Statistiken über die Hälfte aller verheirateten Männer und Frauen ihren Partnern treu sind. Wenn eine verheiratete Frau ihr Heim verlässt, denken viele Leute als Erstes, dass ihr Mann oder sie selbst eine Affäre haben wird. Eine Frau kann überzeugte Katholikin sein, seit fünfundzwanzig Jahren monogam, und dennoch bekommt sie zu hören: Was wird er machen – dir einen Keuschheitsgürtel anlegen? Ihr Ehemann kann ebenso treu und ehrlich sein, und dennoch bekommt sie zu hören: Wir werden ihn im Auge behalten.

Annahme 7: Männer und Frauen können sexuelle Energien nicht in andere Ziele umleiten. Diese Annahme führt zu einer Unzahl von Missverständnissen, die von den Medien kräftig unterstützt werden: dass es im Leben darauf ankommt, Affären zu haben. Dass wir alle sexuelle Maschinen sind; wenn unser Partner uns nicht bedienen kann, müssen wir ihn durch einen anderen ersetzen (und dieser andere wird dabei genauso gut sein). Dass das Einzige, was uns daran hindert, Affären zu haben, die Angst ist, erwischt zu werden. dass der Schalter, der die Selbstkontrolle reguliert, sich irgendwo in der Landschaft befindet, nicht im Gehirn. Dass Treue eher eine Laune ist als eine Entscheidung.

1971 war ich frisch verheiratet und arbeitete als Reporterin in der Nachrichtenredaktion der Universität. Eines Morgens marschierte ein älterer Kollege in unser Büro und ging statt auf seinen auf meinen Schreibtisch zu.

»Du kennst doch diesen Campuswächter, der immer draußen seine Runden dreht?«

»Ja.«

»Er möchte mit dir ausgehen.«

»Hat er dir das einfach so gesagt?«

»Nein, er wollte wissen, ob du noch zu haben bist.«

»Und was hast du geantwortet?«

»Ich weiß, dass sie verheiratet ist. Aber ich weiß nicht, ob sie zu haben ist.«

Damals war die sexuelle Revolution in voller Blüte, mehr als fünftausend Leute arbeiteten auf dem Campus und ich war viel unterwegs, in Miniröcken, die so kurz waren, dass ich sie aufwahrt habe, um sie meinen Enkeln zu zeigen. Solche Gespräche waren irgendwie typisch für die damalige Zeit. Ich fand sie schmeichelhaft, aber eigentlich unwichtig. Ich verehrte – und idealisierte – nach wie vor meinen Jim.

Nach ein paar Jahren veränderte sich das Leben. Ich bekam ein Baby; wir zogen um. Da Jim sich in der Endphase seines Studiums befand, musste er oft lange arbeiten. Er war mit sich selbst beschäftigt, oft müde und gereizt. Ich hatte einen Job, den ich liebte – als Autorin und Redakteurin an einer anderen Universität – und eine tolle Gruppe von Kollegen. Zu meinen Lieblingen gehörte ein Fotograf, ein Bohemetyp, zu dem ich mich schon lange hingezogen fühlte, vielleicht weil ich in einem Wohnheim für verheiratete Studenten wohnte, während alle anderen sich in Wohngemeinschaften tummelten, vielleicht zeigte sich daran, wie unreif ich war. Wir hatten oft gemeinsame Termine, manchmal auch abends. Er war attraktiv und interessant und interessierte sich für mich.

Als ich heiratete, dachte ich nicht über Treue nach. Es war doch eine klare Sache, sonst brauchte man ja nicht zu heiraten, oder? Vielleicht sprach ich an meinem Hochzeitstag das Treuegelübde aus, aber ich fühlte mich ihm nicht verpflichtet – ich hatte nicht mal eine Ahnung, was es eigentlich bedeutete –, bis ich auf die Probe gestellt wurde. Das passiert, wenn man ein paar Jahre Ehe auf dem Buckel hat, wenn nicht jedem, dann zumindest fast jedem. Fünf Jahre nach meinem Eheversprechen vor dem Altar dachte ich zum ersten Mal über Treue nach und kam zu dem Schluss, dass eine Affäre nicht in meine Wertvorstellungen passte. Diese Grenze zu überschreiten, hätte für mich bedeutet, dass ich Betrug und Lüge in meine Ehe eindringen ließ. Es hätte bedeutet, dass ich das Vertrauen in mich selbst verlieren und zu einem Menschen werden würde, der ich nicht sein wollte. Also wählte ich die Treue, nicht weil der Betreffende mein Kollege war und die anderen Kollegen es hätten herausfinden können, nicht weil Jim es hätte erfahren können, sondern weil ich selbst es gewusst hätte. Im Lauf der Zeit wurden die Gelegenheiten rarer, weil ich, nachdem ich mich im Innern meines Wesens für die Treue entschieden hatte, nicht mehr die Signale aussandte, die ich früher wohl ausgesandt haben muss. (Als ich älter wurde, wurden auch meine Röcke länger.) Im Lauf der Zeit entdeckte ich auch die Vorteile meiner Entscheidung: Die Männer, zu denen man sich hingezogen fühlt, mit denen man aber nicht schläft, können lebenslange gute Freunde werden; Fantasie ist in vielerlei Hinsicht besser als die Realität, auf alle Fälle sicherer; eine tiefe Verpflichtung gegenüber einem Menschen kann man zu den persönlichen Leistungen zählen.

Kurz: Wenn ich eine Affäre hätte haben wollen, hätte ich sie vor langer Zeit gehabt. Wenn ich eine Affäre hätte haben wollen, hätte ich dafür kein Flugticket benötigt.

Es geht nicht darum, dass man ständig in der Nähe ist und auf den anderen aufpasst. Affären kommen jederzeit und überall zustande, hinter verschlossenen Türen im Büro oder auf dem Küchentisch zu Hause, mit einem Kollegen, einem ehemaligen Klassenkameraden, einem Nachbarn, einem Freund. Während eines Urlaubs von der Ehe ist es vielleicht tatsächlich leichter fremdzugehen, weil einen keiner beobachtet, aber wie die meisten Eheberater bestätigen werden, haben die Leute weniger deshalb eine Affäre, weil es sich von den äußeren Gegebenheiten anbietet, sondern aufgrund eines emotionalen Bedürfnisses.

Und was die meisten Frauen bei ihrem Urlaub von der Ehe brauchen, ist Zeit für sich, nicht Zeit, die sie mit anderen teilen.

Was die meisten Frauen brauchen, ist eine Anforderung weniger, nicht eine mehr.

Was die meisten Frauen brauchen, ist, wieder zu entdecken, wer sie sind, nicht wer sie in Beziehung zu einem anderen Menschen sind.

Ein interessantes Paradox: Für diejenigen, auf die die Idee eines Urlaubs von der Ehe abstoßend wirkt, ist der erste Gedanke, dass die Frau weggeht, um eine Affäre anzufangen, aber die Frauen, die weggingen, dachten überhaupt nicht daran. «Darauf wäre ich nie gekommen», sagten sie, eine nach der anderen. Auch mir war der Gedanke so fremd, dass ich die Frage der ersten Gruppe von Frauen, die ich interviewte, nicht einmal stellte. Erst nachdem

Männer – und Frauen – reagierten wie der Professor, mit dem ich zusammenarbeite, wurde mir klar, dass ich zurückgehen musste, um nicht nur diese Frage, sondern auch noch eine andere zu stellen, nämlich: «Hatten Sie Angst, Ihr Mann könnte in Ihrer Abwesenheit eine Affäre anfangen?»

Nein, antworteten viele Frauen. Das passt nicht zu ihm, das passt nicht zu seinen Moralvorstellungen, so etwas interessiert ihn nicht, das gehört nicht zu unseren Themen. Oder: Das haben wir schon hinter uns, das Problem ist gelöst und aus der Welt.

Ja, sagten manche Frauen, vor allem diejenigen, die eine lange Trennung vor sich hatten und deren Männer nicht nur attraktiv waren, sondern unterstützend und einfühlsam – verführerische Qualitäten, die das Potential für eine Grenzüberschreitung schaffen konnten. Die meisten planten daraufhin, so oft zu Besuch zu kommen, wie sie es sich leisten konnten, aber alle stimmten darin überein, dass sie sich am besten schützen konnten, indem sie offen und ehrlich über ihre Angst sprachen.

Für andere Frauen war das Gespenst des Fremdgehens nicht so sehr eine Angst als nur ein Gedanke. «Machen Sie sich keine Sorgen, dass Jim eine Affäre anfangen wird?», fragte mich eine Bekannte. Ich fand die Frage sowohl überraschend als auch irritierend, deshalb antwortete ich kurz: «Nein.» Aber als ich in dieser Nacht zu Hause in meinem Bett näher darüber nachdachte, wurde mir klar, dass ich für mich selbst eine längere Version brauchte. Ich dachte an unsere Vergangenheit und antwortete wieder nein. Ich dachte an den Tag vor langer Zeit, als Jim gesagt hatte, er würde nie eine Affäre anfangen, solange wir unter einem Dach wohnten. (Ich vermute, dass er zu dieser Entscheidung gekommen war, nachdem er sich der Versuchung hatte stellen müssen.) Ich dachte an sein Versprechen und an seine Integrität und sagte mir: Nein. Dann war ich froh, dass einer unserer Söhne bei ihm zu Hause sein würde und meine Abwesenheit im Winter stattfand, wenn die hübschen Frauen aus der Nachbarschaft nicht in Shorts draußen herumliefen. Und damit war die Sache für mich erledigt.

Für manche Frauen stand die Sorge im Raum und sie mussten mehr darüber nachdenken als ich. Sie erkannten die Möglichkeit, hofften, es würde nicht passieren (wollten es nicht wissen, falls es doch passierte), akzeptierten es aber als Teil des Risikos, als etwas, was in *seiner* Hand lag, etwas, was sie letztlich nicht kontrollieren konnten. Eine Frau, die ein sechsmonatiges Abenteuer vor sich hatte, meinte: «Ich wollte nicht, dass unsere Ehe auseinander ging, aber ich musste den Ort finden, an dem ich die schlimmsten Ängste akzeptieren konnte und wissen würde, wenn es doch passierte, wäre es nicht mein Ende. Ich war bereit, das Risiko auf mich zu nehmen, weil ich wusste, ich musste es für mich selbst tun.»

Manche Frauen trieb es so sehr zu ihrem Ziel, dass ihnen das Risiko erst später bewusst wurde. Und manche sahen gar keine Gefahr – weder vorher, noch währenddessen, noch danach. Wie Maria erzählte:

Alle glaubten, ich würde ein großes Risiko eingehen. Die verstehen das einfach nicht. Wir könnten jede Nacht im selben Bett schlafen und er könnte eine Affäre mit irgendeiner Frau sonst wo haben. Ich sah nicht ein, dass ich meine Ehe aufs Spiel setzte, indem ich wegging. Ich bin doch nicht bloß ein Körper und eine Geliebte. Jeff hat mich wegen meiner Leidenschaft geheiratet, und je besser ich als Künstlerin werde, desto besser werde ich als Liebhaberin und Partnerin sein. Das einzige Risiko, das ich sah, war, so zu leben, wie die Gesellschaft es uns vorschreibt. Rigide Gedankenstrukturen – die sind es doch, die einem das Leben schwer machen.

Kinder

Die Angst, die eigenen Kinder zu verlassen, ist so tief verwurzelt, dass die meisten Mütter, die ich befragte, mit ihrem Urlaub warteten, bis ihre Kinder Teenager oder schon aus dem Haus waren. Das Bild der guten Mutter ist genauso in unsere kulturelle Psyche eingeprägt wie das der guten Ehefrau. Gute Mütter sind immer da, um sich für ihre Kinder zu opfern. Obgleich dieser heilige Archetyp von Millionen berufstätiger Mütter widerlegt worden ist, geht seine endgültige Abschaffung nur sehr schleppend voran. Wir rennen gegen ein halbes Jahrhundert psychoanalytischer Theorie an, die den Müttern die Verantwortung für die Erziehung emotional gesunder Kinder aufgebürdet hat, was letztlich auch zur kinderzentrierten Familie des späten zwanzigsten Jahrhunderts führte.

Offensichtlich glauben viele Menschen immer noch, dass eine Mutter bei ihrem Kind bleiben soll, dass Mütter allein die Verantwortung für das Wohl eines Kindes tragen. Judith Rich Harris entfachte mit ihrer These, dass Eltern – gesellschaftlicher Nebensinn: Mütter – nicht der wichtigste Einfluss im Leben eines Kindes sind, einen wahren Feuersturm. Der öffentliche Aufschrei, der auf Harris' Buch «Ist Erziehung sinnlos?» folgte, zeigt, dass unsere Kultur immer noch ein starkes Interesse daran hat, den Archetypus der heiligen Mutter aufrechtzuerhalten: immer zur Aufopferung bereit, immer zu Hause, immer verfügbar.

So gesehen ist es keine Überraschung, dass verheiratete Frauen, die ihre Kinder verlassen haben, um einer individuellen Leidenschaft nachzugehen, auf negative Reaktionen stoßen. *Wie kannst du so was machen? Warum musst du so weit weg? Warum musst du ausgerechnet jetzt weg? Warum kannst du nicht was in der Nähe machen? Wie kannst du deine Kinder so im Stich lassen?* Ich bezweifle, dass diejenigen, die eine Frau beschimpfen, weil sie ihre Kinder drei Monate bei ihrem Vater allein zu Hause lässt, ähnliche Tiraden auf eine Frau loslassen würden, die von ihrem Ehemann geschieden ist und die Kinder über den Sommer zu ihm schickt. Im Grunde aber sind die beiden Situationen gleich: der Vater kümmert sich allein um die Kinder. Dennoch rufen sie völlig unterschiedliche Reaktionen hervor: Zustimmung, wenn die Kinder weggehen (denn dann bleibt die Mutter zu Hause); Ablehnung, wenn die Mutter diejenige ist, die weggeht (denn dann ist sie nicht zu Hause). Das Ergebnis dieser Denkart ist, dass Scheidung ein besseres Ansehen genießt als eine zeitlich befristete Trennung innerhalb einer ansonsten festen Ehe.

Kritische Bemerkungen wie die obige vermitteln die Botschaft, dass der *richtige* Platz – der *einzig* richtige Platz – für eine verheiratete Mutter an Heim und Herd ist. Doch wenn man Frauen einsperrt, ergibt sich eine Situation, in der weder Mütter noch Kinder eine Chance haben – keiner kann gewinnen. Wenn eine Mutter zu Hause bleibt und ihre eigenen Bedürfnisse unterdrückt, ist sie unzufrieden und zornig und ihre Kinder bekommen ein schlechtes Gewissen, weil sie sich aufopfert. Wenn eine

Mutter sich um ihre eigenen Wünsche kümmert, aber das Haus verlässt, um ihnen nachzugehen, fühlt sie sich schuldig und ihre Kinder sind wütend über ihre Abwesenheit. (Frauen, die bei den Kindern zu Hause bleiben, weil sie es so möchten, vermeiden solche Probleme vielleicht, aber ihre Dominanz zu Hause kann dazu führen, dass sie sich übermäßig in das Leben ihrer Kinder einmischen, wodurch für alle Beteiligten umso größere Schwierigkeiten entstehen, wenn die Zeit kommt, sich zu lösen.)

Wenn ein gewisses Maß an Schmerz als Nebenprodukt ihrer Beziehung für Mutter und Kind unvermeidlich ist (und nachdem ich jede mögliche Kombination von Beruf und Kindererziehung ausprobiert habe, kann ich das nur bestätigen), wenn also eine Situation besteht, die der Psychologe als doppelt negativ bezeichnet, stellt sich nicht mehr die Frage, was richtig oder falsch oder besser ist. Die Frage lautet vielmehr, warum wir eine zeitlich befristete Krise mit permanentem Schaden gleichsetzen. Warum hat eine Frau Angst, dass ihr ansonsten so unabhängiger Teenager, der zudem ein guter Schüler ist, augenblicklich kriminell wird oder sich den Kopf plötzlich mit blöden Comics voll stopft, weil sie ihn eine Weile allein lässt? Wenn wir diesen Sprung machen, dramatisieren wir die Lage enorm, und es ist ein weiterer Ausdruck ungesunder Schuldgefühle, wenn man immer gleich das Schlimmste annimmt. Wenn wir uns an die Idee klammern, dass die Frau zu Hause bleiben soll, müssen wir uns auf eine gehörige Dosis ungesunder Schuldgefühle gefasst machen.

Ich denke wieder an die Zeit vor zwölf Jahren, als man mir für drei Monate die Arbeit in Connecticut anbot. Warum habe ich meine Wünsche einfach zurückgestellt, als meine Söhne mich gebeten haben zu bleiben? Welche Ängste steckten dahinter, dass ich mich so leicht ihren Bitten beugte? Und es waren Bitten, höflich formulierte, freundlich vorgetragene Bitten, keine Wutanfälle. Nicht einmal das, was man Forderungen nennen könnte. Ich habe meine Karriere eingeschränkt, um bei ihnen zu sein, als sie klein waren – hatte ich vielleicht das Gefühl, dass ich zu viel in sie investiert hatte, um einfach verschwinden zu können? Wenn ich wegging, würden sie vielleicht keine so guten Noten mehr schreiben. Würde ihr Leben im Chaos versinken? Oder hatte ich nur Angst, dass sie mich weniger lieben würden? Im Licht dessen, was zwei Jahre später passierte, als ein Job tatsächlich meine gesamte Zeit in Anspruch nahm, traf ich vielleicht die richtige Entscheidung. Was mich heute stört, ist nicht, dass ich zu Hause geblieben bin. Was mich stört, ist die Tatsache, dass ich, kaum dass mir der geringste Widerstand entgegenschlug, sofort meinen Wunsch unterdrückte und die Möglichkeit, trotzdem zu gehen, gar nicht mehr in Erwägung zog. Was ich mir wünsche, ist, dass ich die Situation hätte abwägen können. Statt mir vorzustellen, dass meine Söhne ohne mich nicht überleben könnten, hätte ich mir ja auch die Frage stellen können, ob sie dann vielleicht lernen müssten, ohne mich auszukommen. Statt mir Sorgen zu machen, ob sie mich nicht mehr so mögen würden, hätte ich mir auch sagen können, dass sie in meiner Abwesenheit herausfinden würden, warum sie mich überhaupt mochten. Ich hatte Angst, sie würden mich für eine «schlechte» Mutter halten, obwohl ich ihnen vielleicht die Chance gegeben hätte, ihre Vorstellung von einer «guten» Mutter neu zu definieren – keine selbstverständliche Erwartung mehr, sondern eine Leistung, vielleicht sogar ein Privileg.

Eins jedenfalls weiß ich: Am Morgen, nachdem ich beschlossen hatte, nicht zu gehen, war ich insgeheim froh, dass ich im sicheren Nest sitzen bleiben konnte. So blieb alles an der Oberfläche ruhig, aber darunter war das Wasser aufgewühlt. In den nächsten zehn Jahren fühlte ich mich zunehmend belagert, wenn die Jungen ständig mit ihren Hausaufgaben und Problemen zu mir kamen. Aber wenn ich auch immer da war, mich in ihrem Leben unersetzlich machte, welche andere Möglichkeit blieb ihnen dann? Sie kannten ja nichts anderes. Wenn eine Frau das Gefühl hat, dass sie diejenige ist, die da sein muss, um alles zusammenzuhalten, schultert sie erst die Verantwortung und dann die Arbeit. Ich bin überzeugt, dass wir mit der Last des Kümmerns, die wir uns aufladen, oft unter einer Decke stecken. Wenn wir uns nicht selbst die Erlaubnis geben, uns aus dem Familienleben auszuklinken, wird es niemand tun. Und warum sollte die Erlaubnis von jemand anderem als von uns selbst kommen? Warum muss unseren Kindern alles gefallen, was wir tun? Wenn wir auf universelle Zustimmung warten, warten wir unser Leben lang.

Jedes Mal, wenn wir in ein Flugzeug steigen und die Flugbegleiter Anweisungen für den Notfall geben, hören wir, dass wir im Fall eines Druckabfalls die Sauerstoffmaske zuerst uns selbst und dann unseren Kindern überziehen müssen. Frauen müssen sich selbst retten, ehe sie für einen anderen Menschen von Wert sein können.

Das Einzige, was wir anderen zu bieten haben – überhaupt jemals – ist unser eigenes Wesen. Viele Psychologen haben festgestellt, dass die Identität stärker wird, wenn sich ein Mensch um sich selbst kümmert, und wenn wir eine stärkere Identität besitzen, wenn wir uns unserer selbst sicher sind, stark in unseren Talenten und innerlich ausgefüllt, fällt uns das Geben leichter. Wenn wir uns selbst nähren, fühlt sich Fürsorge für andere wie Großzügigkeit an, eine freiwillige Geste, keine Pflicht – wir geben aus Freundlichkeit, nicht aus schlechtem Gewissen. Wir können uns fragen, ob wir uns um uns kümmern oder ob wir uns verwöhnen, aber mit dieser Debatte verschwenden wir letztlich nur unsere Energie. Wo ist der Unterschied? Was ist daran auszusetzen, wenn man sich gelegentlich verwöhnt? Wenn eine Frau einen großen Teil ihres Lebens – zehn, zwanzig, dreißig Jahre – mit der Fürsorge für andere verbringt, und wenn ihr ein Urlaub von der Ehe hilft, sich noch weitere zehn, zwanzig oder dreißig Jahre um andere zu kümmern, vielleicht ist ein bisschen Verwöhnen dann genau das, wonach wir in unserem Leben verstärkt streben sollten. In einer guten Beziehung kümmern sich beide Partner um den anderen *und* um sich selbst. Doch während der langen, stressigen Jahre, in denen die Kinder heranwachsen, verwenden wenige Mütter auch nur ein einziges Mal die Energie, die Zeit, das Geld, die Fürsorge, mit denen sie andere so verschwenderisch überschütten, für sich selbst. Bis ich mit der Recherche für dieses Buch begann, hatte ich nie eine Frau kennen gelernt, die so etwas getan hatte.

Nachdem Lisa Mutter geworden war, entschied sie sich, zu Hause zu bleiben, damit sie sich ungestört der Erziehung ihrer beiden Töchter widmen konnte. Zu Hause zu bleiben war wichtig, das spürte sie. Lisa musste nicht mit einem Vollzeitjob und Kinderbetreuung kämpfen wie zwei Drittel aller heutigen Mütter, aber sie kämpfte mit demselben inneren Konflikt: Wie vereinbart man den Wunsch, Zeit mit den eigenen Kindern zu verbringen, mit den Ansprüchen der materiellen Welt, wie bringt man die eigenen kreativen Kräfte mit den mütterlichen Pflichten unter einen Hut? Die Fragen, die ihre Gedanken beherrschten, waren die gleichen wie bei jeder Mutter: Wie integriere ich eine einzelne Seele und ein Familienherz?

Da Lisa erst mit achtundzwanzig heiratete, hatte ihre einzelne Seele Zeit, sich zu entwickeln. Mit einer Erbschaft von ihren Eltern, die jung gestorben waren, zog sie vier Jahre lang mit dem Rucksack durch die Welt. Als sie ihren Mann kennen lernte, der ebenfalls mit dem Rucksack unterwegs war, war sie allein durch fünfzig Länder gereist und fühlte sich «so gut wie nie zuvor, stark und lebendig und verantwortlich». Lisa war liebend gern Frau und Mutter, genau wie ihr das Leben als allein stehende Frau gefallen hatte, aber nach elf Jahren als Mutter fühlte sie, wie ihre Vitalität nachließ. «Dauernd schwirrten Ideen in meinem Kopf herum», sagte sie, «aber die Realität des täglichen Lebens ließ mir keinen Platz, wo ich mit ihnen hinkonnte, keine Zeit, sie weiterzuentwickeln oder aktiv zu werden.»

Lisa hatte das Gefühl, in der Falle zu sitzen. Sie wollte wieder festen Boden unter den Füßen, wollte die Qualitäten der Frau zurückgewinnen, die ihr Mann geheiratet hatte. Als eine Freundin ihr vorschlug, sich eine Weile Zeit für sich zu nehmen und wegzugehen, fand Lisa die Idee gut und quartierte sich für den Winter in einem leer stehenden Strandhaus ein. «Als ich für zwei Monate loszog, war meine Freundin schockiert. Sie hatte gemeint, ich sollte mal übers Wochenende wegfahren.» Aber ein Wochenende würde ihr nicht das geben, was sie brauchte, das wusste Lisa – Zeit, wieder mit der Natur in Kontakt zu kommen, Energie zu tanken und nachzudenken. Genau wie sie früher vor einem Berg einen Schritt zurückgetreten war, um einen besseren Überblick zu haben, so wollte sie aus dem Alltag zurücktreten und eine neue Perspektive darauf gewinnen, wie sie diese beiden Seiten ihres Selbst verbinden konnte.

Eine der Ideen, die in dieser Zeit entstanden und sich zu einer wachsenden Leidenschaft entwickelten, war die Polaritätstherapie. Wenn sie ein Zertifikat in dieser alternativen Heilmethode erwarb, konnte sie zu Hause nach ihrem eigenen Zeitplan arbeiten, und zwar mit Hilfe einer Fähigkeit, die im Einklang stand mit dem Leben, das sie sich wünschte. Alle Kurse in der Nähe boten Blockseminare am Wochenende an, was bedeutete, dass es drei Jahre dauern würde, ehe sie praktizieren konnte. In einer Vollzeitausbildung würde sie nur sieben Monate brauchen, aber dafür musste sie sich an einem Institut einschreiben, das weit entfernt lag.

Als sie zum ersten Mal wegging, machte sich Lisa nur Sorgen wegen ihrer Töchter, damals elf und sieben Jahre alt. Fünf Jahre später war sie erneut wegen den beiden nervös. Obgleich sie jetzt schon sechzehn und elf waren, würde ihre Mutter deutlich länger weg sein. Lisas Befürchtungen gingen beide Male in die gleiche Richtung. Ihre erste Sorge war: Komme ich ohne sie zurecht? Sie wusste, wie sehr sich Kinder in kurzer Zeit verändern können, und fürchtete, diese Veränderungen vielleicht nicht mitzubekommen (in jede Abwesenheitsphase fiel der Geburtstag einer Tochter). Ihre zweite Sorge war: Kommen sie ohne mich zurecht? Sie hatte Angst, sie könnten glauben, dass sie ihr nicht wichtig waren, dass sie trotz all der Jahre, in denen Lisa ihnen das Gegenteil bewiesen hatte, denken würden, dass ihre Mutter sie vernachlässigte. «Dauernd fragte ich mich: ‹Darf ich das als ihre Mutter denn tun? Sie einfach allein lassen?› Immer wieder rief ich mir ins Gedächtnis, dass ich nicht vorhatte, sie zu verlassen. Sie liebten ihren Vater, der auch ohne Abstriche bereit war, die Verantwortung für sie zu übernehmen.»

Diesen kognitiven Sprung schaffte ich damals mit achtunddreißig nicht. Nicht einen einzigen Moment lang dachte ich daran, dass meine Söhne einen Vater hatten, der, als sie noch klein waren, am Abend von Halloween seine Termine absagte, um sie beim Umzug zu begleiten, der neunzehn Jahre lang keinen Elternabend verpasste, der zehn Jahre lang ihr Baseballteam trainierte, der nicht nur dafür sorgte, dass sie zu jedem Spiel kamen, sondern auch noch andere Kinder ins Team holte.

Annahme 8: Nur Mütter können sich angemessen um ein Kind kümmern. Aus dieser Prämisse ergibt sich das immer gleiche Drehbuch, mit ausgelutschten Themen und Stereotypen. Es muss dringend umgeschrieben werden. Behalten wir die häusliche Szenerie und die Handlung bei, verbannen wir aber die vernachlässigende Mutter aus der Hauptrolle. Nehmen wir als Star lieber einen fürsorglichen Vater, einen Mann, der nicht nur für seine Kinder sorgen möchte, sondern es obendrein auch noch kann. So hat Lisa die Szene neu definiert; andere Frauen haben es von Anfang an so gehandhabt. Jede Frau, die ihre Kinder zu Hause gelassen hat, sagt das Gleiche: Sie vertraute ihrem Ehemann, war absolut zuversichtlich, dass er sich liebevoll und verantwortlich um die Kinder kümmern würde. Den Frauen war klar, dass ihr Mann anders mit den Kindern umgehen würde als sie selbst, aber sie sahen dieses «anders» nicht als schlechter an. Vielleicht gehen manche Frauen weg, weil sie ihrem Mann die Gelegenheit geben wollen, auch einmal die erste Bezugsperson zu sein. Und den Kindern die Möglichkeit, ihn als erste Bezugsperson zu erleben. So kann die Erfahrung für die Menschen, die eine Frau hinter sich lässt, ebenso wertvoll sein wie für sie.

Viele Frauen hatten ein gutes Gefühl dabei, ihre Kinder zurückzulassen. Sie wussten, dass sich das Gedächtnis ihrer Kinder, wenn ihre Mutter bei einem Geburtstag nicht da gewesen war, darauf konzentrierte, dass und wie der Vater die Feier gestaltet hatte, nicht darauf, was ihre Mutter versäumt hatte. Die meisten zermarterten sich nicht den Kopf wie Lisa, aber sie war auch am längsten weg – zwei vierzehnwöchige Semester mit zwei Wochen Besuch zu Hause dazwischen. Was sie jedes Mal in ihrer Entscheidung unsicher machte, war das Bewusstsein, dass ihre Kinder für Eindrücke empfänglich waren und jeden Tag von ihr lernten.

> Auf dem Totenbett sagte meine Mutter zu mir: «Vergiss nicht wie ich die eigenen Bedürfnisse, wenn du einmal Kinder hast.» Sie hatte uns so wunderbar gezeigt, wie man sich um andere kümmert. Wir hatten keine Ahnung, dass sie todkrank war und selbst Fürsorge brauchte. Ich denke, andere lernen von uns mehr durch das, was wir tun, als durch das, was wir sagen. Wir können unseren Töchtern hundertmal versichern: «Ihr könnt alles werden, was ihr wollt», aber wenn wir nicht tun, was wir wollen, welche Botschaft empfangen sie dann? Letztendlich beschloss ich, dass es am wichtigsten war, dass ich die Frau wurde, die ich mir für sie als Mutter wünschte.

Es gibt keine festen Regeln, kein «akzeptables» Alter, in dem man ein Kind allein lassen kann, keine «angemessene» Dauer der Abwesenheit, die man weg sein soll, kein Schwarz und kein Weiß, kein Richtig und kein Falsch. Nur die Seelensuche einer Frau und vielleicht noch das: Von ihren Eltern lernen Kinder ihre zukünftigen Verhaltensmuster. Wenn die Mutter eine Weile von zu Hause weg ist, um ihren eigenen Interessen nachzugehen, während der Vater dableibt, sehen ihre Kinder zwar eine Veränderung im Familienleben, aber sie sehen auch gleichberechtigte Elternschaft. Sie sehen eine Mutter, die zwar keine «perfekte» Fürsorgeperson, aber ein eigenständiger Mensch ist, mit einem eigenen Gefühlsleben und eigenen Interessen, die über die Beaufsichtigung der Kinder hinausgehen. Sie sehen eine Frau, die ihnen vielleicht manchmal unruhige Augenblicke beschert, aber auch eine Frau, die sich ihnen fürs Leben als ein Bild der Unabhängigkeit einprägt – eine Frau, die, indem sie ihre eigenen Träume ernst nimmt, ihnen vielleicht später hilft, dies ebenfalls zu tun.

Das Unbekannte

Niemand kann in die Zukunft blicken. Es gibt keine Garantie dafür, dass die Erfahrungen, die eine Frau im Urlaub von der Ehe macht, bereichernd oder angenehm oder auch nur einigermaßen erträglich sind. Es gibt keine Versicherung, dass ihre Ankunft glatt und ihre Rückkehr erfreulich verläuft, dass ihre Erwartungen erfüllt werden und sie ihre Ziele erreicht. Wie die Dichterin Adrienne Rich schreibt: «Die Tür als solche macht kein Versprechen, sie ist nur eine Tür.»

Der Angst vor dem Unbekannten entgeht wohl niemand. Sie kann bei einer Frau noch stärker sein, die für einen Monat zum Studieren an eine Eliteuniversität in der Großstadt nebenan geht, als bei einer Frau, die aufbricht, um für zwei Jahre als Lehrerin an einer primitiven Schule in einem Dorf der Dritten Welt zu arbeiten. Die Intensität hat wenig mit Dauer und Entfernung zu tun, sondern hängt ab von jeder einzelnen Frau, von ihrer Risikobereitschaft, ihrer Persönlichkeit, ihrem Selbstvertrauen, ihrer Sozialisation. Die Natur der Angst jedoch steht in direktem Zusammenhang mit ihrem Vorhaben. Bei manchen Frauen, die ich interviewt habe, konzentrierte sie sich auf das, was ihnen bevorstand. Angst vor Verletzungen gaben diejenigen an, die sich einer körperlichen Herausforderung stellten. Angst davor zu versagen, sagten Frauen, die aufbrachen, um sich einem intensiven Studienprogramm zu widmen. Angst, dass ich mich nicht zurechtfinde, sagten die, die in fremde Länder reisten. Andere fürchteten um das, was sie zurückließen. Angst vor einer finanziellen Katastrophe, sagten diejenigen, die ihr Einkommen aufgaben, um einen weiteren Studienabschluss anzustreben. Angst, dass ich einsam werde, oder Angst, dass mein Mann einsam wird, sagten diejenigen, die sich zuvor nie länger als eine Woche getrennt hatten. Angst, den Job zu verlassen, sagten die mit einer leitenden Stellung. Angst, dass die Arbeit nicht erledigt wird, dass die Mitarbeiter ins Schwimmen kommen oder dass sie selbst ihre Stellung in der Firma gefährden, kurz: *Angst vor den negativen Auswirkungen.*

»Meine größte Angst war, was wohl mit meinem Job passieren würde«, sagte Diana, Kreativdirektorin in einer Werbeagentur.

Diana hatte in der Werbebranche ihre Nische gefunden. Vierzehn Jahre lang hatte sie in derselben Agentur gearbeitet, wo sie Texte für lokale Radio- und Fernsehspots verfasste und schon mehr als zwanzig Preise erhalten hatte. Ebenso pflichtbewusst wie talentiert, führte sie noch am Tag vor der Geburt ihres Kindes intensive Klientengespräche. Sechs Wochen nach der Geburt war sie wieder voll im Einsatz. Ihr Chef, der Eigentümer der Agentur, gewährte ihr sehr großzügige flexible Arbeitszeiten und sie erledigte eine Menge Arbeit zu Hause.

Mit neununddreißig begann Diana, einen Abend pro Woche einen Kurs zum Thema Werbung abzuhalten. Als die Universität bei ihr anfragte, ob sie einen Sommerkurs in Holland geben wollte, war sie begeistert. Sie hatte keine Angst davor, ihren Mann und ihren elfjährigen Sohn für zwei Monate allein zu lassen, aber sie hatte große Angst, ihren Chef zu verlassen.

»Wir waren wie ein altes Ehepaar«, erklärte sie mir. «Ich kannte ihn länger als meinen Mann. Loyalität war für ihn sehr wichtig und ich wusste, er würde denken: ›Du willst lieber woanders sein als hier.› Er hätte das Gefühl, dass ich mich nicht für ihn engagierte – es war fast das Gleiche wie mit einer Familie.»

Ein paar Monate bevor sie wegfahren wollte, suchte sie das Gespräch mit ihm.

»Haben Sie schon mal was von einem Sabbatjahr gehört?«, fragte sie.

»Wir sind hier in der Werbung«, antwortete er. «So was gibt es bei uns nicht.»

Diana fuhr mit ihrer Erklärung fort, beschrieb die gute Gelegenheit, bat ihren Chef, ihre Abwesenheit als zweiten Mutterschaftsurlaub zu sehen. Da er selbst drei Kinder hatte und sie nur eines, dachte sie, dieses Argument würde ihm sicher einleuchten. Aber das tat es nicht.

Er baute sich drohend vor ihr auf. Er blitzte sie wütend an.

»Das ist wirklich unglaublich!«, rief er.

Er wollte sie nicht gehen lassen, aber angesichts ihrer Beziehung und Dianas Leistungen, konnte er sie auch nicht festhalten. Er gab zu, dass er das Gleiche tun würde, wenn er in ihrer Situation wäre, aber er war trotzdem wütend. «Er war ärgerlich und eifersüchtig und hat sofort angefangen, sich zurückzuziehen», erzählte Diana. «Ich war fest entschlossen zu gehen, aber ich hatte Angst, was ich bei meiner Rückkehr vorfinden würde. Aber dann dachte ich, das Schlimmste, was passieren kann, ist, dass er mich feuert, und ich spürte, dass ich damit leben konnte. Ich brauchte eine Veränderung in meinem Leben und war bereit, die Konsequenzen zu tragen.»

Der östlichen Philosophie zufolge ist das Hindernis der Weg. Die Angst, mit der eine Frau konfrontiert wird, die Schwierigkeiten, denen sie begegnet, all das zeichnet ihren Weg und beflügelt ihre Entschlossenheit. Eine Frau wie Diana, die nicht dazu erzogen wurde, Risiken einzugehen, die abgesehen von einem einzigen Semester nicht einmal aufs College ging, entdeckt manchmal, dass sich ihre Vorbehalte häufen und eskalieren, wenn die Abreise näher rückt. Dann wacht sie, wie Diana, womöglich eines Tages um fünf Uhr früh auf, schweißgebadet und gepeinigt von angstvollen Gedanken:

Warum gehe ich weg? Ich habe so lange auf eine glückliche Ehe und ein Kind gewartet. Ich führe ein angenehmes Leben. Alles ist in Ordnung. Was mache ich da? Auf einmal wurde mir klar, dass ich am Ende des Schuljahres nicht für meinen Sohn da sein würde. Plötzlich nahm mein Vorhaben einen absolut dramatischen Charakter an. Es fühlte sich an wie eine Mutprobe. Ich sagte mir: «Wenn ich allein in ein fremdes Land gehen kann und dort nicht untergehe, dann schaffe ich alles.»

Die Angst, die allen anderen Ängsten zugrunde liegt, ist die Angst vor der Freiheit selbst. Ganz gleich, wie sehr man sie sich wünscht, ist die Freiheit immer beängstigend, denn wenn eine Frau erst einmal weiß, dass sie ihren Wünschen gemäß handeln *kann*, weiß sie auch, dass sie es *muss*. Sie muss ihre eigenen Entscheidungen treffen, aufgrund ihrer eigenen Wünsche, nicht aufgrund dessen, was andere wollen, und sie muss die Verantwortung für das Ergebnis dieser Entschlüsse tragen. Wenn sie erst einmal weiß, dass sie frei nach ihren Bedürfnissen handeln kann, weiß sie auch, dass sie erreichen kann, was immer sie will. *Wenn ich allein in ein fremdes Land gehen kann und dort nicht untergehe, dann schaffe ich alles.* Die Angst vor der Freiheit ist eigentlich die Angst vor der eigenen Entwicklung, die Angst davor, ein neuer Mensch zu werden.

Wir können nicht alles haben. Wir können unser Leben nicht ändern und gleichzeitig doch dort verharren, wo wir sind. Wir können nicht auf Abenteuersuche gehen und trotzdem zu Hause alles unter Kontrolle behalten. Wir können nicht unsere eigenen Bedürfnisse erfüllen und dazu noch die aller anderen. Per definitionem bedeutet Risiko Unsicherheit, und Unsicherheit bedeutet Angst.

Doch Angst breitet sich in beide Richtungen aus. Die Angst, die mit der Sicherheit einhergeht, ist die Angst davor, dass wir unser Leben vergeuden und stagnieren, dass wir austrocknen oder aufgeben, dass wir das Gefühl haben, unser Leben ist umsonst. Die Angst, die mit dem Risiko einhergeht, gründet sich darauf, dass wir ins Unbekannte stürzen, und auf dieser Reise sind wir ganz allein. Wenn es Zeit wird zu gehen, fühlt sich der Wanderer allein, egal, ob verheiratet oder nicht.

Angst ist der Grund, weshalb die meisten von uns sich ihre Träume nie erfüllen. Aber wenn die Angst uns hindert, etwas zu riskieren, ist das Ergebnis die Illusion von Sicherheit, denn echte Sicherheit kommt nicht von unseren Ehemännern, die eines Tages sterben werden oder uns verlassen können, und auch nicht von unseren Kindern, die uns ganz gewiss verlassen werden, und auch nicht von unseren Jobs, die immer unsicherer werden. Echte Sicherheit gewinnen wir aus unseren sich entwickelnden Talenten und unserem immer stärker werdenden Selbst.

Nur wir allein können entscheiden, was schlimmer ist: die Angst zu gehen oder die Angst zu bleiben; die Angst, das Unbekannte zu riskieren oder die Angst, uns selbst zu betrügen. «Es zu tun war schmerzlich, es nicht zu tun war auch schmerzlich», sagte mir eine Therapeutin, die ihren Ehemann zurückließ, um in Zürich Psychoanalyse nach C. G. Jung zu lernen. «Aber letztlich wusste ich, dass ich es mir nie verzeihen würde, wenn ich den Sprung nicht wagte.»

»Letztlich» ist ein Punkt, den wir ins Auge fassen müssen, das wusste diese Frau genau. Wenn wir später auf unser Leben zurückblicken und es prüfen – ein Entwicklungsstadium des Erwachsenenlebens, das sich «Lebensrückblick» nennt –, konfrontieren wir uns mit einer psychologischen Bilanz all unserer Träume, Sehnsüchte und Ziele. In einer Spalte stehen die, die wir erreicht haben, in einer anderen die, die wir aufgegeben haben. Jeder Traum zählt. Wenn die Spalte mit den Träumen, die wir nicht realisiert haben, länger ist, können wir mit einem traurigeren und schwierigeren Alter rechnen, denn was uns niederdrückt, ist das Gewicht des ungenutzten Lebens, des Potentials, das wir nicht auf die Probe gestellt haben. Beim Kampf gegen Bedauern und Depression, Bitterkeit und Verzweiflung fühlen sich die Nichtriskierer älter und sehen auch so aus. Unseren Träumen nachzugehen fordert auch einen Preis von uns, aber wir bewegen uns vorwärts und tiefer ins Leben hinein. Auf diesem Weg der Leidenschaft finden wir Vitalität und lernen unseren eigenen Wert schätzen.

Jedes Mal, wenn wir ein Muster durchbrechen, spüren wir die Angst, gehen wir ein Risiko ein. Doch das Risiko verleiht einer Erfahrung Bedeutung, das Risiko ist ein Katalysator für jedes Wachstum. Das Risiko zeigt uns, dass eine Herausforderung, eine Möglichkeit zum Lernen vor uns liegt, die Angst zeigt uns, dass wir menschlich sind.

3

Ehemänner

»Guido«, sagte Holly, «unsere Ehe ist besser als die meisten. Wir mögen uns mehr. Wir sind bessere Freunde. Wir haben mehr Spaß. … Aber ich glaube, wir haben uns zu sehr daran gewöhnt. Das Leben geht einfach immer so weiter. Ich möchte irgendetwas Wagemutiges für uns tun. Außerdem brauche ich ein bisschen Raum für mich. Ich glaube, es würde uns ganz gut tun, wenn wir uns eine Weile vermissen.«

»Du bist wohl nicht aufzuhalten, was?«, fragte Guido.

»Nein«, antwortete Holly. «Hör mal, Liebling. Ich weiß, du denkst, ich bin eigensinnig. Du denkst, ich treffe Entscheidungen aus dem hohlen Bauch heraus und dann überfalle ich dich damit. Na ja, das mache ich auch, aber nicht sehr oft. Bevor wir geheiratet haben, bin ich eine Weile weggegangen, aus gutem Grund. Die meiste Zeit passen wir uns einfach aneinander an. Ich glaube, auf Dauer kann das gefährlich werden, und ich weiß, dass ich Recht habe.«

»Ich möchte dich am liebsten erwürgen«, sagte Guido.

»Du bist unvernünftig.«

»Unvernünftig!«, schrie Guido. «Du bist diejenige, die mich verlässt.«

»Ich verlasse dich nicht«, entgegnete Holly. «Ich gehe nur eine Weile nach Frankreich. Wir werden allmählich gelangweilt, wir haben uns zu sehr aneinander gewöhnt. Aber ich möchte nicht, dass wir einander für selbstverständlich nehmen. Mein Instinkt sagt mir, dass das stimmt. Ich tue das nicht für mich allein. Ich tue es auch für uns.«

»Du tust es für dich«, widersprach Guido.

»Du willst es einfach nicht verstehen«, seufzte Holly. «Du möchtest dich schlecht behandelt fühlen. Aber ich behandle dich nicht schlecht. Ich spüre, dass unsere Liebe sicher ist, tief unten an der Basis, meine ich. Ich möchte dich vermissen und ich möchte, dass du mich vermisst. Wenn du an mich glaubst, dann lass mich gehen. Es ist nur für eine Weile … Glaub mir, es ist gut für uns.«

Laurie Colwin
Happy All the Time

Chris erinnert sich noch genau daran, wann ihr Traum sie gepackt hat – im Herbst 1960. Der erste Kommunikationssatellit war gestartet, Chubby Checker stand ganz oben in den Charts und Senator John F. Kennedy kandidierte für das Präsidentenamt. Chris, damals sechzehn, lag auf dem Wohnzimmerboden und machte Hausaufgaben. Ihr Vater, der in das Nähe saß, sah sich im Fernsehen Kennedys Wahlkampfrede an. Als Chris hörte, wie der Senator seine Pläne für ein Friedenscorps darlegte, ließ sie den Stift fallen, klappte ihr Buch zu und sagte zu sich und zu ihrem Vater: «Das will ich später mal machen.» Obwohl Chris sonst eine sehr gewissenhafte Schülerin war, faszinierte sie das Gehörte so, dass sie zum ersten Mal ihre Hausaufgaben vernachlässigte. Im letzten Jahr ihres Studiums – das Friedenscorps war inzwischen vier Jahre alt – war der Moment gekommen. Sie bewarb sich im Herbst, aber zwei Wochen nachdem sie die Zulassung und den Auftrag, in Jamaika zu unterrichten, bekommen hatte, machte ihr Freund ihr einen Heiratsantrag. «Es klingt wie ein Klischee», erzählte sie über den jungen Mann, in den sie verliebt war und der kurz vor seinem Abschluss in der Air Force Academy stand, «aber er war groß, dunkel und attraktiv, an Intelligenz und Selbstbewusstsein den anderen haushoch überlegen. Es war nicht nur sexuelle Anziehung. Ich sah in ihm so vieles, was ich bewunderte. Ich wusste, er war der Mann, den ich heiraten wollte.»

Als David ihr den Heiratsantrag machte, war Chris gleichzeitig erschrocken, begeistert und verwirrt. Sie hatte ihr Leben geplant: zwei Jahre Arbeit im Friedenscorps, und wenn sie zurückkehrte, wollte sie David heiraten. Jetzt merkte sie, dass sie sich entscheiden musste. «Ich war hin- und hergerissen», erinnerte sie sich. David wollte nicht warten mit dem Heiraten. Der Vietnamkrieg spitzte sich zu und er war verliebt. «Heirate mich», sagte er, «dann können wir vielleicht irgendwann zusammen beim Friedenscorps arbeiten.» In Davids Worten fand Chris ihre Antwort, eine Möglichkeit, beiden Träumen nachzugehen. Es gab eine große kirchliche Heirat und Chris legte die Idee mit dem Friedenscorps «eine Weile» auf Eis.

Aus «eine Weile» wurden dreißig Jahre, dreißig Jahre Ehe, in denen Chris vier Kinder großzog, als Lehrerin arbeitete und andauernd umzog. Das Familienleben schob ihre Träume auf eine viel längere Bank, als Chris es mit zwanzig geahnt hatte, aber das bedeutete noch lange nicht, dass sie weniger dringlich geworden waren. Vier Monate nach ihrem neunundvierzigsten Geburtstag hatte Chris einen Unfall. Acht Wochen lang ans Bett gefesselt, ohne einen Schritt gehen zu können, hatte sie reichlich Zeit zum Nachdenken. Ihr jüngster Sohn begann gerade sein letztes Jahr an der Uni, ihre Tochter hatte kürzlich ihre Heirat angekündigt, was bedeutete, dass bald Enkelkinder eintreffen würden. Nach einem gesunden Leben signalisierte Chris' Körper, dass es vielleicht nicht immer so bleiben würde.

»Ich wusste, es würde schwer sein für David«, sagte sie mir, «denn in meinem Herzen war mir klar, dass er nicht mit mir gehen wollte.»

Obgleich Chris von Natur aus kein manipulativer Mensch ist, wählte sie den Zeitpunkt sehr sorgfältig aus und brachte das Thema so vorsichtig wie möglich aufs Tapet. Sie fragte David, ob er sich an ihr Friedenscorpsgespräch vor ihrer Hochzeit erinnere, und zu ihrer Überraschung antwortete er: «Ja.» Als sie fragte, ob er sich vorstellen könnte, mit ihr zu fahren, war er an der Reihe, überrascht zu sein. «Das meinst du doch nicht ernst, oder?», fragte er. Als sie ihm versicherte, dass sie es sehr wohl ernst meine, dachte er nach. Es wäre nicht schwierig gewesen, eine größere Summe ihrer gemeinsamen Ersparnisse zu nehmen und mit ihr zu gehen. Finanziell war es also machbar. Aber sinnvoll? Er hatte sich frühzeitig von der Air Force pensionieren lassen, um ins Geschäftsleben einzusteigen und zusätzlich Geld für die Studiengebühren zu verdienen. Wenn er sich dem Friedenscorps anschloss, würde das bedeuten, dass er in zwei seiner verdienstintensivsten Jahre für fünfundsiebzig Cents pro Stunde arbeitete. Außerdem würde er, wenn er mit neunundvierzig beitrat, Schwierigkeiten haben, mit über fünfzig wieder ins Berufsleben zurückzukehren. «Ich habe darüber nachgedacht, aber ich bin nicht weit gekommen», sagte er. «Die altruistische Seite war das Plus, aber auf Kosten meiner sonstigen Ziele? Nein, das konnte ich einfach nicht.»

David ging fest davon aus, wenn er nicht gehen würde, würde auch Chris nicht gehen. Auf das, was als Nächstes kam, war er nicht vorbereitet.

»Ich muss es tun», sagte sie. «Ich hab es deinetwegen schon einmal aufgegeben. Dreißig Jahre habe ich gewartet. Du musst gewusst haben, was für ein Gefühl das für mich war. Jedes Mal, wenn das Friedenscorps im Fernsehen kam, habe ich gesagt: ‹Das mach ich eines Tages auch.› Ich möchte nicht warten, bis du in den Ruhestand gehst oder bis ich sterbe. Vielleicht kriege ich Arthritis und kann es nicht mehr. Vielleicht kriege ich Enkel und möchte es nicht mehr.»

Es wurde ein langer Abend und der Beginn langer zehn Monate. In dieser Zeit bewarb sich Chris, wurde angenommen und traf Vorbereitungen für ihre Stelle als Lehrerin in Afrika. David machte ein ganzes Kaleidoskop von Gefühlen durch, die gleichen Stadien wie ein Mensch, der mit einem Verlust fertig werden muss.

Erst kam das Leugnen. «Ich dachte, sie würde vielleicht nicht angenommen. Als es doch klappte, erwartete ich, sie würde es sich anders überlegen. Als unsere Tochter ankündigte, sie sei schwanger, war ich sogar ganz sicher, Chris würde dableiben. Selbst wenn sie loszieht, dachte ich, schmeißt sie garantiert nach kurzer Zeit alles hin und macht sich mit fliegenden Fahnen wieder auf den Heimweg.»

Dann kam die Wut. «Du willst mich zwei Jahre verlassen? Welcher verheiratete Mensch haut einfach für zwei Jahre ab?»

»Es ist so eine kurze Zeit in unserem gemeinsamen Leben», antwortete sie. «Und ich verlasse dich nicht. Ich würde es gern mit dir zusammen machen.»

Dann kam das Feilschen. «Warum kannst du nicht der Vista beitreten oder einer ähnlichen Organisation? Warum gehst du Tausende von Kilometern weit weg, wenn es doch auch hundert sein könnten? Ich verstehe deinen Wunsch, etwas Sinnvolles für die Welt zu leisten, aber ich verstehe nicht, warum du das nicht irgendwo hier in der Nähe machen kannst.»

»Gute Frage», erwiderte sie, «aber ich kann sie nicht beantworten. Ich fühle mich dazu berufen, dem Friedenscorps beizutreten.»

Die letzten Trauerphasen – Verwirrung und Neuorientierung – kamen später.

Trennungen hatten immer schon zu ihrer Ehe gehört. Als Luftwaffenpilot war David auf vielen Missionen unterwegs gewesen, oft bis zu drei Monaten am Stück. Ein Jahr hatte er in Vietnam verbracht. «Über diese Zeiten habe ich nie nachgedacht», meinte Chris. «Ich habe sie einfach als Teil seiner Arbeit akzeptiert.»

Dann fuhr sie fort: «Wenn der Ehemann nicht mitzieht, merkt man, dass man vor der Wahl steht. Ich war an einem Punkt, an dem ich selbst dann Maßnahmen zum Weggehen ergriffen hätte, wenn er mir ein Ultimatum gestellt hätte. Mir fällt kein Bereich ein, in dem ich mich jemals so gefühlt hätte. Ich glaube, dass wir auf der Welt sind, um einander zu helfen. Mein Eheversprechen ist für mich unendlich wichtig, und wenn ich mich bereit fühlte, das aufzugeben, dann musste mein Wunsch aus tiefster Seele kommen.»

Je näher die Abreise rückte, desto schlechter wurde die Beziehung zwischen den beiden. Trotz Davids Widerstand machte sich Chris an die Vorbereitungen, die ihm das Leben in ihrer Abwesenheit erleichtern sollten. David seinerseits ärgerte sich, wenn er ihre Vorbereitungen sah, die er für unnötig und für Zeitverschwendung hielt. Als David eine Eheberatung vorschlug, war Chris überrascht, freute sich aber. «Es war ganz untypisch für ihn, aber wirklich hilfreich», sagte sie. «Der Psychologe fragte uns beide nach unserer Meinung, was wohl passieren könnte. Ich hatte Angst, dass unsere Lebenseinstellungen sich auseinander entwickeln würden, während ich weg war. David hatte Angst, ich würde nicht zurückkommen.»

MÄNNERÄNGSTE

Angst steckt dahinter, wenn Männer Schwierigkeiten haben, die Träume der Frauen zu respektieren, genau wie Angst dahinter steckt, wenn Frauen ihre eigenen Träume schlecht anerkennen können. Verantwortlich für diese Angst ist weniger die oberflächliche Botschaft: Ich will zum Friedenscorps, ich will mit dem Auto durch Amerika fahren, ich will im Ausland studieren. Grund für die Angst ist auch nicht unbedingt die Dauer der Trennung. «Alles, was einen Monat übersteigt, würde bei mir das gleiche Gefühl auslösen», meinte David. Was die Angst erzeugt, ist das, was solchen Vorhaben zugrunde liegt: Veränderung liegt in der Luft.

Die menschliche Natur widersetzt sich der Veränderung und manche Naturen widersetzen sich stärker als andere. Je methodischer wir sind, je mehr Routine unseren Alltag bestimmt, je größer unser Kontrollbedürfnis ist, desto mehr wehren wir uns gegen Veränderung. Für einen Berufssoldaten wie David, der seit dem Alter von siebzehn Jahren den Großteil seines Lebens in einer straff strukturierten Umgebung verbracht hat, fühlte sich der Kampf an der Heimatfront an, als befände er sich auf einem Feldzug ins Feindesland. Ihm gefiel der Kontrollverlust ganz und gar nicht, denn Kontrollverlust war er nicht gewöhnt. Das Element der Überraschung war ihm unheimlich und er hatte diesen «Angriff» nicht erwartet.

Was hielt er von Chris' Wunsch, zum Friedenscorps zu gehen, bevor er sie heiratete? «Ich hab ihn nie ernst genommen», gestand er ein. «Damals gab es immerhin einen Krieg.» Die Arbeit im Friedenscorps, die für Chris so wichtig war, hatte für David nie wirklich eine Rolle gespielt. Der Entschluss, der ihr Leben vorantrieb, brachte seines ins Trudeln, denn die gemeinsame Mission, die sie immer als deutliches Bild vor Augen gehabt hatte, befand sich für ihn nicht einmal am Rand des Blickfelds.

Wie Chris haben auch einige andere Frauen, die ich interviewte, ursprünglich angenommen, sie würden etwas gemeinsam mit ihrem Ehemann unternehmen, er würde sie begleiten, wenn sie ihrem Traum folgten. Doch die Männer wollten nicht bei ihren Frauen sein – weder jetzt noch später. Die Einladung, auf die hin Georgia O'Keeffe ihren ersten Sommer im Südwesten der USA verbrachte, richtete sich auch an ihren Mann. Jahrelang fragte O'Keeffe ihn, ob er sie begleiten wolle. Aber Stieglitz interessierte sich nicht für den Südwesten und wollte seine Arbeit, seine Galerie, seine Freunde, sein Leben in Manhattan nicht verlassen. Der einzige Sommerurlaub fand für ihn im Staat New York statt, und er fuhr regelmäßig zum Familientreffen zum Lake George. Stieglitz war ein kreatives Genie, er verwandelte die Fotografie von einer Absonderlichkeit in eine Kunstform, er war ein Visionär, dessen legendäre Gallery 291 die moderne Kunst nach Amerika brachte und als erste Kunstgalerie der Welt Picasso und

Rousseau ausstellte, er war ein couragierter Künstler, der das Publikum mit seinen sinnlichen Aktbildern von O'Keeffe schockierte, ein Bohemien, der mit einer unkonventionellen Frau ein unkonventionelles Leben führte – mit anderen Worten, er war kein gewöhnlicher Mann. Aber in dieser Ehesituation – als O'Keeffe ohne ihn für zwei Monate nach New Mexico gehen wollte – reagierte er genau wie David. Er leistete Widerstand.

Für einen Mann wie David, dessen Ehe in traditionelleren Bahnen verlief, bei dem die Arbeit an erster Stelle stand und seine gelegentliche Abwesenheit als normal galt, weicht die Soloreise seiner Frau noch radikaler vom ehelichen Muster ab. Und je radikaler die Abweichung, desto wahrscheinlicher ist es, dass Widerstand zu selbstgerechter Empörung auflodert. Bedeutet «zu lieben, zu ehren und für ihn zu sorgen» etwa nicht, dass sie dableiben soll? Für David fühlte sich Chris' Entscheidung, von zu Hause wegzugehen, unfair und willkürlich an. Wo stand denn in ihrem Ehevertrag geschrieben, dass sie zum Friedenscorps durfte, wenn sie brav war? Das entsprach nicht *seiner* Vorstellung von Ehe und bis dato war es auch nicht ihre *gemeinsame* Vorstellung gewesen. In seinen Augen verstieß Chris nicht nur gegen ihr Ehegelübde, das sie vor Gott, vor Freunden und der Familie abgelegt hatte, sie brach auch die psychologische Abmachung, die seit dem Beginn ihrer Ehe unausgesprochen zwischen ihnen bestand. Dabei fällt mir der alte Spruch ein: Frauen beginnen ihre Ehe mit der Erwartung, dass die Männer sich ändern. Männer beginnen ihre Ehe mit der Erwartung, dass die Frauen sich nie ändern werden.

»Eine Menge Menschen halten an der Idee fest, dass man, wenn man heiratet, das Recht verliert, sich zu ändern oder einmal anders zu sein«, meint Eheberater Bill Bumberry. «Wenn ein Paar sich streitet, höre ich oft das Argument: ‹Aber ich habe mich doch gar nicht verändert. Ich bin immer noch der gleiche Mensch wie damals, als wir geheiratet haben.› Diese Bemerkung impliziert, dass Wachstum und Veränderung nicht toleriert werden, dass die Beziehung mit dem Jawort laminiert und so für immer erhalten bleiben soll.»

Verheiratete Frauen, die sich allein auf die Reise machen, vermitteln die entgegengesetzte Botschaft: Beziehungen sind im Fluss. In der östlichen Philosophie gibt es im Universum nur ein

Gesetz, nämlich, dass Veränderung die einzige Konstante ist. Im Westen nähern wir uns Veränderungen nicht so gelassen, deshalb verursachen sie immer Sorgen und Ängste. Widerstand, sei es in Form von Flehen oder Murren, von Wut oder Drohungen, ist womöglich die einzige Art, wie ein Mann auszudrücken gelernt hat, dass er Angst hat, dass er sich vor den bevorstehenden Veränderungen entsetzlich fürchtet.

Erstens fürchtet ein Mann die Veränderung in seinem eigenen Leben, wenn die Frau weggeht, die zusätzliche Verantwortung, die er auf sich nehmen muss. Und er fürchtet die einsamen Tage ohne seine Geliebte, seine Zimmergenossin, Partnerin, vielleicht sogar beste Freundin – die Störung ihres gemeinsamen Alltags. Im Allgemeinen ist es schwieriger für den Mann, wenn die Frau weggeht, als andersherum, denn für viele Männer ist die Ehefrau die einzige Vertraute. Während die meisten Frauen über ein funktionsfähiges soziales Netzwerk verfügen, sind viele Männer ganz auf ihre Frau angewiesen, wenn es um Nähe und Unterstützung geht. *Deshalb leiden Männer im Allgemeinen mehr unter der Trennung von ihrer Frau als Frauen unter der Trennung von ihrem Mann.* In ihren Briefen beschreibt Georgia O'Keeffe ihren ersten Sommer in New Mexico als «reine Glückseligkeit»; Stieglitz dagegen bezeichnete die Zeit als die «vielleicht anstrengendste» Erfahrung seines Lebens.

Auf einer tieferen Ebene fürchtet ein Mann auch die Veränderung, die in seiner Frau ausgelöst wird. Unter den Worten «Ich gehe eine Zeit lang weg», liegt noch ein anderer Inhalt: Ich gehe weg, um eine neue Erfahrung zu machen, um etwas Schwieriges in Angriff zu nehmen, etwas Wertvolles zu lernen, etwas Wunderbares zu leisten. Er hat Angst davor, dass eine andere Frau zu ihm zurückkehren wird, eine stärkere, kreativere und kompetentere Frau. Ein unausgesprochener emotionaler roter Faden zieht sich durch seine Angst: Was, wenn sie sich so sehr verändert, dass sie mich nicht mehr will? Was, wenn sie so stark wird, dass sie mich nicht mehr braucht?

John Gottmann beschäftigt sich nicht nur mit den Schwierigkeiten, die Frauen damit haben, ihre eigenen Träume ernst zu nehmen, sondern widmet sich ebenso intensiv den Schwierigkeiten der Männer, die Träume der Frauen ernst zu nehmen. Er geht davon aus, dass sich Männer vor der Stärke der Frauen fürchten. Um diese Annahme zu untermauern, beschreibt er eine sumerische Kultur aus der Zeit vor der Entstehung der großen Weltreligionen. Dort verehrte man sowohl Götter als auch Göttinnen, die die jeweiligen Rollen der Männer und Frauen in der Gesellschaft widerspiegelten. In dieser Kultur erfanden die Frauen Schriftstellerei und Dichtkunst, Medizin, Wissenschaft und Musik. Frauen entwickelten neue Technologien wie Kochen, Backen und Nähen. Frauen gründeten die ersten Schulen und Universitäten. Doch als die männlichen Gottheiten über die weiblichen zu dominieren begannen, ging es mit der Kultur bergab: Der Status der Frauen und des häuslichen Lebens sank, der Krieg wurde aufgewertet. In Kulturen, in denen man Frauen und ihre Träume respektiert, erklärt Dr. Gottman, kümmern sich Männer eher um die Kinder und ziehen seltener in den Krieg.

»Wir erleben zurzeit eine erneute Auseinandersetzung mit diesem uralten Kampf», so Gottmann. «Ich glaube, die Zukunft unserer Spezies hängt davon ab, dass wir die Träume der Frauen anerkennen.»

In den zehn Jahren ihrer Beziehung – für beide die zweite Ehe – hatte Joe die Träume seiner Frau Ellen immer respektiert. Sie arbeitete als Medienanalytikerin und Schauspielerin, er war Geschäftsmann, teilte aber ihre Liebe zum Theater. Nachdem sie sich beim Vorsprechen kennen gelernt und die romantischen Hauptrollen ergattert hatten, imitierte das Leben die Kunst, und als die Spielzeit zu Ende ging, heirateten die beiden. In den nun folgenden Jahren teilte Joe entweder das Scheinwerferlicht mit Ellen oder half, es auf sie zu richten. Wenn sie in Produktionen auftrat, bei denen Hilfe hinter den Kulissen gebraucht wurde, schloss er sich der technischen Crew an. Wenn sie eine Talkshow leitete und in letzter Sekunde noch ein Gast oder ein Kameramann fehlte, sprang er ein. Sooft sich eine Gelegenheit für Ellens Talent bot, griff sie zu. Joe war es gewohnt, dass ihre Sätze mit «Stell dir vor» begannen.

An dem Tag, als sie sagte: «Stell dir vor, man hat mir angeboten, nächsten Sommer in Europa einen Kurs über politische Medien zu halten», antwortete er deshalb so wie immer: «Großartig, das ist eine tolle Chance.» Sein erster Gedanke galt Ellen: Was dieses Angebot für sie bedeutete. Als er die leichte Röte auf ihren eleganten Backenknochen sah, wusste er, es bedeutete etwas Wunderbares. Für ihn war dieses «Es» zunächst etwas Abstraktes, Verschwommenes, weit in der Zukunft. Sie sprachen nicht mehr viel darüber, aber bei dieser ersten Erwähnung des Themas machte Joe einen interessierten und unterstützenden Eindruck.

Dann hörte Joe eines Tages mit, wie Ellen am Telefon einen Flug reservierte. Plötzlich nahm das Verschwommene die Gestalt eines Flugtickets an und jählings sah er sich mit der harten Realität konfrontiert. Sie würden sich trennen und er würde allein zurückbleiben. Bisher waren sie nur sehr selten getrennte Wege gegangen, nie mehr als zehn Tage am Stück, und sie verbrachten fast ihre ganze Freizeit gemeinsam. Gestern noch hätte er ihre Ehe als ein Jahrzehnt solider Hingabe beschrieben, heute konnte er nur noch an das Schlimmste denken. *Was ist, wenn es ihr da drüben so gut gefällt, dass sie nicht mehr zurückkommen will? Was, wenn sie einen anderen kennen lernt?* »Ich habe mir große Sorgen gemacht», erinnerte er sich mir gegenüber. «Ich hatte Angst, sie zu verlieren.»

Joe wusste nicht, was er tun sollte. Er liebte seine Frau und wollte, dass sie glücklich war. Ihm war klar, dass es sie unglücklich machen würde, wenn sie diese einmalige Chance seinetwegen verstreichen ließ. Er hatte nicht genug Geld, um sie zu begleiten, aber er wollte auch nicht, dass sie ihn verließ und ohne ihn wegging. Er war nicht der Typ, der einfach nein sagte, und er wollte eigentlich nicht nein sagen. Aber er wollte auch nicht ja sagen. Das war nun allerdings ein Problem, denn er hatte bereits ja gesagt. Hätte er das doch nicht getan! Was hatte er sich nur dabei gedacht? Er musste unbedingt mit jemandem reden, aber da der einzige Mensch, mit dem er richtig reden konnte, derjenige war, der das Problem verursachte, hatte er noch ein weiteres Problem. Er war nicht nur ratlos, er wusste auch nicht, an wen er sich mit seiner Bitte um Rat wenden sollte. Seine Gedanken drehten sich im Kreis, seine Angst verwandelte sich in Panik, und jetzt endlich brachte er seine innere Qual zum Ausdruck: «Warum machst du das?», fragte er Ellen. «Warum lässt du mich im Stich?»

Im Fluss der Angst, der durch die psychische Landschaft eines Mannes fließt, kommen die Strömungen von Verlust und Einsamkeit aus der gleichen Quelle – aus der Veränderung; sie fluktuieren, sie nehmen Fahrt auf, wenn sie ineinander münden, wirbeln über Stromschnellen der Unruhe, krachen gegen Dämme des Widerstands, und wenn sie am Ende ihrer Reise die Ufer der Verzweiflung noch nicht überschwemmt haben, ergießen sie sich ins Meer der Verlassenheit. Dies sind uralte, ursprüngliche Gewässer, breit und tief, und sie setzen Kräfte frei, die so mächtig sind, dass sie bestehende Küsten unterspülen und neu formen können.

Die Angst vor dem Verlassenwerden kann sich in einer Nacht des Selbstmitleids manifestieren oder in Monaten durchdringender Qual. Sogar Männer in den stärksten Ehen, sogar Männer, die selbst regelmäßig aus beruflichen Gründen ihre Heimatstadt verlassen, sogar Männer, die fest darauf vertrauen, dass ihre Frau zurückkommt, spüren einen momentanen Schmerz. *Sie verlässt mich, ich werde ganz allein sein.* Wenn ein Mann wie Stieglitz es spürt – von Geburt an geliebt, privilegiert und finanziell abgesichert, umgeben von Familie und Freunden, der persönlichen Freiheit verpflichtet, in der ganzen Welt als Künstler anerkannt, von Berufs wegen damit befasst, die Träume anderer Menschen zu unterstützen – wenn ein solcher Mann es spüren kann, dann spürt es jeder.

»Wenn man es als Verlassenwerden wahrnimmt, tut es weh, erschreckt es einen, bringt einen zu der Erkenntnis, wie abhängig man ist«, erklärt Dr. Bumberry. «Ich weiß nicht, ob Männer mehr Angst als Frauen davor haben, verlassen zu werden, aber bei Männern liegt die Angst unter der Oberfläche, weil sie gesellschaftlich nicht akzeptabel ist. Er kann sie nicht eingestehen, also muss er sich abstrampeln, um zu beweisen, dass er keine Angst hat. Er kann die Angst nicht äußern, deshalb wird sie immer größer.»

Das erklärt vielleicht, warum ein Ehemann geradezu enthusiastisch reagierte, als seine Frau die Chance bekam, vier Monate in Übersee zu verbringen, ihr schicke Reisetaschen und eine Uhr kaufte, auf der sich die Zeit in verschiedenen Zeitzonen der Erde ablesen ließ – damit sie ihre Anrufe zu Hause besser planen konnte –, aber kaum, dass sie weg war, sich vollkommen zurückzog. Es erklärt vielleicht auch, warum ein anderer Mann seiner Frau das Flugticket kaufte, sie zum Flughafen brachte und zum Abschied küsste, sie aber die nächsten drei Monate per E-Mails bestürmte, bald wieder nach Hause zu kommen. Es erklärt vielleicht auch, warum sich Joes Reaktion von Stolz auf seine Frau in nackte Panik verwandelte.

Leugnen ist das erste und primitivste emotionale Abwehrsystem. Ein Mann wie Joe denkt vielleicht, dass aus der geplanten Reise seiner Frau nichts wird, oder falls doch, dass es ihn nicht berührt. Ein Mann, der sich von Natur aus hauptsächlich mit sich selbst beschäftigt, ist vielleicht so in sein eigenes Leben vertieft, dass er sich gar nicht die Zeit nimmt, um die Konsequenzen zu überdenken; neigt er wenig zum Grübeln, kommt er vielleicht gar nicht auf die Idee, sich mit den Konsequenzen zu beschäftigen. Genau wie die jeweilige Persönlichkeit kann natürlich auch die Konditionierung des Einzelnen eine Rolle spielen. Möglicherweise erfolgt die erste Reaktion eines Mannes automatisch, nach dem gleichen Mechanismus, wie er bei anderer Gelegenheit sagt: «Wir könnten doch mal zusammen essen gehen.» Zwei Wochen später, wenn die andere Person einen Termin vereinbaren will, reagiert er dann überrascht, womöglich sogar irritiert, weil er die Einladung nur so dahingesagt hat – weil man das eben so macht.

Mit der Zeit offenbart sich der Unterschied zwischen Rhetorik und Handlung, der lange, schwere Weg vom intellektuellen zum emotionalen Feminismus. Es ist eine Sache für einen Mann, die Träume seiner Frau zu unterstützen, indem er dreimal pro Woche das Abendessen kocht, aber etwas ganz anderes, wenn es darum geht, zweieinhalb Monate allein im Ehebett zu schlafen. Es ist eine Sache, ihre Selbstverwirklichung zu unterstützen, und eine ganz andere, wenn sie sich dadurch weniger um ihn kümmert. In der Vergangenheit kam es ihm so vor, als wäre die Sache einigermaßen zu bewältigen, wie ein Dauerlauf, den man leicht dreimal die Woche irgendwie reinquetschen kann, bei dem man zwar ordentlich ins Schwitzen kommt, aber sich den Rest des Tages tugendhaft und wie ein Sportler fühlen kann. Aber jetzt merkt der Betreffende auf einmal, dass ihm ein Marathon bevorsteht, mit einem Schwierigkeitsgrad, der garantiert nahezu unerträglich wird. Und keiner garantiert, dass man die Ziellinie erreicht, oder – schlimmer noch –, dass der Körper danach jemals wieder so sein wird wie früher. Gut, er hat trainiert, aber nicht für so was, und er hat keine Ahnung, wie er das in der kurzen Zeit ändern soll. Für diesen Lauf hat er sich nicht angemeldet, genau genommen hat seine Frau ihn da reingeritten, als er gerade mal nicht aufgepasst hat. Und jetzt, wo sie es aller Welt erzählt hat, kann er keinen Rückzieher mehr machen. Obwohl er es wirklich gern tun würde, weil ihm nämlich schon speiübel wird, wenn er sich einen Marathonlauf auch nur vorstellt.

Wenn einer Frau zweieinhalb Monate wie eine lange Zeit erscheinen, dann gilt das für ihren Mann ebenso, wenn nicht noch mehr. Eine innige, seelenvolle Beziehung erfordert manchmal ein außergewöhnlich hohes Maß an Anpassungsfähigkeit und Flexibilität. Da außergewöhnliche Tugenden ohnehin rar gesät und schwer zu leben sind – wie soll ein Mann dann auch noch solche urtümlichen Ängste und Bedürfnisse überwinden? Wie soll er verhindern, dass er sich in das verheulte Kleinkind verwandelt, das seine Mama nicht gehen lassen will, in den durchgedrehten Teenager, dessen Freundin ihn hat sitzen lassen? Dass er sich endgültig und abgrundtief blamiert?

Ellen warf für Joe einen Rettungsring aus: Als ihr klar wurde, dass die Zeitspanne, die ihr kurz erschien, für Joe eine Art Ewigkeit darstellte, als sie sah, dass seine Einstellung nicht mehr unterstützend war, sondern immer mehr in Widerstand umschlug, wusste sie, dass sie ihm helfen musste, seine Ängste zu überwinden. Also sagte sie ihm Folgendes:

> Ich weiß, das wird eine einsame Zeit für dich sein. Ich verlange ja auch gar nicht, dass dir die Vorstellung gefällt. Ich bitte dich nur, es zu akzeptieren. Ich muss es tun, um mich selbst zu lieben und zu respektieren, und ich muss mich selbst lieben und respektieren, um dir eine gute Partnerin zu sein. Meine Liebe zu dir ist so groß, dass es überhaupt nicht in Frage kommt, dich zu verlassen, aber ich versichere dir, dass ich sehr bescheiden leben werde, während ich weg bin, dann kann ich einen Teil meines Stipendiums für ein Flugticket sparen, damit du mich besuchen kannst. Wenn du mein Abenteuer durchhältst, unternehmen wir danach eines zusammen.

Die Worte waren Balsam auf seine Wunden, das Ticket die Heilung. Mit dieser Geste zeigte Ellen ihrem Mann, dass auch sie ein

Opfer für ihre Ehe zu bringen bereit war und – was noch wichtiger war – sie zeigte ihm ganz deutlich, dass sie ihn wieder sehen würde. Mit dem Ticket machte sie ihre Chance auch zu seiner Chance. Genau wie es ihm Angst gemacht hatte, als ihre Reise konkret wurde, linderte es nun die Angst, als er einen konkreten Beweis für ihr Wiedersehen in Händen hielt. Aber natürlich war das Ticket kein Zaubertrank. Joe litt trotzdem, als sie weg war, er zählte die Tage bis zu ihrer Rückkehr. Seine Ängste waren nicht verschwunden, aber er war fähig, sie zu kontrollieren und seinen Widerstand aufzugeben. Er war fähig, sich zu verabschieden, wobei er sich zwar zittrig fühlte, aber ganz gelassen wirkte, er war fähig, ihr Briefe zu schreiben, mit ihr zu telefonieren und sich dabei nicht auf seinen Kummer, sondern auf ihre Rückkehr zu konzentrieren. Er war fähig, sich weiterhin wie der unterstützende Ehemann zu fühlen, der er gern sein wollte.

Die Sache mit dem guten Recht

Oft werden die unguten Gefühle der Männer – genau wie die der Frauen – noch dadurch verschlimmert, dass sie anfangen, sich Sorgen darüber zu machen, was andere Leute von ihnen denken könnten. Männer haben ähnlich den Frauen ihren Freunden und Familien zu erklären, was es mit der weiblichen Soloreise eigentlich auf sich hat. Um den typischen Fragen auszuweichen, erzählen manche Männer überhaupt niemandem davon. *Wie kannst du es so lange allein aushalten? Was ist mit dem Essen? Machst du dir keine Sorgen, dass deine Frau einen anderen kennen lernt? Warum will sie unbedingt so was machen?* Wenn ein Mann von vornherein in einem Konflikt steckt, rütteln solche Kommentare seine Ambivalenz wach und steigern seine Angst. Kein Mann hört diese Kommentare gern, aber er versteht ihren Ursprung: Fünftausend Jahre lang waren Männer die Herren des Hauses und die Frauen ihre Dienstbotinnen.

Aus diesem traditionellen Besitzdenken stammt der Kommentar, der Männer am meisten wurmt: *Ich kann nicht fassen, dass du sie einfach so gehen lässt.* Männer, die diesen Kommentar oder eine seiner Abwandlungen zu hören bekommen, wissen oft nicht, wie sie reagieren sollen, weil sich dahinter ein Wertesystem verbirgt, das ihrem eigenen diametral entgegenläuft, sodass sie das Gefühl haben, jemand hätte sie in die Schwarzweißwelt von «Pleasantville» versetzt. Er kann die Bemerkung als absurd, beunruhigend oder enttäuschend auffassen, je nachdem, in welcher Tagesform er sich befindet und wer den Kommentar abgibt. Er kann vor Wut schnauben, das Gesagte ignorieren oder mit Humor abwiegeln. Aber kaum einmal ist das, was er sagt, auch das, was er fühlt. Männer, die anfangs irritiert sind, geben sich im Allgemeinen am Ende gelassen. Wie es einer der von mir befragten Männer ausdrückt und damit sicher vielen aus dem Herzen spricht: «Am Anfang hat mich der Kommentar gestört, aber dann bin ich zu dem Schluss gekommen, dass er mehr über die Person aussagt, die ihn von sich gibt, als über mich. Ich bezweifle, dass jemand so etwas sagen würde, wenn die Rollen andersrum verteilt wären.»

Wahrscheinlich nicht, und dennoch taucht das Besitzdenken genauso leicht und häufig in Kommentaren von Frauen auf. Als ich Freundinnen und Bekannten erzählte, dass ich für drei Monate weggehen wolle, um zu schreiben, wunderte ich mich über die Reaktionen, die ich zu hören bekam. *So etwas könnte ich nie tun. Mein Mann möchte ja nicht mal, dass ich ein Wochenende ohne ihn wegfahre ... Mein Mann toleriert es, wenn ich mal eine Woche weg bin – mehr ist nicht drin ... Mein Mann würde mich niemals für so lange gehen lassen.* Und das sagen keine konventionellen, engstirnigen Frauen, sondern solche, die eine Woche nach der Geburt wieder in den Job eingestiegen sind, die eine akademische Ausbildung hinter sich haben, die politisch liberal eingestellt und mit Männern unterschiedlicher Nationalität, Rasse und Religion verheiratet sind. Ich habe mich dabei ertappt, dass ich blind davon ausgegangen war, dass Frauen, die in ihrem persönlichen und beruflichen Leben nicht traditionell ausgerichtet sind, auch in ihrer Ehe unkonventionell sein würden – eine seltsame Annahme, wenn man bedenkt, dass meine eigene Erfahrung sie eigentlich längst widerlegt hatte.

San Fancisco, 1989. Wir waren auf Urlaub und gingen an einem unerwartet kühlen Augusttag zur Straßenbahn, als ich an einem Zeitungskiosk den «Chronicle» entdeckte. Sofort rannte ich hinüber, kaufte mir die Ausgabe, blätterte sie durch, bis ich zu den Kommentaren kam. Und da entdeckte ich, genau wie ich es gehofft und prophezeit hatte, Jims Verfasserzeile, in der Rubrik «Offenes Forum». Aufgeregt rannte ich los, um Jim die Zeitung zu zeigen. Ich wusste, dass er sich freuen würde, und so war es auch. Er überflog den Artikel, überlegte, wann er wohl den Scheck bekommen würde, und wollte dann zur Tagesordnung übergehen. Aber ich musste den Augenblick auskosten, saß da und las jedes Wort noch einmal. Ich fühlte mich wunderbar, denn mein Instinkt hatte sich als richtig erwiesen. Ungefähr vor einem Monat hatte Jim beim Abendessen von faszinierenden Geschichten und Statistiken berichtet, in denen es um die Siegesbesessenheit von Sportlern ging. «Das wäre doch ein tolles Thema für einen Kommentar», sagte ich. «Schreib auf, was du gerade gesagt hast, ich redigiere es und schicke es ein. In drei Wochen ist Olympiade und ich garantiere dir, dein Artikel wird überall im ganzen Land gedruckt.» Natürlich konnte ich nichts wirklich garantieren, aber weil ich weiß, dass Jim ungern Zeit mit Projekten verbringt, bei denen nichts herauskommt, dachte ich, das wäre die einzige Möglichkeit, ihn dazu zu bringen, den Artikel zu schreiben. Und jetzt las ich die erste von einem halben Dutzend Veröffentlichungen, die vorgesehen waren. Nachdem die Euphorie etwas abgeflaut war, spürte ich, wie der vertraute Ärger wieder in mir aufstieg. Schließlich war ich es, die schon immer Kommentare für die angesehenen Tageszeitungen schreiben wollte. Warum konnte ich für ihn das tun, was ich für mich selbst nicht tun konnte, warum machte ich ihn zum Träger meiner Träume? Ich begann zu schmollen. Diese Szene hatten wir schon des Öfteren durchgemacht, deshalb wusste Jim schon, was mir durch den Kopf ging. Seine Stimme klang geduldig, aber müde.

»Hast du jemals einen Essay geschrieben und an alle Zeitungen im Land geschickt?«

»Nein.«

»Na, wie kannst du dich dann so aufregen?«

Das war seine übliche Realitätstherapie, die ich kennen, aber nicht lieben gelernt hatte. Ich war in ihren Genuss gekommen, als er seinen ersten Leitartikel an eine Zeitschrift verkauft hatte (vor mir), als er zum ersten Mal etwas landesweit veröffentlichte (vor mir), und ich würde noch einmal in ihren Genuß kommen, wenn er seinen ersten Anruf von der «New York Times» bekam (vor mir).

Obwohl ich mich sehr bemüht hatte, meine Söhne ohne Sexismus zu erziehen, habe ich der Karriere meines Mannes stets eine höhere Priorität eingeräumt als meiner eigenen. Ich hätte mehr Stellenangebote bekommen und mehr verdient, wenn ich selbst weiterstudiert hätte. Stattdessen unterstützte ich ihn finanziell, während er seinen Abschluss machte, schrieb zwei seiner Arbeiten, redigierte die übrigen, tippte seine zweihundert Seiten umfassende Doktorarbeit und las sie Korrektur. Zwanzig Jahre später arbeitete ich in einem Vollzeitjob, redigierte seine Kolumne im Internet und half ihm bei Veröffentlichungen an Stellen, bei denen ich meine eigenen Ideen auch noch einreichen musste. Dabei war ich doch diejenige, die schrieb.

Die Rolle der Frau in der Ehe hat mit ihrer Rolle außerhalb der Ehe nicht Schritt gehalten, weil der emotionale Feminismus anders ist als der intellektuelle; mit diesem Unterschied haben Frauen ebenso zu kämpfen wie Männer. Bei manchen Frauen zeigt sich der Kampf daran, dass sie sich wie selbstverständlich der Karriere ihres Mannes unterordnen, bei anderen, indem sie sagen «Er lässt mich nicht». Die Psychanalytikerin Anna Brand-Bartlett schreibt: «Selbst feministische Frauen spielen im Leben der Männer eine große Rolle als Organisatorinnen. Diejenigen, die sagen ‹Er lässt mich nicht›, kümmern sich vielleicht um ihren Ehemann und beschützen ihn, denn sie machen sich Sorgen, wie er in ihrer Abwesenheit überleben kann. Auf eigenen Interessen zu beharren, ist manchmal unbequem und schwierig, und manche Frauen möchten das ihrer Beziehung lieber nicht zumuten. Zu sagen ‹Er lässt mich nicht›, ist leichter, als sich damit auseinander zu setzen, was man mit dem eigenen Leben wirklich anfangen will. Es ist das uralte existentielle Hintertürchen. Wir alle vermeiden es, die Verantwortung für unser Schicksal zu übernehmen, aber manche nutzen das Hintertürchen mehr als andere.»

Das existentielle Hintertürchen – damit konnte ich mich identifizieren. Ich habe nie gesagt «Er lässt mich nicht», ich ließ mich selbst nicht. Es war ein sichereres Gefühl, meinen Ehrgeiz auf meinen Mann zu übertragen, mich auf seine Arbeit zu stürzen, denn so brauchte ich mich nicht mit meinem eigenen Ehrgeiz zu konfrontieren. Die Wahrheit war nämlich, dass ich zum ersten Mal in unserer zehnjährigen Ehe nicht wusste, was ich tun wollte, und die nächsten zehn Jahre fürchtete ich mich vor dem, was ich tun wollte. Vielleicht steckte ich meine Energie in seine Veröffentlichungen, weil ich hoffte, dadurch das Selbstvertrauen zu gewinnen, das mir noch fehlte, um selbst etwas zu veröffentlichen. Statt dass wir uns unsere eigenen Ängste und Mängel eingestehen, geben wir anderen die Schuld daran, verlagern die Ernüchterung über uns selbst auf unsere Partner, unsere Ehe – denn das erscheint uns weniger bedrohlich.

Als Sue Bender durchs Land reiste und vor Frauengruppen Vorträge über ihre Erfahrungen bei den Amischen hielt, kam aus dem Publikum unweigerlich die Frage: «Wie haben Sie Ihren Mann dazu gekriegt, dass er Sie gehen ließ?» Offenbar glauben viele Frauen immer noch, dass sie eine Erlaubnis brauchen, wenn sie frei sein wollen, aber dies war weder bei Sue Bender noch bei den anderen Frauen, die ich interviewt habe, der Fall. «Was hätten Sie getan, wenn Ihr Mann sich dagegen gewehrt hätte, dass Sie gehen – rein hypothetisch?», fragte ich in meinen Interviews. Eine Frau antwortete, das könne sie sich überhaupt nicht vorstellen. Die Mehrheit meinte, dann hätten sie sich eben bemüht, ihre Männer zu überzeugen. Manche erklärten, sie hätten sich vielleicht auf einen Kompromiss hinsichtlich der Länge ihres Urlaubs eingelassen oder eine Möglichkeit gesucht, etwas mehr in der Nähe zu finden; ein paar sagten, sie hätten es mit einem Kompromiss versucht, vorausgesetzt, die Einwände wären stichhaltig gewesen. Übereinstimmung mit dem Ehemann war für alle äußerst wichtig.

Viele Frauen jedoch waren überzeugt, Widerstand seitens ihres Mannes hätte sie nicht von ihrem Plan abbringen können, aber die Auseinandersetzung wäre für ihre Beziehung wahrscheinlich schädlich gewesen. «Wenn ich mit einem Mann verheiratet gewesen wäre, der solche Impulse ständig niederwalzt», gestand eine vierundsechzigjährige Frau, die jährlich ihren Urlaub von der Ehe macht, «hätte ich die Ehe sowieso nicht lange ausgehalten, glaube ich.»

Ort der Handlung: zu Hause. Zeit: Abend. Die Protagonisten sind ein glücklich verheiratetes Paar, das seit drei/fünf/sieben Jahren zusammen ist. Er ist Unternehmer, sie Immobilienmaklerin/Werbetexterin/Grafikerin. Außerdem ist sie auch noch eine gute Fotografin. Sie wünscht sich, eines Tages ihre Arbeit in einer Galerie ausstellen zu können, die Fotografie vielleicht sogar vom Hobby zum Beruf zu machen.

Sie beginnt:

»Ich habe da so eine Broschüre entdeckt über einen Fotoworkshop in Paris/New York/Chicago. Ich möchte furchtbar gern daran teilnehmen.»

»Wann findet der Workshop denn statt?»

»Anfang April.»

»Wie lange?»

»Zwei Wochen.»

»In der Zeit kann ich schlecht weg aus dem Büro.»

»Das ist in Ordnung. Ich hatte vor, allein zu fahren.»

»Allein? Du willst mich hier zwei Wochen allein lassen, während du dich in Paris rumtreibst?»

»Es sind doch nur zwei Wochen.»

»Wozu ist man denn verheiratet, wenn wir dann doch getrennte Weg gehen?»

Um es ihm recht zu machen, gibt es zwei Möglichkeiten. Entweder fährt sie überhaupt nicht oder er nimmt sich doch Urlaub und begleitet sie. Wenn er mitkommt, sitzt sie in ihrem Kurs und ist sich die ganze Zeit über bewusst, dass er auf sie wartet; und nach dem Kurs ist sie sich bewusst, dass die anderen Studenten sich noch irgendwo zusammensetzen und fachsimpeln. In beiden Fällen macht die Frau nicht die tiefe, konzentrierte Erfahrung, die sie sich gewünscht hat, und Ärger bahnt sich einen Weg in ihre Beziehung zu ihrem Mann.

Zwei Broschüren/Jobs/Jahrestage später versucht sie es noch einmal.

Er grummelt, sie lässt von ihrem Plan ab. An der Oberfläche erscheint sie vielleicht versöhnlich, aber irgendwo in ihrem Innern ist sie wütend – auf ihn, weil er es ihr so schwer macht, auf sich selbst, weil sie nicht auf ihrem Wunsch beharrt hat. Aus der Wut wird anhaltender Groll, Zorn auf sich selbst, Depression.

Das nächste Mal, wenn sie etwas allein, ohne ihn, machen will, denkt sie: Es wird ihm nicht passen. Jetzt hat sie seine Reaktion verinnerlicht und beginnt das Gespräch nicht einmal mehr. Jetzt muss er ihr nicht einmal mehr Steine in den Weg legen, damit sie sich zurückzieht und grollt.

Eines Tages, nach fünf/zehn/zwanzig gemeinsamen Jahren, hat sie das Gefühl, ihre Ehe ist ein Gefängnis. Sie sieht ihn über den Esstisch hinweg an und verkündet, dass sie sich scheiden lassen will. Er ist am Boden zerstört, fleht sie an, es sich noch einmal durch den Kopf gehen zu lassen. Sie weigert sich und eine einstmals hoffnungsvolle Beziehung bröckelt auseinander wie ihre Mokka/Kokosnuss/Schokoladen-Hochzeitstorte mit vier Schichten.

In den folgenden Jahren erzählt sie Freunden und Bekannten, dass sie sich hat scheiden lassen, weil sie sich eingeengt fühlte und wachsen wollte; ihr Mann wollte sie nirgendwohin allein gehen lassen. Andere Frauen nicken verständnisvoll. «Männer sind manchmal wie Babys.»

Wirklich? Seine anfängliche Reaktion war emotional und ehrlich. Er hat ihr mitgeteilt, was für ein Gefühl ihr Vorhaben in ihm auslöste, ein Gefühl, das er nicht kontrollieren konnte. (Wer weiß, wie viele Frauen instinktiv genauso reagieren würden?) Er gab ihr zu verstehen, dass ihm die Vorstellung nicht gefiel. Kein Wort davon, dass er ihre Entscheidung nicht tolerieren würde. Natürlich wissen wir alle, dass das, was Leute sagen und was sie tun, zwei Paar Stiefel sind. Sie jedoch unterdrückte ihre Gefühle, weil sie keinen Streit anfangen wollte, weil sie Angst hatte, ihn wütend zu machen, seine Gefühle zu verletzen, die Beziehung zu gefährden. Also ließ sie das Thema fallen und vermittelte ihm die unehrliche Botschaft, dass ihr Wunsch nicht so wichtig war wie seiner, genau genommen überhaupt nicht wichtig. Statt den Mut aufzubringen und ihre Energie darauf zu verwenden, für das zu kämpfen, was sie wollte, zog sie sich auf ihre vertraute, bequeme Rolle als Friedensstifterin/gute Frau/braves Mädchen zurück, ordnete sich seinen Gefühlen unter und fügte sich in das, was sie für seinen Willen hielt. Aber was er eigentlich wollte, war eine

Partnerin, die nicht nur ihn liebte, sondern auch das Leben. Dasselbe wollte auch sie. Aber am Ende bekam keiner das, was er wollte, weil sie ihm seine Gefühle vorwarf, für die er nichts konnte, statt sein Verhalten anzusprechen, das sie aus Angst nie auf die Probe stellte. So wurde genau die Taktik, mit der sie ihre Beziehung retten wollte, zum Verhängnis für ihre Ehe.

Der Grund dafür, dass die Ehe viele Frauen immer noch einengt, ist der, dass diese Frauen sich mit der Einengung arrangieren. Sosehr wir uns wünschen, ein Leben ohne Einengung zu führen – solange wir Angst haben, als schwierig angesehen zu werden, solange wir nicht für das kämpfen, was wir wollen, solange wir nicht bereit sind, die harte und unbequeme Arbeit zu tun, ohne die keine Veränderung möglich ist, werden wir genau so weiterleben. Die Institution der Ehe mag den Zaun anordnen, Männer mögen ihn verstärken, aber wenn wir selbst das Schloss ans Tor hängen und hoffen, dass jemand den Schlüssel entdeckt, dann sind wir selbst es, die uns einsperren.

Jenseits der Stereotypen

Genauso wie es historisch gesehen für eine Frau ein radikaler Akt ist, sich selbst ins Zentrum der Bühne zu stellen, ist es auch für einen Mann ein radikaler Akt, eine Frau in den Mittelpunkt zu stellen – beides gilt in unserer Kultur nach wie vor als Ausnahme. Millionen Jahre männlicher Vorherrschaft und weiblicher Unterwerfung können nicht in einer Generation überwunden werden. In den letzten dreißig Jahren haben wir ein sehr starkes Bewusstsein für Ungleichheit zwischen den Geschlechtern entwickelt, was zu immensen Veränderungen in Recht und Politik führte, aber genau wie es eine Weile dauert, bis der Einsicht Taten folgen, so bleiben die Emotionen hinter den Taten zurück. Ein Mann kann sich der Doppelmoral bewusst sein, er erkennt vielleicht die Ungerechtigkeit und macht die politisch korrekten Gesten, und dennoch fühlt er die Worte nicht, dennoch hat er sie noch nicht als Wert in seinem Herzen verinnerlicht, dennoch sehnt er sich vielleicht immer noch nach der Zeit, als ein Mann von seiner Frau erwarten konnte, dass sie zu

Hause auf ihn wartet, sich um ihn, seine Karriere und sein Kind kümmert.

Viele Eheberater, mit denen ich gesprochen habe, meinten, dass sich nach ihrer praktischen Erfahrung (mit Männern zwischen zwanzig und dreißig) am traditionellen männlichen Standpunkt nicht viel geändert hat. Manche Therapeuten konnten sich nicht vorstellen, dass sich jemals etwas daran ändern würde, weil es im Alltag für Männer immer eine allzu radikale Vorstellung bleiben würde, die Frau in den Mittelpunkt zu stellen. Aber im Sprechzimmer eines Eheberaters erscheinen nur die Männer, die in ihren Beziehungen Probleme haben. Aus einer anderen Perspektive, mit dem Blick auf funktionierende Ehen, lernte ich Männer kennen, die ihrer Frau zum Geburtstag eine zweimonatige Traumreise schenkten, ihnen bei der Recherche über Universitäten und Kurse halfen, ihre Reiserouten abtippten, für sie den benötigten Schlafsack kauften, das Auto packten und sie zu ihrem Zielort chauffierten.

Solche Männer kann man nicht kategorisieren oder stereotypisieren. Sie lassen sich nicht einem spezifischen sozioökonomischen Hintergrund zuordnen, auch nicht einem Bildungsstand, Beruf oder Alter. Sie können ebenso siebzig wie dreißig sein, ebenso Lastwagenfahrer wie Arzt, Künstler oder Ingenieur. Ihre Grundprinzipien können intellektuell oder emotional geartet sein, pragmatisch oder philosophisch, instinktiv oder erlernt, einzeln oder vielfältig. Sie sind so unterschiedlich wie die Männer, die ihnen Ausdruck verleihen, aber die Geschichte eines von ihnen ist stellvertretend für alle.

Als Peter und Anna sich in Alaska kennen lernten – er hatte dort eine Stelle als Lehrer bekommen, sie lockte das nördliche Abenteuer –, war die außergewöhnliche Landschaft nur Hintergrund für ihre sich rasch entwickelnde Romanze. Aber Landschaft bleibt nicht lange nur Hintergrund, wenn sie so extrem und widersprüchlich ist, von überwältigender Schönheit und unerbittlicher Härte, Gefahr und Zuflucht: ein Land, das Angst macht und in dem man ohne Zuversicht nicht leben kann – eine Grenzregion, die eine Metapher sein könnte für die Ehe der beiden oder vielleicht für jede Ehe.

In der Anfangszeit ihres Zusammenlebens wollte Peter sich als Künstler an der Ostküste etablieren, also zogen sie nach New England. Doch kaum hatten sie sich dort niedergelassen, wurde ihm klar, wie viel kreative Energie er aus der arktischen Landschaft bezog, wie sehr er Alaska vermisste. Nach einer Reihe von anderen Stellen bekam er endlich seine Chance.

Schon lange bevor er Anna getroffen hatte, war es klar für Peter, dass er Künstler und Kunstlehrer sein wollte, kurz danach wurde ihm auch bewusst, wo er als Künstler leben wollte. Für einen Menschen wie ihn, der von einem inneren Drang vorwärts getrieben wurde, war es kein Problem, die Zeit und den Raum einzufordern, die er für seine Arbeit brauchte, genau wie er dann auch die Landschaft beanspruchte, die ihm die nötige Inspiration schenkte. Da Anna ihr inneres Zentrum noch nicht gefunden hatte, passte sie ihre Arbeit seiner an. Sie verließ die Universität, obwohl sie nur noch einen Schein bis zum Abschluss gebraucht hätte, damit er den Job antreten konnte, den er sich wünschte. Sie machte ihren Abschluss in einem Fach, das nicht ihre erste Wahl war, nur weil sie ihn dort, wohin seine nächste Stelle sie verschlug, machen konnte. Obwohl sie mehrere gute Anstellungen hatte, besaß sie nichts, was sie als die Arbeit ihres Lebens betrachten konnte. Ständig versuchte sie herauszufinden, was das sein könnte, und sie und Peter unterhielten sich oft darüber, was für ein Unterschied es war, ob man eine bestimmte Gabe hatte oder in mehreren Bereichen gut war. Anna war vielfältig begabt, aber sie sehnte sich nach dem Gefühl, ein ausgeprägtes Talent zu besitzen.

Als Peter zweiundvierzig war und Anna achtunddreißig, begann sie davon zu reden, auf Sozialarbeit umzusatteln. Da sie dort, wo sie jetzt lebten, kein Diplom in diesem Bereich machen konnte, nahm Peter ihr wachsendes Interesse als Zeichen dafür, dass sie sich eine Weile von ihm trennen musste, um ihr Ziel zu erreichen. Da er wusste, dass sie nicht gern in Alaska lebte, war für ihn die Tatsache, dass sie ihren Wunsch immer deutlicher äußerte, außerdem ein Zeichen, dass sie weggehen *wollte*, um ihr Ziel zu erreichen. Als Anna fünf Jahre später ihren Beschluss endgültig gefasst hatte und sich auf den Weg machte, war auch Peter bereit. Er half ihr, den besten Studiengang zu finden – knapp fünftausend Kilometer und zwölf Flugstunden entfernt.

Von Natur aus genießen es Künstler, sich von der Masse abzuheben, und Peter merkte, dass sein Verhalten wahrscheinlich ungewöhnlich war. Aber er unterstützte seine Frau nicht deshalb, weil er anders sein wollte, sondern aus dem Wunsch heraus, fair zu sein. «Ich glaube nicht, dass ich irgendetwas Großartiges getan habe», sagte er. «Ich habe nur getan, was ich richtig fand. Es wäre unfair gewesen, einen solchen Traum nicht zu unterstützen. Es war eine klare, moralische Entscheidung.»

Was für einen Mann mit zwanzig oder dreißig unvorstellbar erscheint, kann in der Lebensmitte ganz anders aussehen. Nach Annas Berichten – die Peter bestätigte – war er am Anfang ihrer Ehe nicht sonderlich unterstützend. Er arbeitete gern intensiv und konzentriert, was bedeutete, dass er sich oft lange Zeit am Stück in sein Studio verkroch und gelegentlich für zwei Wochen zum Malen in einer abgelegenen Bergregion verschwand. Anna widersetzte sich diesem Wunsch, weil sie dann allein in dem ihr verhassten kalten Klima zurechtkommen musste, an einem Ort, den sie sich nicht ausgesucht hatte. Als Zugeständnis beschränkte Peter seinen Aufenthalt auf zwei Wochen, aber auf denen bestand er eisern.

Innerhalb von fünf, zehn oder zwanzig Jahren kann im Leben eines Mannes viel geschehen, was seine Perspektive drastisch verändert.

Beispielsweise kann sich beruflicher Erfolg einstellen. Männer wie Peter, die ein Gefühl für Fairness zum Ausdruck bringen – «Jetzt ist meine Frau mal an der Reihe» –, haben für gewöhnlich ihre Träume verwirklicht, und zwar mit Hilfe ihrer Frau. Wie der Mann in dem Märchen «Die Frau, die König sein wollte» sind sie bereit, die Rollen zu tauschen und der Frau das Scheinwerferlicht zu überlassen. Sie erkennen genau, welche Opfer ihre Frau für sie erbracht hat – ein häufiges Thema in vielen langen Ehen bei Frauen über fünfundvierzig. Claire Fejes, die Grande Dame der alaskischen Kunst, hatte in den vierziger Jahren in ihrer Geburtsstadt New York eine viel versprechende Karriere vor sich, als ihr Ehemann nach Alaska aufbrach, um Gold zu suchen, wie es immer sein Traum gewesen war. Die einzige Wildnis, die Fejes bisher kannte, war der Bronx-Park, und ihre Vorstellung von Abenteuer bestand darin, mit der U-Bahn nach Manhattan zu fahren. Aber sie packte ihre Bildhauerwerkzeuge und Malersachen zusammen, verabschiedete sich von Familie, Freunden und Kollegen und begleitete ihren Mann. Als sie zwölf Jahre später ihren eigenen Traum verwirklichen und bei den Eskimos leben wollte, unterstützte er sie in vielen praktischen Dingen, brachte ihr bei, wie man ein kleines Bergzelt aufstellt und mit einem Gasofen umgeht. In einer Zeit, als die meisten Männer sich noch mit Händen und Füßen dagegen wehrten, wenn ihre Frauen arbeiten gehen wollten, kümmerte er sich um ihre beiden Kinder. Er war mehr als eine Generation älter als Peter, aber er vertrat die gleiche Einstellung: *Ich habe meinen Traum gelebt, mit ihrer Unterstützung. Jetzt muss sie ihren leben, und zwar mit meiner.*

Das Gleiche wie für den Erfolg gilt auch für Krisensituationen: Sie verändern die Perspektive. Fejes' Ehemann verwirklichte zwar seinen Traum, aber sein Goldgräberabenteuer war ein finanzielles Desaster. Fejes blieb nicht nur bei ihm, sie enthielt sich auch jeder Kritik. Ganz gleich, ob die Schwierigkeit in einem finanziellen Problem oder dem Verlust einer Arbeitsstelle besteht, in einer fünf Jahre dauernden klinischen Depression oder im Kampf gegen den Alkohol – dass eine Frau in schweren Zeiten zu ihrem Partner steht und ihm hilft, darüber hinwegzukommen, ist ihm später leichter bewusst, dass er an der Reihe ist, ihr seine Loyalität und Dankbarkeit zu zeigen. Wenn ein Mann in einer langjährigen Ehe lebt, hat die Beziehung schon einige Krisen überstanden, auch solche, für die er keine Verantwortung trägt. Selbst die vierzehnmonatige Trennung, die Peter bevorstand, erscheint nicht mehr ganz so bedrohlich, wenn man sie mit dem Verlust eines Elternteils oder Geschwisters oder Kindes, einer schweren Krankheit oder Verletzung vergleicht. Wenn ein Paar gemeinsam Krisen meistert und zusammenbleibt, erwerben beide Partner im Allgemeinen eine breitere Perspektive, die es ihnen ermöglicht, Veränderungen ins Gesicht zu blicken und Konflikten mit größerer Gelassenheit zu begegnen.

Lebt ein Mann nicht in einer langjährigen Partnerschaft, so kann beispielsweise eine Scheidung seine Perspektive verändern, sodass er die zweite Ehe ganz anders angeht als die erste. Vielleicht war seine erste Frau eher traditionell geprägt und er weiß nun, welche Last es bedeuten kann, wenn jemand total von ihm abhängig ist. Das nächste Mal entscheidet er sich vielleicht für eine Karrierefrau, mit der er sich die Last teilen kann. Vielleicht mag er es nicht, wenn sie aus beruflichen Gründen nicht da ist, aber er sagt sich, wenn das intellektuell die Frau ist, die ich mir wünsche, dann muss ich emotional diesen Kompromiss eingehen. Oder die erste Frau war sehr unabhängig, und nach einer schmerzhaften Scheidung glaubt er, dass es ein Fehler war, sich gegen diese Unabhängigkeit zu sperren, und beschließt, diesen Fehler nicht ein zweites Mal zu machen.

Eine persönliche Krise muss ihren Ursprung nicht in der Ehe haben und auch nicht während der Ehe eintreten, kann diese aber dennoch beeinflussen. Peter war Witwer, als er Anna kennen lernte. «Als meine erste Frau zwei Wochen nach der Geburt meiner ältesten Tochter starb», sagte er, «fühlte ich mich unfähig, für meine Tochter zu sorgen, und gab sie sechs Monate zu meinen Eltern. Ich habe immer noch ein schlechtes Gewissen, weil ich getan habe, was für mich das Beste war, statt das zu tun, was für das Kind das Beste gewesen wäre, und ich möchte diese Schuldgefühle nicht noch einmal durchmachen. Aber die Erfahrung hat mir geholfen, beim nächsten Mal die richtige Entscheidung zu treffen.»

Der von innen heraus motivierte Mann sieht die Ehe nicht nur als Vertrag mit einem anderen Menschen, sondern auch als Vertrag mit sich selbst. Er unterstützt seine Partnerin, weil er das tun muss, um der Mensch zu sein, der er sein möchte. Ein solcher Mann sieht es nicht als Macht- oder Kontrollverlust, wenn seine Frau weggeht, nicht als Bedrohung für die Ehe, nicht als Angriff auf sein Ego. Er sieht ihr Vorhaben als Weg zu einem emotional erfüllteren Leben. Er sagt sich, wenn seine Frau etwas tut, was sie wirklich tun möchte, und er sie ohne Aufstand und Probleme gehen lässt, ist sie glücklicher, wenn sie zurückkommt. Er weiß, wenn sie glücklicher ist, wird auch er glücklicher sein. Er sagt sich, wenn er jetzt die unangenehme Situation erträgt, wird er später dafür belohnt. Selbst wenn er kein großes Interesse an dem hat, was seine Frau lernt oder tut, kann er nachvollziehen, was es für sie bedeutet. Selbst wenn sie Gedichte schreibt, während er nichts anderes liest als technische Sachbücher, selbst wenn ihre Vorstellung von Glückseligkeit für ihn eine Art Gefängnis wäre, *kann er sich mit ihrem Wunsch nach dieser Erfahrung identifizieren.*

Peter interessierte sich nicht für Sozialarbeit, aber als Lehrer konnte er sich mit Annas Wunsch nach einem Studienabschluss, der ihr eine sinnvolle Arbeit ermöglichte, identifizieren. Als Künstler konnte er sich mit ihrem Wunsch nach einer ungestörten, hochkonzentrierten Erfahrung identifizieren, die ihm im letzten Studienabschnitt zuteil wurde und die er jedes Mal neu genießt, wenn er sich mit dem Hubschrauber zum Malen in die einsame Bergwelt bringen lässt. Er verstand die Notwendigkeit, respektierte sie und glaubte an ihre transformatorische Kraft.

Intellektuell mitfühlend, mit Worten unterstützend und körperlich hilfreich zu sein bedeutet noch lange nicht, dass man immer reinen Herzens und konfliktfrei handelt. Ein Mann kann seiner Frau helfen, die richtige Campingausrüstung zu finden, sie kaufen, bezahlen und einpacken, sich aber innerlich trotzdem unbehaglich fühlen. Emotional ist es ihm vielleicht genauso unrecht, dass seine Frau weggeht, wie es Stieglitz, David oder Joe war. Vielleicht ist er neidisch, dass sie die Freiheit hat zu gehen und er nicht, dass ihr Einkommen weniger lebenswichtig ist. Möglicherweise ärgert er sich, dass sie fünf Monate durch die Wälder streift, während er die Überlebenspakete an sie verschicken muss. Oder dass sie durchs Land fährt, während er sich bemüht, ohne Auto zurechtzukommen. Vielleicht ärgert er sich, weil er die Bürde des finanziellen Erfolgs trägt, die ihm das Gefühl gibt, dass ihm diese Möglichkeit nicht offen steht, und er fragt sich, ob er eine solche Chance jemals haben wird.

Möglicherweise findet ein Mann für seine Frau genau das richtige Fortbildungsprogramm, vom ersten bis zum letzten Moment unterstützend und spürt dennoch innerlich eine gewisse Nervosität, weil er das Risiko sieht. Peter wusste, dass Alaska für ihn der Ort des Herzens war, nicht aber für Anna. Er wusste, dass sie nur seinetwegen da war. Jetzt verließ sie die Stadt mit ihren zwanzigtausend Einwohnern, dem miserablen Klima und der isolierten Kultur, um in eine Zweimillionenstadt zu ziehen, wo sie im Winter spazieren gehen konnte, im Frühling draußen essen, das ganze Jahr über ausländische Filme sehen, ein vielfältigeres, anregenderes Leben führen – an einen Ort also, den sie lieben würde. Empathie wirkt in beide Richtungen, und genau wie Peter gemerkt hatte, was er vermisste, als er Alaska zwischenzeitlich verlassen hatte, so konnte er jetzt nachvollziehen, dass Anna erkennen würde, was sie seit Jahren vermisste. So wie er damals nach Alaska zurückgekehrt war, konnte es jetzt durchaus sein, dass die neue Erfahrung bei Anna dazu führte, dass sie nicht zurückkehrte.

Wie immer die konfliktbeladenen Gefühle aussehen, der innerlich motivierte Mann spielt seine Nervosität herunter oder behält sie für sich, weil er den Traum seiner Frau nicht stören und es ihr nicht schwerer machen möchte. Er befolgt den Rat des großen Denkers Joseph Campbell: «Wie ein Tropfen Öl im Meer, so musst du schwimmen und dabei deinen Verstand und dein Mitgefühl benutzen, um dich von den Wellen tragen zu lassen.» Peter sagte sich, dass er, wenn Anna wegging, mehr Zeit für sich haben würde, um sich dem Malen zu widmen, dass er seine Zeit in den Bergen ausbauen konnte. Er sagte sich, wenn Anna zurückkäme, würde sie eher bereit sein, seinen Wunsch für längere Aufenthalte in der Wildnis zu akzeptieren, zum Teil, weil er sie in ihrem Vorhaben unterstützt hatte, zum Teil aber auch, weil sie, nachdem sie das Alleinsein selbst erfahren hatte, die damit verbundenen Vorteile besser verstehen konnte. Peter unterstützte sie aus Mitgefühl und Liebe, aber auch, weil es ihm die Gelegenheit gab, die Vergangenheit zu überwinden und die Zukunft zu formen, einen Vertrag einzulösen, den er mit sich selbst abgeschlossen hatte, und den Vertrag zu festigen, den er mit seiner Partnerin eingegangen war. Aus Peters Perspektive handelte er in seinem ureigensten Interesse, indem er die Reise seiner Frau unterstützte. Nach John Gottmanns Meinung *muss* ein Mann den Urlaub von der Ehe genau so verstehen, um seine Frau wirklich unterstützen zu können.

Kurt zweifelte keinen Augenblick daran, dass er in seinem eigenen Interesse handelte, als er das Abenteuer seiner Frau unterstützte. Er musste kein Mitleid erregen, kein Opfer in Erinnerung rufen, keinen Groll verbergen und auch keine Angst unterdrücken. Als Anne die Gelegenheit bekam, sechs Wochen in dem Sommerlager zu arbeiten, wo sie schon als Kind gewesen war, ermunterte er sie aus vollen Herzen. Auch als der Lagerdirektor sie fragte, ob sie ihre Arbeit auf zwei Monate ausdehnen könnte, war er sofort einverstanden. Anne war ein wenig überrascht über seine Reaktion, sowohl über ihren Inhalt als auch darüber, dass sie so schnell erfolgte. Sie hatte mit einem «Nein, das ist zu lang» gerechnet, aber auf diesen Gedanken wäre er nie gekommen. Er freute sich genauso auf die Zeit der Trennung wie sie.

Als Paar verbrachten sie nicht viel Zeit getrennt. Kurt war fünfundvierzig, hatte ein eigenes Geschäft, musste beruflich nicht unterwegs sein, und Anne arbeitete in seinem Betrieb, im Büro direkt neben ihm. Da sie in Annes Heimatstadt wohnten, verbrachten sie das Wochenende mit ihren Freunden und die Feiertage mit ihrer Familie. In eine andere Familie einzuheiraten, verlangt für gewöhnlich ziemlich viel Anpassung, und das war auch bei Kurt auch der Fall. Anne kam aus einer eng verbundenen jüdischen Familie, «mit einem ganz anderen Konzept von Zusammengehörigkeit als dem, mit dem ich aufgewachsen bin», erklärte er.

Kurt wuchs in einem Dorf mit fünfhundert Einwohnern auf, in dem die typische geborgene, behütete Atmosphäre herrschte. Seine Kindheit war frei und ungebunden; ab dem Alter von vier Jahren wurde er kaum mehr beaufsichtigt. «Die ersten Jahre meiner Ehe fühlten sich ein wenig klaustrophobisch an», gestand er. «Meine Frau arbeitete ständig bei mir, sie mag es, wenn alles ‹unseres› ist. Aber ich hatte das Gefühl, dass ihr Leben zu sehr an mein Leben gebunden war. Ich dachte, das Sommerlager wäre eine gute Gelegenheit, dass sie mal was ganz allein für sich hat.»

Außerdem fand er, dass es eine gute Gelegenheit war, sein Leben eine Weile nach seinen eigenen Vorstellungen zu führen. «Verheiratete Männer haben oft keine Kontrolle über ihr Sozial leben», sagte er. «Wir sind da ein bisschen bequem, und am Ende sitzen wir mit den Freunden unserer Frau da. Nicht, dass ich sie nicht mag, aber ich möchte auch gern mal ein Wochenende mit anderen Leuten verbringen. Ich lerne gern neue Menschen kennen.»

Bevor Anne ging, drückten Nachbarn, Freunde und Familie ihr Mitgefühl für Kurt aus und versprachen, sich um ihn zu kümmern. Doch er ließ sie – entweder direkt oder über Anne – umgehend wissen: «Das ist nett von euch, ich weiß das zu schätzen, aber bitte, lasst mich einfach in Ruhe. Ruft mich nicht an. Ladet mich nicht zum Essen ein. Und bringt mir um Himmels willen auch keine vorgekochten Mahlzeiten vorbei.»

»Alle meine Freunde waren neidisch», sagte er. «Sie wollten wissen, wie ich es geschafft habe, das durchzusetzen.»

Kurt baute keine Barriere gegen die Freiheit seiner Frau auf, weil er selbst frei sein wollte – sein Abenteuer (allein im Restaurant essen), seine Zeit für sich, seinen Freiraum beanspruchte. Der Freiheitsliebende schiebt seine Frau nicht direkt zur Tür hinaus, aber sie muss ihm auch nicht vorsichtig beibringen, dass sie eine Weile weggehen möchte, sie muss nicht mit ihm verhandeln, die Sache ewig durchdiskutieren. Er sieht sofort, dass ihre Chance auch seine Chance ist. Eine Zeit ohne Stundenplan, in der er essen kann, was und wann er will, in der er nach einem Tennis- oder Golfspiel noch zu einem Drink sitzen bleiben kann und nicht gleich zum Abendessen nach Hause rasen muss. Eine Zeit, in der er rauchen, trinken, fernsehen kann, die Hi-Fi-Anlage aufdrehen, Computerspiele spielen, an der Küchenanrichte essen und aus dem Saftkarton trinken, ohne dass jemand einen Kommentar dazu abgibt oder meckert. Er genießt die Zeit nicht nur, er schwelgt geradezu in ihr, denn er legt keinen gesteigerten Wert darauf, unbedingt jede Nacht gemeinsam zu verbringen. Er gibt offen zu, dass es Zeiten gibt, in denen er seine Frau nicht um sich haben möchte, in der er sich nicht darum kümmern will, ob sie glücklich ist oder nicht, ob sie sich langweilt oder nicht – Zeiten, in denen er ausschließlich an sich selbst denkt. Warum sollte sie da nicht gelegentlich dasselbe fühlen? Und warum sollte er nicht das Beste daraus machen?

Was einen Mann dazu bringt, sowohl unterstützend zu handeln als auch keinen Konflikt zu spüren, kann sich aus seiner Vergangenheit, seinem Lebensstil oder seiner Ideologie erklären. Wenn sein Verhalten nicht so sehr vom Persönlichen als vielmehr vom Politischen bestimmt wird, hat er vielleicht eine Lebensphilosophie, die über das Band der Ehe hinausgeht. Ein tiefer und beständiger Glaube an die persönliche Freiheit bedeutet, dass die individuelle Freiheit wichtiger ist als die Ehe, ganz gleich, wie sehr er seine Frau liebt und wie viel ihm ihre Beziehung bedeutet. Der englische Philosoph Bertrand Russell sagte 1929: «Wenn eine Ehe ihre Möglichkeiten erfüllen soll, müssen Männer und Frauen lernen, dass ihr Privatleben frei sein muss, ganz gleich, was das Gesetz sagen mag.»

Schließlich gibt es aber auch Männer, die von Natur aus sowohl unterstützend als auch konfliktfrei sind, auch wenn diese eine seltene Spezies sein mag. Vom Temperament her beschwingt, sieht der Optimist das Leben als permanentes Abenteuer für alle Beteiligten, wozu natürlich auch seine Frau gehört. *Nur los*, sagt er, *was soll's, man lebt nur einmal.* Es kommt ihm gar nicht in den Sinn, anders zu reagieren. Es gefällt ihm, dass seine Frau ihn überrascht, dass alles in Bewegung bleibt – unter anderem deshalb hat er sie schließlich geheiratet. Er sieht ihr gern dabei zu, wie sie ihr Leben lebt, fragt sich, was sie wohl als Nächstes tun wird, geht fest davon aus, dass er von ihrem Abenteuer profitieren wird, ganz egal, was es ist. Eigentlich hat er sogar schon eine Menge Vorteile davon gehabt und sie hat ihn immer noch nicht verlassen, und so genießt er es, ihr einfach zuzuhören, darüber zu sprechen, ein neues Thema zu haben, über das er sich informieren, einen neuen Ort, den er besuchen kann. Die Erfahrungen seiner Frau verleihen ihm zusätzlich Energie, warum sollte das bei der aktuellen Unternehmung anders sein? Der geborene Enthusiast ist ein Paradebeispiel für Joseph Campbells Definition der Ehe: «Die Gnade, an einem anderen Leben teilhaben zu dürfen.»

Und wie reagierte mein Ehemann, als ich beschloss, für drei Monate wegzugehen? Ich weiß nicht, was er von meinem Plan hielt, denn ich habe ihn nicht gefragt. Ich hatte Angst, wenn ich fragen würde und er dann irgendwelche Klagen oder Vorbehalte äußerte, würde ich ein noch schlechteres Gewissen bekommen, als ich ohnehin schon hatte, und das hätte ich nicht ertragen. Aber ich wusste, er würde mir keine Steine in den Weg legen. Das hätte weder zu seiner Natur noch zur Natur unserer Beziehung gepasst. Da ich ständig laut denke, gab es keinen entscheidenden Offenbarungsmoment oder ein entscheidendes Gespräch. Es war eher eine Entwicklung, die sich über mehrere Jahre hinzog, eher ein Prozess als eine Ankündigung. Er wusste jedes Mal Bescheid, wenn ich mich um eine Fortbildung außerhalb der Stadt bewarb, jedes Mal, wenn ich daran dachte, allein wegzufahren. Er wusste, dass ich die Entwicklungsstufe verpasst hatte, in der man allein lebt, und da er meine Konflikte kennt, rät er allen seinen Klienten, eine Weile allein zu leben, ehe sie heiraten. Der Mann, der so extrovertiert war, als ich ihn heiratete, besitzt immer noch eine starke Präsenz, aber er ist ruhiger geworden. Er hat sich weiterhin auf mich konzentriert, darauf, was er tun konnte, um mich beim Weggehen zu unterstützen. Das fühlte sich irgendwie richtig an. Doch nachdem ich dieses Kapitel geschrieben habe, schäme ich mich, weil mir klar wird, dass ich mich nicht um seine Gefühle gekümmert habe. Ich wusste, dass er sich um seine körperlichen Bedürfnisse kümmern konnte. Ich wusste, er war der Situation mental gewachsen. Aber in meinem Herzen wusste ich auch, dass es nicht leicht für ihn war. Um diesen Abschnitt zu beenden, tue ich etwas, was ich wahrscheinlich schon vor einem Jahr hätte tun sollen. Ich frage ihn: «Wie hast du dich gefühlt, als ich weggehen wollte?»

»Obwohl du jahrelang davon gesprochen hast, habe ich mir immer eingeredet, wenn ich nichts dazu sage, hörst du irgendwann wieder damit auf. Deshalb war ich nicht bereit, als es dann doch passiert ist. Ich war ein bisschen irritiert, dass du so begeistert davon warst, etwas ohne mich zu tun. Aber ich hatte das Gefühl, wenn ich Widerstand leistete, würde das unsere Ehe zerstören. Nach fünfundzwanzig Jahren Berufserfahrung als Therapeut habe ich gelernt, je enger man die Menschen an sich bindet, desto mehr streben sie von einem fort. Ich glaube, Liebe wird mit offener Hand gegeben. Ein Mensch muss die Freiheit haben zu gehen, wenn sein Bleiben einen Sinn haben soll.»

Wie typisch sind die Männer, die ihre Frauen bei ihrem Abenteuer unterstützen? Basierend auf dreitausend von ihm im Jahr 1972 untersuchten Paaren kam John Gottmann zu dem Ergebnis, dass ein Viertel bis ein Drittel der verheirateten Männer die Träume ihrer Frau unterstützt. Dabei zeigten die Daten von frisch Verheirateten, dass die Anzahl im Steigen begriffen war. Wie lauten die Statistiken, wenn diese Träume eine körperliche Trennung erfordern? «Ich habe nie daran gedacht, das zu überprüfen», sagt

Gottmann, «aber dann wären die Zahlen bestimmt wesentlich niedriger. Aber die Männer, die ihre Frauen unterstützen, sind emotional intelligent, weil sie mit Partnern zurechtkommen, die ihr Leben wirklich lieben. Mit einer depressiven Frau verheiratet zu sein, ist kein Zuckerschlecken. Wer wünscht sich so was?»

Dr. Gottmann bezeichnet die «emotional intelligenten» Männer als die nächsthöhere Stufe in der sozialen Entwicklung. Emotionale Intelligenz bedeutet nicht, dass ein Mann von seiner Persönlichkeit, seiner Erziehung oder seiner moralischen Substanz her überlegen ist. «Es bedeutet nur, dass er etwas Wichtiges über die Ehe verstanden hat, das vielen anderen Männern noch verborgen ist, nämlich, dass er manchmal nachgeben muss, um zu gewinnen. Immer wieder kann ich glückliche von unglücklichen Paaren daran unterscheiden, ob der Ehemann sich von seiner Frau beeinflussen lässt.» In seiner Langzeitstudie hat Dr. Gottmann festgestellt, dass Männer, die in den ersten Monaten ihrer Ehe den Einfluss ihrer Frau zulassen, glücklichere Ehen führen als Männer, die sich dem Einfluss widersetzen. Und nach der Aussage zweier Ökonomieprofessoren haben Männer in glücklichen Ehen ein dickeres Bankkonto. Angesichts der hohen Kosten, wenn eine Familie zerbricht, kamen David Blanchflower und Andrew Oswald 1999 zu dem Schluss, dass eine gute Ehe im Jahr hunderttausend Dollar wert ist. Nimmt man beide Untersuchungen zusammen, investiert ein Mann, der seine Frau respektiert und ihren Einfluss akzeptiert, in eine Partnerschaft, die eines Tages Millionen wert sein könnte.

Gottmanns Befunde verleihen einer jahrhundertealten Erkenntnis wissenschaftliche Glaubwürdigkeit, die besonders ansprechend in der Legende von Sir Gawain und Lady Ragnell aus dem vierzehnten Jahrhundert dargestellt wird. In dieser Geschichte fällt König Arthur unbewaffnet seinem Feind Sir Gromer in die Hände, einem mächtigen Stammeshäuptling, der es darauf abgesehen hat, eine alte Rechnung zu begleichen. Schon zückt Gromer sein Schwert, doch im letzten Augenblick beschließt er, Arthur doch noch eine Chance zu geben. Innerhalb eines Jahres soll er die Antwort auf die Frage finden: *Was wünschen sich Frauen am allermeisten?*

Arthur nimmt die Herausforderung an, allerdings mit wenig

Hoffnung. Er ist ein kluger Mann, der spürt, dass die Antwort etwas Unerwartetes sein muss, und er ist sicher, dass niemand in seinem Königreich sie weiß. Als er auf sein Schloss zurückkehrt, vertraut er sich seinem Neffen Sir Gawain an und berichtet ihm von seiner Zwangslage. Aber Gawain, der beste Ritter der Tafelrunde, ist nicht nur edel, tapfer und von anziehender Gestalt, sondern auch optimistisch. Er glaubt fest daran, dass sein Onkel die Aufgabe lösen wird. Zwei Tage vor der vereinbarten Stunde jedoch hat Arthur noch immer keine Antwort gefunden, und als er tief in den Wald reitet, um über einen Ausweg nachzudenken, begegnet ihm eine hässliche alte Frau.

»Ich kenne Euer Dilemma», sagt sie, «weil der Mann, der Euch diese Aufgabe gestellt hat, mein Stiefbruder ist. Ich bin Lady Ragnell und ich habe die Antwort für Euch.»

»Dann sagt sie mir!», ruft Arthur. «Ich gebe Euch dafür einen großen Beutel Gold.»

»Euer Gold interessiert mich nicht», antwortet sie. «Als Belohnung will ich, dass Sir Gawain mein Ehemann wird.»

Arthur kann es nicht glauben. Die Frau ist nicht nur abstoßend, sie ist auch noch vollkommen verrückt.

»Das muss er selbst entscheiden», entgegnet er, «ich kann ihn Euch nicht geben.»

»Ich möchte auch nicht, dass Ihr ihn mir gebt», sagt sie. «Wenn er sich freiwillig bereit erklärt, mich zu ehelichen, dann verrate ich euch die Antwort.»

Jetzt ist Arthur endgültig entmutigt. Doch als er seinem Neffen berichtet, was geschehen ist, ist dieser hellauf begeistert, dass er seinem Onkel das Leben retten kann, und erklärt sich zu der Heirat bereit. Selbst nachdem Arthur ihm seine Zukünftige beschrieben hat, steht er noch zu seinem Wort. So gibt Arthur in der Schicksalsstunde Gromer die Antwort, die ihm Lady Ragnell verraten hat:

Was eine Frau sich am allermeisten wünscht, ist das Recht, nach ihrem eigenen freien Willen zu handeln.

Arthurs Leben bleibt verschont, Gawains Hochzeit wird besiegelt. In der Nacht verwandelt sich das alte Weib im Schlafgemach in eine strahlende Schönheit. Dem schockierten, jedoch hocherfreuten Gawain erklärt Lady Ragnell:

»Mein Stiefbruder hielt mich für unweiblich, weil ich mich seinen Anweisungen widersetzt habe, deshalb hat er mich zur Strafe durch Zauberei verwandelt. Erst wenn der beste Ritter in ganz England mich zu seiner Braut erwählte, sollte der Bann gebrochen sein. Ihr habt den Zauberspruch aufgehoben, Sir Gawain, aber nur zum Teil. Jetzt müsst Ihr wählen: Ich kann für Euch bei Tag oder bei Nacht schön sein, aber nicht beides. Welches von beidem wollt Ihr?«

»Die Entscheidung hat mit Euch und Eurer Person zu tun«, antwortet Gawain. «Nur Ihr selbst könnt wählen.»

Mit diesen Worten ist der Bann endgültig gebrochen. Die letzte Bedingung von Lady Ragnells Bruder lautete, dass ihr Ehemann, der beste Ritter des Königreichs, ihr die Macht geben musste, nach ihrem eigenen freien Willen zu handeln. Der emotional kluge Mann hat vielleicht in unserer Kultur noch nicht die Mehrheit inne, aber wie der legendäre Sir Gawain uns zeigt, weilt er schon recht lange unter uns.

Das Thema Treue

Skeptiker mögen an diesem Punkt vielleicht einwenden, dass die emotionale Intelligenz nur eine Fassade ist und dass Männer, die die Soloausflüge ihrer Frauen unterstützen, eigentlich nur eins im Sinn haben, nämlich eine Affäre. Möglicherweise meinen manche sogar, Männer in einer solchen Situation *sollten* über eine Affäre nachdenken. «Du solltest die Treue einfach vergessen, während sie weg ist», sagte der Kollege eines betroffenen Mannes. «Auf gar keinen Fall würde ich so lange ohne Sex auskommen», meinte ein anderer. Folgende Frage hatte ich gestellt: Hatten Sie das Gefühl, dadurch, dass Ihre Frau weggegangen ist, hat sie Ihnen praktisch die Erlaubnis gegeben, eine Affäre anzufangen? Hier die Antwort, die ich in der einen oder anderen Variation mehr als alle anderen gehört habe, von dreißigjährigen ebenso wie von fünfzigjährigen Männern: «Dass sie wegging, hat mir körperlich vielleicht Freiheit gegeben, aber nicht mental.» Die Geografie veränderte nichts an den Ansprüchen, die sie aneinander hatten. «Wahrscheinlich hätte ich es rationalisieren können», meinte David, «weil ich sie in ihrem Vorhaben, nach Afrika zu gehen, nicht unterstützt habe. Aber so bin ich einfach nicht.» Manche Männer erklärten sogar, sie hätten unter anderem deshalb niemandem von der Abwesenheit ihrer Frau erzählt, weil sie sich vor sexuellen Avancen schützen wollten. Manche Männer fanden meine Frage beleidigend.

Natürlich freut sich ein Mann nicht auf die Aussicht, eine Weile zölibatär leben zu müssen, aber die meisten Männer, mit denen ich gesprochen habe, sahen den Verlust nicht als etwas an, was mit irgendeinem Ersatz aufgewogen oder durch Widerstand verhindert werden konnte. Für sie war Besitzdenken keine Lösung. Besitzdenken charakterisiert oft die frühen Stadien einer Beziehung, und weil Kinoromanzen sich meist auf die Anfänge konzentrieren, erscheinen unsere Medienbilder der romantischen Liebe oft besitzergreifend, eher auf Brauchen als auf Wollen basierend. Doch wenn eine Beziehung im Lauf der Zeit heranreift, reduziert Besitzdenken das Potential, das eine Ehe erreichen kann. Besitzdenken sagt, dass das, was wir wollen, wichtiger ist als das, was unser Partner will, was bedeutet, es ist ein egoistisches Bedürfnis. Besitzdenken klammert sich an das, was sich ändern muss, was bedeutet, es ist ein unerreichbares Ziel. Besitzdenken klammert, um den Schmerz zu vermeiden, den es garantiert zufügt, was bedeutet, es ist kontraproduktiv. Im buddhistischen Glauben haben alle irdischen Leiden ihren Ursprung im Festhalten, und nur indem wir loslassen, können wir inneren Frieden finden. In Beziehungen bedeutet das, «leicht» zu lieben, ohne dass unser Bedürfnis für unseren Partner zur Last wird. Simone Weil, die französische Philosophin und Sozialreformerin, vergleicht manche Liebenden mit Kannibalen, die nur ihren eigenen Hunger stillen wollen. Aber, so meint sie, wer wirklich liebt, muss sich mit Distanz abfinden, muss den Hunger im anderen lieben.

Diejenigen, die wirklich lieben, die leicht lieben, diejenigen, die zu ihrer Treue stehen, können sich dennoch in Abwesenheit ihrer Frau über deren Treue Sorgen machen. Wenn es um Affären geht, reagieren Ehemänner nicht anders als Ehefrauen. Über ihren eigenen Moralkodex sind sie sich vollkommen im Klaren, müssen aber mehr oder weniger blind darauf vertrauen, dass ihre Partnerinnen dasselbe fühlen. Männer, denen eine lange Trennung bevorstand, waren diejenigen, die sich am häufigsten Sorgen machten. Nur dadurch, dass sie ihre Angst laut aussprachen und mit ihren Frauen darüber redeten, konnten einige ihre Angst überwinden. Doch David hörte nie auf, sich zu sorgen, dass Chris beim Friedenscorps jemanden kennen lernen würde. Er sorgte sich die zehn Monate, bevor sie aufbrach, und er sorgte sich die zwei Jahre, die sie weg war.

Jedoch brachten viele Männer, mit denen ich gesprochen habe, diese Angst nicht zum Ausdruck; sie meinten, sie hätten einfach keinen Grund zu der Annahme, dass ausgerechnet jetzt etwas passieren würde. Manche sagten, ihnen wäre der Gedanke nie in den Kopf gekommen, andere, sie hätten schon daran gedacht, aber das Bewusstsein der Gefahr hätte keine Angst ausgelöst. Wie einer der Männer sagte: «Mir ist das Risiko jedes Mal bewusst, wenn meine Frau weggeht, aber wenn meine Ehe darauf basieren würde, dass ich mein Leben so einenge, dass es kein Risiko mehr gibt, dann wäre sie nicht der Mühe wert.»

Urlaub von der Ehe für Männer

Auch Männer machen Urlaub von der Ehe. Im Alter von sechzig Jahren verabschiedete sich der Schriftsteller John Steinbeck eine Weile von seiner Frau und machte sich mit einem französischen Pudel und einem Lastwagen auf, um Amerika zu entdecken. Vor kürzerer Zeit bestieg der Journalist Gregory Jaynes einen Frachter und reiste sechs Monate um die Welt. In seinem sehr lebendigen Bericht erzählt der Autor, dass er an seinem vierundsiebzigsten Geburtstag «den Ausblick satt hatte» und eine Veränderung wollte. «Ich kann sagen, dass ich nicht davonsegelte, weil ich an Liebesproblemen litt. Ich kann sagen, dass ich keinen tolleren Menschen kenne als die Frau, die mir gesagt hat, ich soll losziehen, wenn es mir wichtig ist.»

Auch der Hollywoodproduzent und -manager Jon Brown staunte, als die Frau, mit der er seit sieben Jahren zusammenlebte, an seinem dreißigsten Geburtstag aufstand und vor fünfzig versammelten Freunden verkündete: «Hier ist mein Geschenk für dich – wenn wir in zehn Jahren immer noch verheiratet sind, gebe ich dir ein Jahr ehefrei, ohne Wenn und Aber.» Brown wusste, dass er da etwas sehr Seltenes gehört hatte, vielleicht sogar etwas, was kein verheirateter Mann vor ihm je zu Ohren bekommen hatte. Er genoss es, er prägte sich die Worte ins Gedächtnis ein und erwähnte sie in den folgenden 3.285 Tage kein einziges Mal. Und dann, an seinem neunundreißigsten Geburtstag, sprach er sie aus, Wort für Wort, während er zusah, wie ein Ausdruck des Entsetzens sich auf dem Gesicht seiner Frau breit machte. «Du erinnerst dich daran?», japste sie. «Erinnern?», fragte er zurück. «Ich habe neun Jahre gewartet!» Renée Brown erfüllte ihr Versprechen, verknüpfte es aber mit drei Bedingungen: Er musste Kondome benutzen, musste duschen, ehe er heimkam, und er durfte vor seinen Freunden nicht mit seinen Eroberungen prahlen. Die Warnungen erwiesen sich als unnötig, da er in der Stadt in einem Hotel wohnte und seine Frau alle paar Wochen besuchte. «Sie dachte, es ginge um Sex», sagte er, «aber da hat sie sich gründlich geirrt. Ich hatte nicht mal einen One-Night-Stand. Zwanzig Jahre lang war ich ein verantwortungsbewusster Mensch gewesen, seit siebzehn Jahren war ich verheiratet, seit fünfzehn Jahren besaß ich ein Geschäft, seit fünf Jahren war ich Vater, und ich wollte eine Auszeit von all diesen Verantwortungen. Ich wollte einfach eine Weile niemandem Rechenschaft schuldig sein.»

Der Autor Jon Katz, Ehemann und Vater, wohnhaft an der amerikanischen Ostküste, zählte eine ganze Reihe von Gründen auf, warum er für sechs Monate zu Hause auszog und allein in einer Hütte lebte. «Ich hatte mich etabliert», schrieb er in seinen lyrischen Memoiren. «Noch ein Hauch mehr, und ich wäre im Schlamm verschwunden wie ein fetter alter Katzenfisch.» Katz zog sich in dem Jahr zurück, als er fünfzig wurde, um allein zu sein, um nachzudenken, aber hauptsächlich, «um zu versuchen, ein besserer Mensch zu werden». Humanitäre Arbeit, Seelenarbeit, Abenteuer, Herausforderung, Veränderung – die Motive der Männer klingen wie ein Echo von denen der Frauen. Aber wenn Männer diejenigen sind, die gehen, werden sie mit ihren ganz eigenen Schwierigkeiten konfrontiert.

Als Sir Richard Burton, der große Abenteurer des neunzehnten Jahrhunderts, sich auf seine Expeditionen begab, wusste er, dass die Liebe seines Lebens, Isabel Arundell, da sein würde, wenn er zurückkehrte. Arundell war vierundzwanzig, als Burton ihr einen Antrag machte, und kurz danach setzte er Segel in Richtung Afrika, um die Quelle des Nils zu erforschen. Als er drei Jahre später zurückkam, durch einundzwanzig Fieberanfälle zum Skelett abgemagert, schrieb Arundell: «Ich liebe ihn mehr denn je.» Sobald er wieder gesund war, machte er sich erneut auf die Socken. Isabel Arundell Burton war eine Aristokratin mit einem starken Willen, in vielerlei Hinsicht eine unabhängige Frau, aber sie war auch ein Produkt der viktorianischen Zeit. Während der elfjährigen Verlobungszeit und der dreißigjährigen Ehe packte sie ihrem Mann die Koffer, wenn er wegfuhr, und pflegte ihn gesund, wenn er zurückkehrte. Obgleich sie ihn nach ihrer Hochzeit oft begleitete, so doch bei weitem nicht immer. Während er auf einem Floß den Amazonas hinunterfuhr, die chilenische Küste auf dem Pferderücken erforschte, mit Pony und Kanu durch Island reiste, überarbeitete sie seine Memoiren, kümmerte sich um seine Gerichtsprozesse und betete, er möge wohlbehalten zurückkehren. Männer, die heutzutage mit gleichberechtigten Frauen verheiratet sind, haben keine Garantie, dass ihre Frauen noch zu Hause sind, wenn sie heimkommen, nicht einmal, dass sie ihnen die Koffer packen. Wenn Männer weggehen, haben oft auch Frauen eine schwere Zeit vor sich.

Als ich in den fünziger, sechziger Jahren aufwuchs, ging mein Vater jedes Jahr mit der gleichen Gruppe von Männern auf Tauchurlaub. Manchmal begann er schon sechs Monate vorher mit den Vorbereitungen. Zuerst gab es ein Treffen, auf dem beschlossen wurde, wann und wo sie ein Boot chartern wollten, je nach Wassertemperatur und Terminplänen der Beteiligten. Dann fing er an, Kameragehäuse für seine Unterwasserfotos zu basteln, fotografierte zur Übung Fische im Teich, und wenn der Zeitpunkt der Abreise dann näher rückte, legte er sich prophylaktisch eine schützende Sonnenbräune zu. Für meinen wissenschaftlich denkenden Vater war jeder dieser Urlaube nicht nur ein Abenteuer, sondern auch ein Experiment. In einem Jahr brachte er einen selbst gebastelten Haifischkäfig als Bausatz durch den Zoll, nur um mit der Nachricht heimzukehren, keiner der Männer habe sich getraut, das Ding zu benutzen, er selbst auch nicht. Ein anderes Mal wollte er mit Ködern experimentieren und stopfte seine Reisetasche voll mit Sardellen- und Sardinendosen. Tauchen war und ist seine große Leidenschaft und ich fand seinen Enthusiasmus ansteckend. Aber ich hatte dabei immer ein schlechtes Gewissen, denn je näher die Abreise heranrückte, desto nervöser wurde meine Mutter. Mit Tränen in den Augen und zitternder Stimme sagte sie zu mir: «Warum will er immer ohne mich verreisen? Ich möchte nirgendwohin ohne ihn.» Im Lauf der Zeit verwandelte sich ihr Kummer dann in Wut, und zwei Wochen bevor mein Vater abfuhr, hörte sie auf, mit ihm zu sprechen. Wenn sie mich dabei erwischte, wie ich mich mit ihm über die Reise unterhielt, sprach sie auch mit mir kein Wort mehr. Unser Haus verwandelte sich in eine Leichenhalle, das Abendessen in eine Totenwache. (Während ich dieses Buch schrieb, fragte ich meinen Vater, wie lange er jedes Mal weg war, weil es in meiner Erinnerung mindestens ein Monat gewesen sein musste. «Eine Woche», antwortete er. «Ich war nie länger als eine Woche unterwegs.») Meine Mutter fühlte sich einsam, während er weg war, schmollte, wenn er zurückkam, reagierte auf seine Geschichten und Dias und Haifischzähne mit Desinteresse und nahm seine Geschenke äußerst reserviert entgegen.

Jedes Mal, wenn er verreiste, machten wir diese Szene durch, aber ich war noch nicht lange weg von zu Hause, da begann ich, ihre Reaktion zu verstehen. Als meine Mutter fünf Jahre alt war, hatte ihr Vater sie und ihre Mutter in Frankreich, ihrem Geburtsland, allein gelassen, um einer Konferenz in den Vereinigten Staaten beizuwohnen. Er kam nie zurück. Jedes Mal, wenn mein Vater auf Tauchurlaub ging, fühlte sie sich erneut verlassen.

Das ganze Leben besteht aus Abschieden. Niemand behauptet, dass Abschiede nicht wehtun, und sie sind immer schmerzlicher für diejenigen, die zurückbleiben, als für diejenigen, die gehen.

Bei den Zurückbleibenden ist die Trennung leichter für einen Mann, der in einer sicheren Familie aufgewachsen ist, der in seiner Jugend nicht verlassen und auch nicht mit dem Verlassenwerden konfrontiert wurde. Es ist leichter für einen Mann, der allein gelebt hat oder der wirklich autark ist, der sich am Kochen und den übrigen häuslichen Pflichten beteiligt. Es ist leichter für einen

Mann, der seine Arbeit gern macht und dabei eine gewisse Freiheit genießt, noch leichter für einen Mann, der ein von seiner Frau unabhängiges Sozialleben hat und seine eigene Gesellschaft zu schätzen weiß. Der Mann, der am besten zurechtkommt und am wenigsten leiden muss, ist derjenige, der den Wunsch seiner Frau nicht als Reduzierung seiner Person, sondern als Entwicklung für seine Frau sieht. Der Mann, der am besten zurechtkommt, nimmt die Trennung nicht persönlich.

Unterstützende Männer sind vielleicht noch immer in der Minderzahl – jedenfalls wird es allgemein so dargestellt –, aber wir Frauen müssen lernen zu sehen, dass Männer das Potential dazu besitzen, sonst werden wir unsere Möglichkeiten nie ausschöpfen. Ich fragte mehrere Therapeutinnen: «Was glauben Sie, warum nicht mehr Frauen einen Urlaub von der Ehe nehmen?» Die häufigste Antwort war: «Weil die meisten Männer es nicht tolerieren würden.» Aber wenn so viele verheiratete Frauen nicht einmal daran denken, den Wunsch zu äußern, wenn sogar unabhängige Ehefrauen ihre Beziehung lieber auf einem einigermaßen angenehmen Niveau halten, statt Ablehnung zu riskieren, wie können wir dann je erfahren, wozu ein Mann tatsächlich fähig wäre?

Wer weiß – vielleicht würden viele Männer wie Sabina Shaloms Mann reagieren. Als Freunde das Paar aus Florida zu sich nach Australien einluden, freute sie sich spontan auf das Abenteuer, er fand die Vorstellung nur anstrengend. Daraufhin meinte sie, sie würde auch ohne ihn fahren. «Bist du denn verrückt? Meine Güte, was willst du denn am Ende der Welt?», schimpfte er. Als Sabina dann auch noch vorschlug, wenn sie schon eine so weite Reise auf sich nähme, könnte sie doch auch gleich ihre Verwandten in England besuchen und sechs Monate in der Welt herumreisen, polterte er: «Das kannst du nicht machen! Ich lasse dich nicht gehen, kommt gar nicht in Frage. So viel Geld haben wir nicht. Und was wird aus mir? Ich weiß nicht, wie ich ohne dich zurechtkommen soll.» Unbeirrt plante sie weiter, während er sich abwechselnd verärgert, verwirrt und distanziert verhielt. Schließlich hatte sie die Nase voll. In einer leidenschaftlichen Rede zählte sie alle Gründe auf, warum sie diese Reise brauchte, unter anderem, dass die Zukunft ihrer Ehe davon abhing – dass die Sache für ihn also ebenso wichtig war wie für sie. Nachdem sie das klargestellt hatte, ging sie zum Telefon und bat ihren jüngsten Sohn, für ein halbes Jahr bei seinem Vater zu wohnen und ihm Gesellschaft zu leisten. Unterdessen zog ihr Mann los und kaufte ihr das Flugticket und eine neue 35mm-Kamera.

Vielleicht würden auch viele Männer reagieren wie Chris' Mann David, der seine Frau die ganzen zehn Monate vor ihrer Abreise von ihrem Vorhaben abzubringen versuchte, dann aber bereitwillig gut zwölftausend Dollar ausgab, um sie in Afrika zu besuchen, und der drei Jahre nach ihrer Rückkehr immer noch mit ihr verheiratet ist. Wer weiß?

4

Vorbereitungen

Für ihre Reise nach Portugal bereitet sich meine Mutter die restlichen zehn Monate des Jahres vor. Ständig hält sie Ausschau nach der perfekten beigen Bluse, dem perfekten Portugal-Rock, nach neuen Sachen fürs Badezimmer. … Was sie von diesen perfekten Reisegegenständen findet, verstaut sie in den Schrank und versteckt es dort, bis es endlich Frühling wird. Das ganze Jahr über wartet sie darauf. Sie überlegt. Sie schmiedet Pläne. In ihrem Zimmer stehen dreiundvierzig Bücher über Portugal. Sie liest. Und entwirft Reiserouten.

Charlotte Overby
Sweeping Up, aus: *Exposures: Essays by Missouri Women*

In Anne Tylers Bestsellerroman «Kleine Abschiede» packt die vierzigjährige Protagonistin mitten in einem Streit mit ihrem Mann während der Familienferien ihre Tasche und läuft weg, einfach den Strand hinunter. Sie überquert die Autobahn, fährt per Anhalter in die Nachbarstadt und bleibt dort für ein Jahr. Sie geht ohne einen Hinweis auf das Warum oder Wohin.

Die meisten verheirateten Frauen haben Fluchtfantasien: ein Hotelzimmer irgendwo, die Tür abschließen, sich mit einer großen Tüte Kartoffelchips hinter einer Illustrierten verstecken, eine Nacht oder ein Wochenende lang vergessen, dass man Ehefrau, Mutter, Tochter, verantwortungsbewusste Frau, ein gutes Mädchen ist. Doch Frauen, die einen Urlaub von der Ehe nehmen, agieren diese Fantasien nicht auf schädliche Weise aus. Sie stehen nicht eines Morgens auf und marschieren zur Tür hinaus wie Romanfiguren. Frauen, die einen Urlaub von der Ehe nehmen, zeigen Sorgfalt beim Abschiednehmen, planen ihr Vorhaben monate-, manchmal jahrelang im Voraus.

Die Sonne scheint hell und die Luft ist frisch, als ich meinen täglichen Spaziergang zum Briefkasten mache, ein nachmittägliches

Ritual, seit ich vor vier Jahren angefangen habe, zu Hause zu arbeiten. Die Bedeutung der Post ist umgekehrt proportional zu der Aufregung in meinem Leben, aber die Hoffnung bleibt bestehen, dass sich irgendwo zwischen den Werbeprospekten, den Mahnungen von der Bibliothek und den Kontoauszügen gute Nachrichten befinden: eine Einladung, ein Fanbrief, ein Scheck für einen Artikel, den ich vor kurzem geschrieben habe, oder besser noch ein Scheck für eine Wiederveröffentlichung eines früheren Artikels. Heute sehe ich den Absender eines Schriftstellerhauses, bei dem ich mich beworben habe. Zwei haben mich bereits abgelehnt, was mir das Gefühl macht, ich wäre wieder in der Schule und würde auf meine Zulassung zur Universität warten. Während ich langsam zum Haus zurückgehe, lese ich den Brief, und in mein Hochgefühl mischt sich das Staunen, dass ich es tatsächlich geschafft habe. Wie ist aus der Sehnsucht endlich ein Abreisedatum geworden?

Wahrscheinlich begann es mit meinen Listen, die ich zusammengestellt habe, seit ich denken kann. Ich finde Listenschreiben unwiderstehlich, weil man dadurch Ordnung mitten im Chaos schafft und – zumindest für ein paar Augenblicke – die innere Unruhe beschwichtigt. Ich habe Listen gekritzelt auf abgerissene Zettel, an den Rand von Schulheften: Hausaufgaben, die ich noch erledigen musste, Bücher, die ich lesen, Klamotten, die ich kaufen, Haarprodukte, die ich ausprobieren wollte. Nachdem ich verheiratet war, stopfte ich die Listen in Kochbücher und Romane, in Jacken- und Manteltaschen: Bücher, Rezepte, Hausprojekte, Weihnachtsgeschenke, Schnittmuster. Weitere Listen bedeckten meinen Schreibtisch bei der Arbeit: Anrufe, Geschichten, Lebensmittel. Nach meinem dreißigsten Geburtstag vermehrten sich die Listen exponentiell, auf Notizblöcken und Klebezetteln, auf Briefumschlägen und Bibliotheksmahnungen: was ich bei der Arbeit zu erledigen hatte, was ich zu Hause zu erledigen hatte, wen ich anrufen musste, welche Termine zu vereinbaren waren, Geschenke, Einladungen, Bücher, die ich bei der Bibliothek bestellen, Filme, die ich ausleihen wollte.

Aber eine Liste habe ich nie gemacht: Meine Träume.

Dann stieß ich auf eine Übung in einem Berufsratgeber, die mir den Schubs in die richtige Richtung gab: Erstelle eine Liste von all den Dingen, die du tun willst, bevor du tot bist. Als ich diese Liste begann, wurde mir klar, dass ich mehr Zeit mit der Planung eines Abendessens mit Gästen verbrachte als mit der Planung meines Lebens. Ich fand die Übung so effektiv, dass ich anfing, sie jedes Jahr zu wiederholen, nur ersetzte ich die Zettel durch ein in Seide gebundenes Tagebuch. Mir gefällt C. G. Jungs Idee, dass wir, wenn wir unsere Träume und Wünsche ernst nehmen, unsere geheimsten Sehnsüchte erkennen. Als ich dreißig war, konzentrierten sich meine Träume auf berufliche Leistung. Ein Jahrzehnt später gibt es immer noch Karriereträume, aber andere Träume sind genauso wichtig geworden: eine Weltreise, im Ausland leben, in New York wohnen. New York, die Stadt der Künste, die Welthauptstadt der Verlage, ist die Stadt, die ich am liebsten besuche, die Stadt, in die ich nach dem Studium vielleicht gezogen wäre, wenn ich das nötige Selbstvertrauen gehabt, wenn ich nicht geheiratet hätte. Jedes Frühjahr fahre ich fünf Tage nach New York, weil ich mir mehr nicht leisten kann. Wie kann ich für drei Monate weggehen, frage ich mich, wenn ich mir nicht mal eine Woche leisten kann? Selbst wenn ich dort einen Job annehmen würde, bezweifle ich, dass ich mich finanziell durchschlagen könnte. Mit einem Sohn auf dem College lässt sich keiner meiner Träume bisher verwirklichen, aber ich sammle trotzdem Informationen.

Meine Augen schweifen über die Liste: in einer ganz anderen Gegend wohnen, ein Haus am Meer, in einem Schriftstellerhaus arbeiten. Letzteres ist vielleicht der Wunsch eines jeden Menschen, der schreibt. Ohne Ablenkung arbeiten, sich in lange kreative Phasen versenken. Keine Unterbrechung, weil man das Essen zubereiten muss, weil das Telefon klingelt, die Türklingel geht, die Katze gefüttert oder das Auto von der Werkstatt abgeholt werden muss. Mich in ein Schriftstellerhaus zurückzuziehen ist seit zehn Jahren meine Fantasie, seit ich zum ersten Mal ein Buch aufgeschlagen habe, in dem die Autorin in der Danksagung einen Ort erwähnte, an dem sie in Ruhe und bei freier Kost und Logis schreiben konnte. Ich kenne nur die renommiertesten dieser Plätze, wo Truman Capote «Kaltblütig» geschrieben hat und Thornton Wilder «Unsere kleine Stadt». Mir kommen Zweifel. Wie soll ich ein Stipendium für einen solchen Ort bekommen, wenn man meinen Namen nicht kennt, wenn ich noch nie an einem Seminar teilgenommen habe?

Ich mache mich auf den Weg zur Bibliothek, wo ich herausfinde, dass es allein in den Vereinigten Staaten über dreißig Schriftstellerhäuser gibt und dass viele Autoren eher auf der Basis einer laufenden Arbeit akzeptiert werden als aufgrund ihrer bereits erbrachten Leistungen. Ich stelle eine Liste zusammen, dann grenze ich die Auswahl ein auf die Orte, wo ich die besten Chancen zu haben glaube, die neueren, diejenigen, die nur Frauen nehmen. Ich bewerbe mich für die kältesten Monate des Jahres, die Zeit, in der ich am wenigsten Konkurrenz zu haben hoffe. Drei gefallen mir, also bewerbe ich mich für sechs. Wochenlang fülle ich Bewerbungsbögen aus, schreibe Essays, bitte Leute um Empfehlungen. Jetzt habe ich die erste von drei Zusagen vor mir – für Schriftstellerhäuser in Washington, Wyoming und Vermont – und ich fühle mich froh und dankbar.

Unerwarteterweise ist der Moment, in dem mich die Vorfreude am heftigsten packt, der, als ich den Einkaufswagen durch den Supermarkt schiebe und mir klar wird, dass ich drei Monate lang nicht einkaufen muss. Ich muss an ein Interview in der «New York Times» denken, in dem die Astronautin Shannon Lucid – die 188 Tage in der Umlaufbahn verbrachte – erklärte, dass sie so gern im Weltraum war, weil sie sich dann nicht um die Einkäufe im Supermarkt kümmern musste.

Später nehmen meine Gefühle eine andere Gestalt an, denn mir wird bewusst, dass die Fantasie nun bald ein Ende haben wird, die «Wenn-doch-nur»-Fantasie: wenn ich doch nur *wirklich* Zeit hätte, wenn ich meinen Beruf ändern könnte, meine Gewohnheiten, mein Leben. Der Traum, das Abenteuer ist jetzt ein Paradox, sowohl das, was ich will, als auch das, was ich am meisten fürchte. An den Rändern der brodelnden Emotionen köchelt auch eine gewisse Gereiztheit. Wenn diese Möglichkeiten die ganze Zeit vorhanden waren, warum habe ich so lange gebraucht, um sie zu ergreifen? Das möchte ich zu gerne wissen.

Von dem Moment an, in dem der Wunsch einer Frau deutlich wird, bis zu dem, dass sie ihn in die Tat umsetzt, können Monate oder Jahre vergehen. Manchmal sind die Gründe praktischer Natur: Sie wartet, bis ein Kind größer ist oder die finanzielle Lage sich verbessert. Öfter jedoch sind die Gründe psychologischer Natur. Für viele Frauen ist es schwer, von der Fantasie Abschied zu nehmen. Solange ein Traum nur in unserem Kopf existiert, können wir das Drehbuch schreiben und uns ein glorioses Ende ausmalen. Wenn sich die Fantasie nicht an der Wirklichkeit messen muss, bleibt sie ungefährlich, vor Ablehnung geschützt, immun gegen Misserfolge. In der Fantasie können wir uns das Schöne, Spannende vorstellen, ohne Gefahren einzugehen, wir können die Leidenschaft schüren, ohne Schuldgefühle zu empfinden. In unserem Kopf bekommen wir unseren Doktortitel, schreiben einen Bestseller, stellen im berühmtesten Kunstmuseum aus, besteigen den Himalaja. Wenn vom imaginären Glanz so viel Freude ausgeht, warum sollten wir uns dann nicht an ihn klammern? Ich bin noch nicht so weit, sagen wir uns, jetzt kann ich noch nicht loslegen. Die Fantasie heraufzubeschwören und in ihr zu schwelgen ist vertraut und leicht; sie zu verwirklichen ist fremd und hart. Die menschliche Natur tendiert zum Vertrauten und gibt sich gern mit dem Leichten zufrieden.

Oft braucht eine Frau Zeit, um ihre Gefühle zu ordnen, ihre Ängste und Schuldgefühle zu überwinden. Oft braucht sie Zeit, um die kulturellen Zwänge abzuschütteln, die ihr Bedürfnis leugnen, ihre Sehnsucht schwächen. Wenn es in der Kultur so viel Unterstützung dafür gibt, dass Frauen ein Heim schaffen, bedarf es enormer emotionaler und mentaler Stärke, um sich von dieser Konditionierung zu befreien. Um diese Stärke zu entwickeln, braucht man Zeit. Bei manchen Frauen dauert es länger als bei anderen, je nachdem, wie groß die Hindernisse sind, die ihr im Weg stehen, und wie tief ihre eigene Konditionierung geht. Jessamyn West, eine erfolgreiche Drehbuchautorin und Schriftstellerin, brauchte fast dreißig Jahre, um ihren Traum zu verwirklichen, einen Sommer allein am Ufer des Colorado River zu verbringen, in einem Wohnwagen, den sie «Walden auf Rädern» nannte. Sue Bender war dreiunddreißig, als die Quilts der Amischen sie zu faszinieren begannen, und achtundvierzig, als sie zum ersten Mal eine Amischfamilie besuchte, um der Quelle dieser Faszination auf den Grund zu gehen. Es braucht Zeit, denn mit fortschreitendem Alter fühlen sich Frauen freier, ihren eigenen Leidenschaften nachzugehen, und freier, nicht die Erwartungen anderer zu erfüllen. Dieses Gefühl persönlicher Freiheit und sozialer Macht erreicht bei Frauen seinen Höhepunkt in der frühen Lebensmitte.

Manchmal setzt eine Frau ihre Fantasie nicht in die Realität um, weil dies eine innere Veränderung erfordert, und solche Veränderungen gehen langsam voran. Deshalb verharrt eine Frau womöglich jahrelang zwischen zwei Phasen, deshalb brauchen manche Frauen mehrere Probeläufe, durch die sie bewusst oder unbewusst die Spannung mildern. Für manche Frauen sind Entwicklungsreisen ganz natürliche Fortschritte, für manche psychische Mutproben.

Wie auch immer – allmähliche Veränderungen können die besten sein. In «Kinder brauchen Märchen» schreibt Bruno Bettelheim, dass Dornröschens hundertjähriger Schlaf nicht todesähnliche Passivität symbolisiert, sondern die Bedeutung von Wachstum und Vorbereitung, die lange, stille Konzentration auf sich selbst, die vonnöten ist, damit ein Mensch zu sich selbst finden kann. Das Nachdenken darüber, was man machen möchte, ist der Anfang des Prozesses. Das Nachdenken bereichert die Bedeutung der Erfahrung.

Die Logistik

Selbst wenn eine Frau die psychischen Ängste überwunden hat, fühlt sie sich womöglich von logistischen Problemen überfordert. Wie soll ich sechs Wochen wegfahren, wenn es schon eine Nervenprobe ist, nur eine einzige Woche wegzufahren? Wie soll ich eine Amischfamilie finden, die mich aufnimmt, wenn die Amischen gegenüber Fremden bekanntermaßen verschlossen sind? Wie eine Achterbahn, die in sechs Sekunden von null auf hundert beschleunigt, schießen die Gedanken einer Frau oft in null

Komma nichts von «Wow, ich tu es tatsächlich!» zu «Wie komme ich bloß auf die hirnverbrannte Idee, das ausgerechnet jetzt zu machen?».

Ironischerweise sah die Frau mit den größten logistischen Problemen diese weder als unüberwindbare Barriere noch als unmenschliche Herausforderung. Für sie waren es einfach notwendige Aufgaben, denen man Zeit und Aufmerksamkeit widmen musste.

Mit Mitte zwanzig begann Hannah Yoga zu unterrichten, und da ihre Faszination immer größer wurde, wuchs auch ihr Wunsch, nach Indien zu fahren. Fünfzehn Jahre lang dachte sie darüber nach, kam aber jedes Jahr von neuem zu dem Schluss, dass sie noch nicht bereit war. Yoga hatte sie körperlich und geistig stark gemacht, aber ihr Traum von der Indienreise machte ihr trotzdem Angst – vielleicht bekam sie irgendwelche Parasiten, vielleicht steckte sie sich mit der Ruhr an, vielleicht würde sie mit der Armut nicht umgehen können, mit der sie dort konfrontiert werden würde.

Die mentale schließt die körperliche Bereitschaft nicht unbedingt mit ein und Hannah merkte, dass ihr die Umsetzung des Traums vorkam, als müsste sie aus einer Yogaübung direkt zum Hürdenlauf übergehen. Zusätzlich zum Yogaunterricht leitete Hannah das Marketing für ein kleines Theater und arbeitete als Kellnerin. Außerdem sorgte sie noch für ihren zehnjährigen Sohn, gemeinsam mit ihrem Mann, der mitten in der stressigen Endphase seines Studiums steckte. Als Hannah beschloss, ihr sechswöchiges Abenteuer zu beginnen, war sie die Familienernährerin, hatte keine Ersparnisse für die Reise, kein Geld für Kinderbetreuung, kein Geld für die Ausgaben zu Hause in ihrer Abwesenheit und in keinem ihrer drei Jobs eine zuverlässige Urlaubsregelung.

Um im September abreisen zu können, begann Hannah im Juni mit der eigentlichen Organisation. Sie fragte ihre Kolleginnen, wer sie wann in ihren Schichten beim Kellnern vertreten konnte, und erstellte einen entsprechenden Plan. Sie bat eine andere Yogalehrerin, ihre Kurse zu übernehmen. Sie verhandelte mit ihrer Chefin beim Theater, sie unter der Bedingung gehen zu lassen, dass sie nach ihrer Rückkehr eine Weile voll arbeitete. Den Sommer über sorgte sie dafür, dass das gesamte Marketing für die kommende Saison unter Dach und Fach kam.

Die Kinderbetreuung war das Schwierigste, nicht nur, weil Hannah wenig Geld hatte, sondern auch, weil sie mitten im Schuljahr fahren wollte. So musste sie dreißig Heimfahrten von der Schule mit Müttern der Klassenkameraden ihres Sohnes organisieren. Für die Zeit danach teilte sie Freunde und Verwandte ein. Sie erstellte einen kompletten Stundenplan mit den Arrangements für jeden Tag, den Namen und Telefonnummern. «Wenn nicht so viele meiner Verwandten in der Stadt gewohnt hätten, wäre das nicht zu schaffen gewesen», erzählte sie mir. Unter anderem meinte Hannah damit ihren Exmann und seine zweite Frau, die sich bereit erklärten, sich häufig um ihren Sohn zu kümmern.

Was bei vielen Frauen der erste Gedanken gewesen wäre, kam bei Hannah zuletzt: das Geld. Sie benötigte dreitausend Dollar – zwei Drittel für die Reise, den Rest für die anfallenden Ausgaben in ihrer Abwesenheit zu Hause. Mitten in der Planungsphase schickte ihr ihre Schwägerin einen Scheck über zwölfhundert Dollar, zusammen mit einem Brief: «Als Hilfe für deine Reise. Du kannst es mir später zurückzahlen.»

»Ich war erschüttert und dankbar und machte mir Sorgen, wie ich das je zurückzahlen sollte», meinte Hannah. «Aber die Sorgen haben mich nicht daran gehindert, den Scheck anzunehmen.» Ihr Mann, der in der Indienreise seiner Frau das Gegenstück zu seinem Lehrerdiplom sah, beantragte unterdessen einen zusätzlichen billigen Studentenkredit und stellte ihn ihr zur Verfügung. Es dauerte ein Jahr, bis Hannah ihrer Schwägerin das Geld zurückgezahlt hatte, und fünf Jahre, um den Studentenkredit abzustottern. Trotzdem sagte sie: «Es war viel leichter, als ich gedacht habe.»

Es war leichter, weil Hilfe aus unerwarteten Quellen kommt, wenn Frauen den Entschluss fassen und sagen: «Ich gehe.» Die Wahrnehmung ist ein ganz kritischer Faktor. Wenn Frauen zeigen, welche Mühe sie für ihr Projekt zu investieren bereit sind, wenn sie ganz deutlich machen, wie viel Wert sie ihm beimessen, dann werden die Menschen in ihrer Umgebung das merken. Und wenn andere mit Hilfsangeboten zur Stelle sind, erkennen die Frauen, dass das, was wie Felsbrocken auf ihrem Weg aussieht, in

Wirklichkeit nur kleine Steine sind, die sich mit nicht allzu viel Aufwand wegräumen lassen.

Die materiellen Vorbereitungen sind für wohl situierte Leute natürlich leichter, für solche, die Haushälterinnen, Kinderfrauen, Au-pair-Mädchen, Bankkonten oder Trustfonds haben. Sie können ohne Zögern ein Haus mieten, einen Scheck schicken, einen Flug buchen. Aber wenn es beim Urlaub von der Ehe nur um ökonomische Erwägungen ginge, würden nur reiche Frauen ihn nehmen. Die Mehrzahl der Frauen, die ich interviewte, bewarben sich für Stipendien oder Kredite, zapften Ersparnisse oder Lebensversicherungen an, verbrauchten eine Erbschaft oder arbeiteten extra, um sich das nötige Geld zu verdienen. Keine dieser Optionen stand Harriet Beecher Stowe zur Verfügung, als sie um 1840 in ein neu eröffnetes Kurbad reisen wollte. Sie und ihr Mann waren so arm, dass sie Untermieter aufnehmen mussten, um ihre Rechnungen zu bezahlen, aber anscheinend äußerte Stowe ihren Wunsch so oft (und zwar umso öfter, in je wohlhabenderer Gesellschaft sie sich befand), dass sie schließlich genug Spenden beisammen hatte, um den Aufenthalt zu finanzieren. Beschränkte Finanzen verlängern die Vorbereitungszeit und verursachen mehr Angst, aber die Berichte der Frauen zeigen, dass es viel mehr um inneren Antrieb als um äußere Mittel geht.

Jobs können ein noch größeres Hindernis darstellen: Für manche Frauen besteht die größte Herausforderung darin, sich die nötige freie Zeit zu verschaffen. Je mehr sie sich für ihren Job engagieren und je verantwortlicher ihre eigene Position ist, desto schwieriger wird es wegzugehen. «Meine einzige Sorge war, wie ich es meiner Chefin beim Theater sagen sollte», meint Hannah, «denn ich wollte nicht, dass sie mich ersetzt. Einen anderen Platz für meine Yogakurse zu finden und woanders als Kellnerin zu arbeiten, war nicht so schwierig, aber diese Stelle wollte ich nicht verlieren.»

In machen Jobs lässt sich ein Urlaub von der Ehe leichter unterbringen als in anderen, deshalb stammen die Frauen, die sich zu einem Interview bereit erklärten, auch hauptsächlich aus den Lehrberufen, aus dem medizinischen Bereich, aus schreibenden und künstlerischen Berufen. Manche hatten kleine Geschäfte, die von ihren Verwandten am Ort übernommen werden konnten. Andere waren in Übergangssituationen, meist im Studium. Die wenigen Vertreterinnen der Geschäftswelt, mit denen ich sprach, standen in ihrer Karriere an einem Scheideweg, waren psychisch bereit, neue Richtungen einzuschlagen, und deshalb willens, auch unangenehme Dinge in Kauf zu nehmen. Wie eine Frau ihren Urlaub von der Ehe mit ihrer Arbeitsstelle regelt, wäre Stoff für ein weiteres Buch und übersteigt den Rahmen des vorliegenden. Aber entsprechende Überlegungen werden häufiger, unter anderem deshalb, weil eine zunehmende Anzahl von Frauen selbstständig tätig ist und die Telekommunikation es uns ermöglicht, von überall zu arbeiten, und immer mehr Betriebe kurzzeitige Arbeitsverträge auf Honorarbasis anbieten. Was ich aus meinen fünfundfünfzig Interviews mit Frauen aus der Mittel- und Oberschicht gelernt habe: Wenn eine Frau sich die Erfahrung heftig genug wünscht, dann findet sie eine Möglichkeit, sie zu machen.

DIE LAST VERRINGERN

Erleichtern wir die eigene Last, erleichtern wir damit auch die Last derer, die zu Hause bleiben.

Die Mystikerin Margery Kempe, die im vierzehnten Jahrhundert die größte Brauerei Englands besaß, bezahlte sämtliche Schulden ihres Ehemannes, bevor sie sich auf Pilgerfahrt ins Heilige Land begab. Manche Frauen kochen Essen für bis zu einen Monat vor und verstauen es in der Gefriertruhe. Obwohl sie für einen langen Zeitraum packen, verbringen manche Frauen ihre letzten Tage zu Hause damit, dass sie Wäsche waschen, das Haus putzen, die Speisekammer füllen, Zettel an den Kühlschrank, in die Küchenschränke und an den Badezimmerspiegel hängen. Sie erstellen Listen: was das Kind besonders gern isst; was für den Teenager, der ins Sommerlager geht, eingepackt werden muss; Anweisungen für den Hund, den Hof und den Garten; Telefonnummern von Handwerkern, Babysittern, Ärzten etc. Sie sorgen dafür, dass Termine geregelt sind, dass Freunde, Familie oder sonstige Betreuungspersonen Bescheid wissen, wann sie die Kinder zur Musikstunde, zum Fußballtraining, zum Baseballspiel und zum Zahnarzt fahren sollen. Sie sortieren die Rechnungen, die bezahlt werden müssen, nach Daten, adressieren, frankieren und stapeln die Briefe in chronologischer Reihenfolge. Eine Frau, die in ihrer Familie für die Finanzen zuständig war, organisierte alles so, dass sie ihrer Aufgabe weiterhin gerecht werden konnte, obwohl sie zu einem Studium in einer über viertausend Kilometer entfernten Stadt aufbrach. Wenn eine Frau Kinder hat, kann ein Urlaub von einem Monat gut und gerne sechs Monate Vorlaufzeit erfordern.

Frauen, die Urlaub von der Ehe nehmen, kümmern sich meistens um all das, worum sie sich immer gekümmert haben. Ich selbst hatte schon vor Jahren aufgehört zu kochen, deshalb füllte ich auch die Vorräte nicht auf (was hätte es für einen Sinn gehabt, die Gefriertruhe mit Essen aus dem Restaurant voll zu packen?). Aber wenn ich weggegangen wäre, als die Kinder noch zu Hause waren, hätte ich es wahrscheinlich getan. Dieser Umstand deutet auf einen grundlegenden Konflikt der Reise hin. Allein wegzugehen bedeutet eine Trennung von der Familie, und eine Trennung von der Familie ist schwierig für eine Frau, die fest in Beziehungen eingebunden ist. Um den Abschiedsschmerz zu lindern, kauft sie Vorräte, kocht, friert ein, etikettiert, bereitet vor. Vielleicht tut sie es aus Gewohnheit oder aus schlechtem Gewissen, aber die Bedeutung, die dahintersteckt, bleibt die gleiche: Es ist eine Art, «Ich liebe dich und möchte, dass du mich auch liebst» zu sagen. Vielleicht tut sie es aus Sorge, dass die Familie ohne sie nicht zurechtkommt, oder aus Angst, dass die Familie ohne sie gut zurechtkommt. Vielleicht tut sie es, um über einen Bereich, in dem sie die Kontrolle verlieren wird, Kontrolle zu behalten, oder um mit dem Unbehagen über diesen Verlust zurechtzukommen. Sie tut es aus einem dieser Gründe oder aus allen, aber was ihre Motivation auch sein mag, die Geste symbolisiert die Verbindung der Frau zu ihrem Heim und denen, die hier wohnen. Die Geste bestätigt, dass sie sich nur körperlich verabschiedet, nicht emotional.

Während sich eine Frau darum kümmert, dass das Leben zu Hause in ihrer Abwesenheit einigermaßen glatt läuft, erstellt sie auch einen sorgfältig durchdachten Terminplan für ihr Projekt. Genau wie jeder Traum ein Ziel hat, so verfolgt auch jeder Urlaub von der Ehe seinen Zweck: ein Diplom machen, fließend Französisch sprechen lernen, an einer Mission teilnehmen, ein Studium zu Ende führen, einen ersten oder endgültigen Romanentwurf schreiben. Zielesetzen ist eine Absichtserklärung, und diese Absicht ist es, die dem Urlaub von der Ehe nicht nur seine Form, sondern seine Seele verleiht. Joan Mister dachte zum ersten Mal an eine Reise quer durch Amerika, als sie, nachdem sie ihren Sohn zum College gebracht hatte, nach Hause fuhr. Acht Jahre später begann sie mit den Vorbereitungen. Sie gründete ein Kartengeschäft, um Geld zu verdienen, visualisierte ihre Reise jedes Mal, wenn sie ins Auto stieg, und machte Testläufe für ihren Traum von drei beziehungsweise fünf Wochen. In der zweiten Phase der Vorbereitungen entwarf sie eine Route für jeden der hundertachtzig Tage ihrer Reise. Sie legte Aktenordner an, für Logbucheintragungen und den Zielort jedes Tages. Sie packte ihr Auto voll mit Karten und Reiseführern und Broschüren und Zeitungsausschnitten von interessanten Orten, mit Tonbändern und Tagebüchern, um ihre Beobachtungen festzuhalten. Ihr Ziel bestand nicht nur darin, vierzigtausend Kilometer zu fahren, sondern das Land sozusagen auch als Sozialwissenschaftlerin zu bereisen, es zu erforschen und seine Menschen kennen zu lernen, am Lunchbüfett, in den Imbissstuben und Buchläden – den Orten, an denen Gespräche stattfinden.

Viele Frauen, die lange Wanderungen machten, erkannten bald, dass die Vorbereitungen mit Einkaufen und Packen fast genauso viel Zeit in Anspruch nahmen wie die Touren selbst. Sie mussten sich gut überlegen, was sie fürs Überleben unbedingt brauchten, und alles in einer möglichst leichten Version kaufen. Sogar Frauen, die einfach nur allein sein wollten, stellten einen Plan und eine Struktur für diese Zeit auf. Laura, eine Mutter mit zwei Kindern, die neue Energie tanken und eine neue Perspektive gewinnen wollte, plante für den Winter einen zweimonatigen

Aufenthalt in einem leer stehenden Haus, ohne Auto, ohne Fernsehen, ohne Radio; sie wollte jeden Tag mit einer Meditation und einem langen Spaziergang beginnen und sich ausschließlich von Naturprodukten ernähren, die sie über dem offenen Feuer zubereitete. So ein Programm, so eine Planung ist charakteristisch für einen Urlaub von der Ehe – das Merkmal, das ihn von einem gewöhnlichen Urlaub unterscheidet.

Als die Leute hörten, dass Susi sechs Monate allein in Südfrankreich verbringen wollte, um zu lesen, klang das in den Ohren der meisten nach ausgedehnten Faulenzerferien, die sich Susi leisten konnte, weil sie genug Geld hatte. Aber ihre Ankündigung wurde allgemein als Anzeichen für eine Ehekrise aufgenommen. Für Susi jedoch war die Auszeit ein Urlaub von der Ehe, eine wichtige Zeit für ihre Arbeit, ihre Beziehungen und ihr inneres Selbst – und ganz bestimmt kein Faulenzen.

Sie war schon als Teenager ihre eigenen Wege gegangen und hatte den Sommer lieber damit verbracht, als Putzfrau in einem nahe gelegenen Krankenhaus zu arbeiten, als die Erwartungen ihrer wohlhabenden Familie zu erfüllen und in ihren elitären Zirkeln ein entsprechendes Sozialleben zu pflegen. In den folgenden Jahren zeigte sie bei allen ihren Interessen dieselbe Entschlossenheit. Als sie Golf lernen wollte, fuhr sie, nachdem sie ihre Kinder ins Bett gebracht hatte, auf den Golfplatz und schlug bis Mitternacht ihre Golfbälle. Als sie bei der Ausbildung ihrer Kinder etwas zu sagen haben wollte, setzte sie sich im Elternbeirat dafür ein. Und als sie die Welt verändern wollte, wurde sie in der Gemeinde aktiv und engagierte sich in verschiedenen Sozialprogrammen.

Hier allerdings stieß Susi an ihre Grenzen – sie konnte die Welt nicht nach ihrem Willen formen. Besessen von dem Wunsch, unlösbare Probleme zu lösen, entdeckte sie plötzlich, wie der Schwung, der ihre Interessen immer angetrieben hatte, nutzlos verpuffte, wie ihr Leben plötzlich im Leerlauf stecken blieb. Auf allen Seiten von Hindernissen umgeben und unfähig, den Weg vor sich zu sehen, spürte sie, wie ihr Gleichgewicht ins Wanken geriet und ihre Wahrnehmung nachließ. Ihr war klar, sie musste von der Autobahn abfahren, sie musste Luft holen, eine

Landkarte vor sich ausbreiten und eine Alternativstrecke suchen. Sie wusste, dass die Ausfahrt mit dem Schild «Zeit für mich» die richtige war.

Susi beschloss, mit Hilfe der Worte anderer Menschen ihre Gedanken zu klären und ihr Leben neu auszurichten. Aber natürlich nicht mit beliebigen Worten von beliebigen Menschen.

Sie schrieb an fünfundzwanzig Freunde, die gern lasen, und bat sie, ihr eine Liste der zehn Bücher zu schicken, die am meisten Einfluss auf ihr Leben gehabt hatten oder die sie als besonders wichtig erachteten. Sie sortierte Unbrauchbares aus den achtzehn Antworten und hundertachtzig Titeln aus, bis hundert «großartige Bücher» übrig blieben, die sie kaufte, in eine Kiste packte und in das Haus schickte, wo sie wohnen wollte. Dann plante sie den Aufenthalt auf ihre typische gewissenhafte, gründliche Art. Jeden Vormittag und jeden Nachmittag würde sie klassische Romane wie Tolstois «Krieg und Frieden», Epen wie die «Ilias» und die «Odyssee», Memoiren, Theaterstücke von Shakespeare und Ibsen und vieles mehr lesen. Dann, nach dem Abendessen und einer kleinen Ausfahrt, würde sie jeden Abend zehn Seiten Philosophie – Plato, Kierkegaard, Nietzsche –, zehn Seiten Gedichte und zum Schluss zehn Seiten aus der Bibel lesen. Zur Begleitung der Leseliste packte sie vierzig klassische Musikkassetten ein, Werke von Tschaikowsky, Mahler, Beethoven und Bach.

Während Susi sortierte und einpackte, luden ihre Freundinnen sie zum Lunch ein, um ihr ins Gewissen zu reden: Wenn sie ihre verrückte Idee in die Realität umsetzte, würde sie sich bei ihrer Rückkehr scheiden lassen müssen. «Ich weiß nicht, was mich trotzdem bei der Stange gehalten hat», sagt sie. «Ich hatte keine Ahnung, wie lange es dauern würde, die ganzen Bücher zu lesen, wie viele ich überhaupt schaffen würde. Aber ich war ganz aufgeregt, von dem Augenblick an, als ich mit der Planung begann. Ich hatte das Gefühl, zu neuen Ufern aufzubrechen.»

DER ABSCHIED

Genau wie Aufregung und Vorfreude kann auch die Angst vor dem Weggehen im Lauf der Vorbereitungen rapide ansteigen.

Ein sanftes Verschwinden von der Bildfläche ist leichter für diejenigen Frauen, die von ihren Ehemännern unterstützt werden und deren Kinder schon selbstständig sind, noch leichter für die mit unterstützenden Ehemännern und ohne Kinder. Aber letztlich gibt es für eine Frau keinen wirklich «guten» Zeitpunkt, um zu gehen. Über den richtigen Zeitpunkt zum Weggehen zu grübeln, ist so ähnlich, wie über den richtigen Zeitpunkt für eine Operation nachzudenken. Rückblickend kann eine Frau sagen, dass es ein guter, genau der richtige oder sogar der einzig mögliche Zeitpunkt war, aber bevor sie geht, gibt es keinen Zeitpunkt, zu dem nicht irgendjemand irgendwelche Ansprüche an sie stellt. Die Zeit ist gekommen, wenn die Gelegenheit winkt, wenn die Notwendigkeit drängt, wenn sich das Bedürfnis nicht mehr leugnen lässt. Aber weil es dennoch den einen «richtigen» Zeitpunkt nicht gibt, wird es für die Frau – irgendwann, irgendwo – mit Sicherheit unangenehm.

In der Nacht, ehe Hannah, die sich nicht davor fürchtete, ihren Mann allein zu lassen, und auch nicht davor, ihren Sohn allein zu lassen, nach Indien abreiste, erwachte sie um drei Uhr morgens, «voller Angst, dass ich in Tränen zerfließen würde, wenn ich ihre Stimmen hörte, während ich weg war». An diesem Morgen erklärte sie den beiden beim Frühstück, dass sie zu weit weg sein würde, um sich Heimweh leisten zu können, und dass sie deshalb nicht anrufen, sondern nur schreiben würde.

Genau wie Hannah bereiten auch andere Frauen ihren Abschied sorgfältig vor, klären die Schritte, mit denen sie ihre Beziehungen nähren werden, um die Verbindung zu halten. Sie diskutieren Zeiten für Anrufe und Besuche, verschenken Telefonkarten, verteilen Reiserouten, was besonders für Frauen auf langen Wandertouren keine leichte Aufgabe ist.

Auch für Frauen mit einer unterstützenden Familie – wie Hannah und Susi – kostet der Abschied jede Menge emotionaler Energie, aber noch mehr Energie erfordert es von Frauen, deren Familienmitglieder sich widersetzen oder sich übermäßig viel Sorgen machen. Ganz gleich, wie ein Kind sonst ist, reagiert es möglicherweise beunruhigt und bringt sein Unbehagen in vielfältiger Weise zum Ausdruck. Manchmal stellt es endlose Fragen: Was ist, wenn ich mir den Arm breche? Was, wenn ich krank werde? Was, wenn ich Hilfe bei den Hausaufgaben brauche? Gelegentlich wird ein Kind auch sarkastisch und mürrisch. Eine Tochter im Teenageralter, deren Mutter für sie ein strenger Zuchtmeister ist, freut sich vielleicht, dass sie endlich ein bisschen Freiheit bekommt, braucht aber dennoch die Versicherung, dass mit der Ehe ihrer Eltern alles in Ordnung ist. Eine andere Tochter geht womöglich ganz in ihrem Studentenleben auf und unterstützt ihre Mutter in deren Vorhaben, aber trotzdem wirft sie plötzlich die Frage auf: «Wer soll sich denn um Papa kümmern?» Oder sie studiert selbst in der entgegengesetzten Ecke des Landes, aber wenn sie hört, dass ihre Mutter in der nächsten Großstadt studieren will, protestiert sie plötzlich: «Nur die Kinder verlassen das Haus, nicht die Eltern.»

Auch Kinder, die grundsätzlich mit den Plänen ihrer Mutter einverstanden sind, fühlen sich möglicherweise unbehaglich, denn ein neues Verhaltensmuster bei der Mutter bedeutet immer auch ein neues Verhaltensmuster für das Kind. Wenn eine Frau eine neue Phase ihrer Entwicklung in Angriff nimmt, drängt sie damit ihre Kinder, dies ebenfalls zu tun. Ständige Fragen, Protestgeschrei, subtile oder auch nicht so subtile Seitenhiebe sind ihre Methode, diesen Neubeginn aktiv zu bewältigen und mit ihren eigenen Ängsten klarzukommen – und das müssen sie. Trennung ist Teil des Lebens, notwendig, unvermeidlich, universell. Im Überwinden der Angst liegt auch der Weg zum Wachstum – und Wachstum fällt keinem Menschen leicht.

Die Erkenntnis, dass eine Mutter ihr eigenes Leben hat, kann für das Kind in jedem Alter ein narzisstischer Schlag sein. Für Kinder – auch wenn sie bereits erwachsen sind – ist es immer schwierig, die Eltern als Individuen mit Bedürfnissen und Wünschen zu sehen, die über die Sorge um die Kinder hinausgehen. Sogar ganz selbstständige Teenager oder junge Erwachsene vergessen, dass auch ihre Mutter eine Entwicklung durchmacht. Sie denken hauptsächlich an sich selbst: Wie wird ihr Weggehen *mein* Leben beeinflussen? Wer wird sich um *meine* Bedürfnisse kümmern? Kinder sehen es als ihr Recht an, ihre Eltern zu verlassen, sie gehen im Leben ihrer Eltern aus und ein, wann und wie es ihnen passt, aber nur sehr selten sehen sie ihre Eltern als Menschen mit denselben Rechten.

Die psychoanalytische Theorie hat den Begriff «Trennungs-angst» geprägt; gemeint ist damit die Furcht, die entsteht, wenn wir jemanden vermissen, auf den wir für unser Überleben ange-wiesen zu sein meinen. Wie viel Angst ein Kind erlebt, dessen Mutter für eine Zeit lang das Haus verlässt, hängt von vielen Fak-toren ab: vom Temperament des Kindes, von seiner Persönlich-keit, dem Niveau der Unabhängigkeit, inwieweit das Kind über ein unabhängiges eigenes Leben verfügt. Es hängt ab von seinem Vater, dessen Beziehung zu dem Kind und davon, wie er mit der Situation zurechtkommt, und es hängt von der Mutter ab, ihrer Beziehung zu dem Kind und davon, wie sie mit der Situation zu-rechtkommt. Im Allgemeinen reagieren Kinder auf die Signale ihrer Eltern.

Trennungsangst erreicht in der frühen Kindheit ihren Höhe-punkt, aber sie ist nicht auf eine bestimmte Entwicklungsphase beschränkt. Sie kann in jedem Alter auftreten. Der Unterschied ist nur, dass wir, je älter wir werden, sie immer mehr als Schwäche empfinden, wodurch wir es uns schwer machen, sie uns einzu-gestehen oder gar vor anderen zum Ausdruck zu bringen. Eine Trennung kann sogar für Erwachsene schwer sein, wenn sie sich verletzlich fühlen, wenn sie mit Scheidung, dem Verlust der Ar-beitsstelle oder mit finanziellen Problemen zu kämpfen haben – kurz, wenn sie mit ihren eigenen Unwägbarkeiten konfrontiert sind und ihre Mutter früher immer für sie da war.

Vier Tage bevor Chris zu ihrem Zweijahresprojekt im Friedens-corps abreiste, gab ihre vierundzwanzigjährige Tochter bekannt, dass sie schwanger war. Chris umarmte ihre Tochter und gratu-lierte ihr herzlich, aber mit Tränen in den Augen, weil sie an die Zukunft dachte. Das Friedenscorps erlaubt nur einen einzigen Notfallbesuch zu Hause und Chris hatte ihrem Sohn bereits ver-sprochen, bei seiner Abiturfeier anwesend zu sein. «Ich wusste nicht, was ich sagen sollte», erzählte mir Chris. «Ich wusste, ich würde damit zurechtkommen, aber ich sah und hörte ihre Ent-täuschung.» Chris versuchte ihre Tochter zu beschwichtigen, in-dem sie darauf hinwies, dass doch ihr Mann und ihr Vater in der Nähe waren und sie die bestmögliche medizinische Versorgung hatte. Natürlich versuchte sie sich auch selbst zu beschwichtigen – dass sie die Enttäuschung später wieder gutmachen konnte, dass die Zeit alle Wunden heilt. «Sie ist ebenso unabhängig wie ich und wusste, was die Sache für mich bedeutete», sagte Chris, «aber sie wollte nicht, dass ich gehe. Ich weiß noch, dass ich gedacht habe: ‹Wann ist der richtige Zeitpunkt für eine Frau gekommen, endlich das zu tun, wozu sie sich berufen fühlt?›»

Die Psychologin Monica McGoldrick erklärt die Dynamik von Chris' Frustration mit dem Lebenszyklus der Familie. In dieser Struktur hat die Gesellschaft Männern und Kindern immer einen Lebenszyklus neben ihren Rollen in der Familienkonstellation zugestanden, während das bei einer Frau und Mutter eine relativ neue Idee und als solche noch nicht sehr weit verbreitet ist. Wie McGoldrick in einem wissenschaftlichen Aufsatz schreibt: «Traditionell lautete die kulturelle Erwartung an Frauen, dass sie sich um die Bedürfnisse von anderen kümmern – zuerst um die der Männer, dann um die der Kinder, dann um die älterer Menschen. … Nur sehr selten wurde akzeptiert, dass Frauen ein Recht auf ein eigenes Leben haben.»

Für viele Frauen wie Chris liegt der Konflikt nicht darin zu entscheiden, was sie wollen, sondern darin, dass sie zu anderen nein sagen müssen, um das Gewünschte auch zu bekommen. Und zu anderen nein zu sagen, gehört für Frauen zu den schwierigsten Aufgaben ihres Lebens. Will man der Legende von Psyche glauben, ist es sogar die allerschwierigste. In der griechischen Mythologie ist Psyche, eine sterbliche junge Frau, die Verkörperung der weiblichen Seele. Um wieder mit ihrem verlorenen Liebhaber, dem Gott Eros, zusammenzukommen, muss sie vier anscheinend unmögliche Ausgaben erfüllen, die Eros' eifersüchtige Mutter Aphrodite sich ausgedacht hat. Die letzte und schwierigste Aufgabe besteht darin, dass sie der Göttin ein Gefäß mit einer übernatürlichen Schönheitstinktur aus der Unterwelt bringen soll. Psyche bekommt zwei Münzen für den Fährmann Charon, damit er sie über den Styx bringt, und zwei Stück Gerstenbrot, um Zerberus, den gemeinen, dreiköpfigen Höllenhund zu besänftigen, der den Eingang des Hades bewacht. Auf Psyches Reise zur Hölle und zurück strecken sich ihr immer wieder bettelnde Hände entgegen: Ein Ertrinkender fleht um Hilfe, Hungernde bitten um Brot, um Geld. Psyche erkennt, dass sie all ihre Energien, all ihre Mittel braucht, um ihr Ziel zu erreichen, deshalb kann sie andere nicht vor ihrem Schicksal retten. Als sie es schafft, zu den ausgestreckten Händen nein zu sagen, und Aphrodite das Gefäß bringt, wird sie nicht nur mit Eros wiedervereint, sondern bekommt auch noch einen Platz unter den Göttern, gleichwertig mit ihrem Ehegatten.

Der Psychoanalytiker Robert Johnson benutzte den Mythos, um das psychologische Wachstum einer Frau zu verdeutlichen; er schreibt, dass nur wenige Frauen Psyches Entwicklungsstufe erreichen, nicht weil sie dazu unfähig wären, sondern weil es «außerhalb ihres Erfahrungsbereichs liegt». Wenn das Neinsagen nur als schwaches Flackern auf unserer psychischen Leinwand auftritt, liegt dies daran, dass wir dazu erzogen worden sind, für andere zu sorgen; zu sagen: «Ich kann mich gerade nicht um dich kümmern», wäre eine Übertretung all dessen, woran wir zu glauben gelernt haben, eine Schändung des weiblichen Ideals. Fast fühlt es sich an wie ein Verbrechen, oder so, als wären wir nicht, wer wir sind. Wenn nur wenige Frauen diese Entwicklungsstufe erreichen, dann liegt dies daran, dass es unter verheirateten Frauen dafür kein Vorbild gibt. Viele allein stehende Frauen haben eine solche konzentrierte Entschlossenheit gezeigt, aber das Modell für Verheiratete war die mütterliche Superfrau, die auf den Gipfelpunkt persönlichen Glanzes gelangt, indem sie sich um alle und alles kümmert, bei Morgengrauen aufsteht, zehn Kilometer joggt, tagsüber einen Betrieb leitet und abends beim gemeinsamen Singen mit der Familie die Klavierbegleitung übernimmt. Mit solchen Frauenbildern füttern uns die Medien, aber die meisten Frauen haben nichts mit diesen brillanten Energiebündeln zu tun. Die meisten können einfach nicht alles gleichzeitig schaffen.

Die Fähigkeit, nein zu sagen, ist für die weibliche Entwicklung ausschlaggebend, weil sie eine enorm schwierige psychologische Aufgabe ist. Wenn verheiratete Frauen ihre Träume erfüllen wollen, müssen sie gelegentlich sagen: «Ich kann mich gerade nicht um dich kümmern», denn wenn sie nein zu anderen sagen, dann sagen sie ja zu dem, was tief in ihrem Inneren wohnt.

Chris konnte trotz des Widerstands zu Hause losziehen, weil sie einen starken Glauben besaß und weil ihr Traum mächtig war; je stärker die Verpflichtung einer Frau an sich selbst, desto weniger emotionale Unterstützung braucht sie. Aber jede Frau braucht Unterstützung. Die meisten finden sie bei ihrem Ehemann, bei Freunden oder der Familie, manche auch bei einer älteren Frau, die selbst einige Zeit allein verbracht hat und immer noch in einer festen Ehe lebt. Manche entdecken sie in Frauen, die sie nicht persönlich kennen, in berühmten Politikerinnen, Schriftstellerinnen, Schauspielerinnen oder anderen Personen des öffentlichen Lebens, die sich auf ähnlichem Eheterrain bewegten. «Von den ganzen Reaktionen, die ich gehört habe, als ich den Leuten sagte, dass ich zum Friedenscorps gehe», erzählte Chris, «war die beste die von einer älteren Frau, die meinte: ‹Wenn Sie nicht gehen würden, was wären Sie dann in zwei Jahren außer zwei Jahre älter?› Ich hab mir den Satz aufgeschrieben und den Zettel mit nach Afrika genommen.»

Als ich das Aufenthaltsstipendium für das Schriftstellerhaus bekomme, erzählt Jim jedem, wie stolz er auf mich ist. Auf einmal habe ich vergessen, warum ich diesen Mann eigentlich allein lassen will, diesen Mann, der immer viel fester an mein Talent geglaubt hat als ich. Je näher der Tag meiner Abreise rückt, desto angenehmer erscheint mir mein Leben zu Hause. So warm und gemütlich und vertraut, mein Mann so attraktiv, so nett und hilfsbereit. Zwei Wochen bevor ich abfahre, sitze ich eines Abends nach dem Essen auf seinem Schoß – wann habe ich das zum letzten Mal getan? – und frage ihn, ob er mich besuchen möchte. «Na klar», antwortet er, «aber warum warten wir damit nicht lieber, bis du dort bist, und sehen, wie's dir geht.»

Nachts schlafe ich unruhig, schrecke aus Albträumen empor, mit immer wiederkehrenden Themen. Eines Nachts träume ich, dass die anderen Schriftsteller alle schon am Tisch sitzen, als ich zum Abendessen komme. Sie mustern mich von oben bis unten, niemand fordert mich auf, mich neben ihn zu setzen. Einer verspottet mich ziemlich gemein. Als ich ihn mir genauer ansehe, merke ich, dass es ein Knabe ist, mit dem ich zur Schule gegangen bin. Eingeschüchtert schleiche ich mich weg und esse allein. Dann wache ich auf und spüre den ganzen Schmerz der Zurückweisung noch einmal. Die Vergangenheit ist nie vorbei. Jedes Mal, wenn wir dem Unbekannten ins Gesicht sehen, tauchen alte Schwachstellen auf. Eine Woche vor meiner Abreise lese ich die Informationsbroschüre des ersten Schriftstellerhauses. Die Worte «gemeinsames Badezimmer» klingen selbst für eine Einrichtung, die für Frauen reserviert ist, höchst unheimlich und für meine schamhafte Natur direkt bedrohlich. In dieser Nacht träume ich von einem strapaziösen Marsch über schlammige Pfade auf der Suche nach einem Badezimmer, nur um am Ende ein Klohäuschen zu finden, schmutzig und von Insekten verseucht. Als ich erwache, ist mir richtig übel, ich habe Angst und keine Ahnung, worauf ich mich da eingelassen habe. Warum muss ich unbedingt wegfahren, um zu schreiben, wo ich zu Hause doch so ein schönes Arbeitszimmer habe? Was, wenn ich mit Leuten zusammengesperrt bin, die ich nicht leiden kann, Leute, die mir auf die Nerven gehen und womöglich bösartig sind? Und welcher Teufel hat mich geritten, als ich mir in den Kopf gesetzt habe, den Februar in einer ohnehin unwirtlichen Gegend zu verbringen?

Am Freitag vor meiner Abreise sind Jim und ich in seinem Arbeitszimmer. Er stellt seinen alten Laptop auf, damit ich den neuen mitnehmen kann und überall Internetanschluss habe. Ich lese die Informationsbroschüre des zweiten Schriftstellerhauses. Die Worte «abgelegen» und «ländlich» springen mir ins Auge. Plötzlich wird mir klar, dass ich mitten in der Pampa sein werde, wo es «im Winter noch ordentlich schneit»; die nächste Stadt ist fünfundzwanzig Kilometer entfernt und ich habe kein Auto. Warum ist mir diese Beschreibung vorher nicht aufgefallen? Warum lese ich Gebrauchsanweisungen immer erst, wenn es zu spät ist? Voll Sorge blicke ich zu Jim auf.

»Glaubst du, ich werde mich isoliert fühlen? Glaubst du, ich werde verrückt, ich verliere meinen Verstand?»

»Ich dachte, da gibt es nicht mehr viel zu verlieren.»

»Nein, im Ernst, wie würdest du dich fühlen mitten im Niemandsland und ohne Auto?»

»Tja, das würde mir nicht gefallen. Aber mir gefällt die Vorstellung von so einem Schriftstellerhaus ja sowieso nicht. Ich möchte nicht den ganzen Tag in einem Zimmer hocken, ohne Telefon, ohne Internetanschluss, ohne meine Hi-Fi-Anlage. Aber du bist von solchen Sachen längst nicht so abhängig wie ich. Wenn du dich isoliert fühlst, dann miete dir einfach ein Auto. Mach dir wegen des Geldes keine Sorgen.»

Ich mache mir keine Geldsorgen.

Am Sonntag vor meiner Abreise geht Jim mit mir lange Unterwäsche und Wanderstiefel kaufen. Ich denke daran, dass ich einmal gehört habe, man solle sich vor jeder Unternehmung hüten, die den Kauf neuer Kleidungsstücke erfordert, und fühle mich unsicher mit meinen Neuerwerbungen, mit meiner Entscheidung überhaupt. Ich bin immer noch die Frau, zu der ich erzogen wurde, Angst umschließt mich wie der Schneesturm, der mich dort ganz bestimmt erwartet. «Alles wird klappen», sagt Jim. «Du machst das, was du immer wolltest. Erinnerst du dich?» Ich finde seine Worte gleichermaßen tröstlich und irritierend.

Um zehn Uhr am Abend vor meiner Abreise fange ich an, für drei Monate zu packen; eine Woche ist die längste Zeit, die ich von zu Hause weg war. Ich schmeiße die ganze Unterwäsche, die ich besitze, in die Tasche, sämtliche T-Shirts und Sweatshirts, alle Trainingshosen, Socken und Strumpfhosen. Als ich beinahe fertig bin, kommt mein älterer Sohn ins Zimmer, taxiert meine riesige Tasche und versucht sie hochzuheben.

»Was hast du da alles drin?«, fragt er.

Ich zeige ihm die Bücherstapel, die Klamotten, die Stiefel, die Hanteln. Mein weltgereister Sohn hebt ärgerlich die Stimme.

»Du kannst doch nicht die Hanteln mitnehmen. Deine Tasche sollte nie mehr Gewicht haben, als du bequem tragen kannst.»

»Aber ich brauche die Hanteln für meinen Muskeltonus», ächze ich.

»Dann mach Liegestützen», entgegnet er.

Ich sehe diesen starken, selbstbewussten, humorvollen Vierundzwanzigjährigen an. Auf einmal zieht sich mein Magen zusammen und Tränen steigen mir in die Augen. «Wie kann ich meinen Sohn alleine lassen, meinen kleinen Jungen?», denke ich. Und dann stelle ich ihm die Frage, die ich meinem Mann nie gestellt habe. Ich bin nie auf die Idee gekommen.

»Kommst du zurecht, während ich weg bin?»

»Na klar», versichert er mir.

Ich bin die ganze Nacht auf und berechne meinen Anteil unserer Einkommenssteuer. Am nächsten Morgen verlasse ich mit roten Augen das Haus, mit einem Computer, den ich noch nie benutzt habe, und einer Reisetasche, die ich kaum hochgewuchtet kriege. Jim fährt mich zum Flughafen und rennt mit mir zum Gate, wo wir ein eiliges «Ich liebe dich» flüstern, uns umarmen und küssen. Ich erreiche das Flugzeug in dem Moment, als der Flugbegleiter gerade die Türen schließen will. «Fünfzehn Sekunden später und Sie hätten's nicht geschafft», bemerkt er. Nachdem ich mich auf meinen Sitz gequetscht habe, fühle ich mich seltsam, aber irgendwie sehr frei und hole den Brief heraus, den mein Sohn mir gegeben hat, ehe ich gegangen bin. Er hat mir das Versprechen abgenommen, ihn erst zu lesen, wenn ich in der Luft bin.

»Mama – ich wollte dir nur noch mal sagen, dass du dir um mich keine Sorgen zu machen brauchst. Jetzt musst du nur an dich selbst denken. Du bist die Herrin über deine Zukunft, und von diesem Augenblick an lebst du einen Traum. Du hast dir diese Zeit reichlich verdient, deshalb möchte ich dir einen Rat geben, den mir ein guter Freund gegeben hat, als ich anfing, Entscheidungen auszuleben, die mein Leben für immer verändern würden. Zieh die Sache durch, Mama! Tu alles, was du tun musst, was du tun willst, was du dir erhoffst. Lass keinen Wunsch in deinem Herzen unerfüllt, denn das ist deine Zeit. Ich liebe dich.»

Ich weine den halben Weg nach Washington.

5

Erfahrungen

Als ich aus dem Boot stieg, merkte ich, dass ich allein war, ohne einen Ehemann, der mir half, oder jemanden, der für mich sprach, außer mir selbst. Vielleicht würde ich hier unter den Eskimos herausfinden, wer ich wirklich war, als Individuum und als Künstlerin.

Ich hatte das Gefühl, die andere Welt hinter mir gelassen zu haben und ins Eskimoleben eingeführt worden zu sein. Jede Abwehr, jede vorgefasste Meinung war abgestreift, als hätte ich mich einer Art Meertaufe unterzogen.

Claire Fejes
People of the Noatak

Ich bin in ein Refugium von stiller Schönheit eingetreten, auf Whidbey Island vor der Küste von Washington. Ich habe meine eigene Hütte aus Zedernholz, mit einem skandinavischen Holzofen, einem gepolsterten Ledersessel, einer Schlafempore und einem Buntglasfenster mit Pfingstrosen. Wenn ich zur Tür hinausgehe, befinde ich mich in einem siebzehn Hektar großen Wald voll üppiger Farne und Tümpel, Kiefern und Zedern. In alle Richtungen schlängeln sich Wanderwege. Die Entscheidung, welchen Weg ich wähle, fühlt sich an wie eine Metapher.

Meine Gedanken schwingen wild von einem Extrem ins andere, von begeisterter Freude, dass ich dieses kreative Paradies gefunden habe, bis zu tiefer Verzweiflung, dass ich so lange dafür gebraucht habe. An all die Jahre zu denken, in denen ich darauf gewartet habe, dass mein Mann mein Leben verändert, ist deprimierend; zu erkennen, dass ich es allein geschafft habe, vermittelt ein Gefühl von Stärke. Meine Gefühle sind gemischt und widersprüchlich. Erst bin ich dankbar, dass Jim mich bei dieser Erfahrung unterstützt hat. Dreißig Minuten später sitze ich auf dem blumigen Fenstersitz, schlürfe Aprikosentee aus einer handgetöpferten Tasse und frage mich, wozu ich überhaupt einen Mann und ein Zuhause brauche.

Ich bin bei den Ökofreaks gelandet, zum Teil Biohof, zum Teil Naturschutzgebiet. Es wohnen nur Frauen hier – zum ersten Mal seit dem Studentenwohnheim lebe ich ausschließlich unter Frauen. Auf sechs Schriftstellerinnen kommen zehn Betreuerinnen, allesamt freundlich und fürsorglich, voller Respekt für das Land, die Arbeit, für uns. Tagsüber arbeiten wir allein in unseren Hütten, am Abend versammelt sich die Gemeinschaft bei Kerzenschein um einen Esstisch im Haus, das einem französischen Bauernhaus nachempfunden ist. Die Mahlzeiten sind exotische Festessen – zum Mittagessen Currysuppe und Früchtebrot, noch warm aus dem Backofen, das uns in mit Stoff ausgelegten Weidenkörben in unsere Hütten gebracht wird, zum Abendessen Sushi und frischer Salat aus dem Garten. Wir dürfen weder den Tisch decken noch das Geschirr abtrocknen. Diese Zeit gehört uns, sagen die Betreuerinnen, denn Frauen sind immer diejenigen, die für andere sorgen, und werden deshalb sehr selten versorgt. Es gibt keine Seitenpolizei, die unsere tägliche Produktion überwacht, es gibt keine Bewertungen oder Noten. «Tu, was immer du tun musst, um eine bessere Schriftstellerin zu werden», so lautet das Motto.

Am Spätnachmittag wandere ich zum Badehaus, einem wahrhaft luxuriösen Ort, wo handgemalte Reiher die Porzellanbecken zieren und beheizte Steinfliesen den Boden erwärmen. Während ich mich in die viktorianische Badewanne mit den Klauenfüßen sinken lasse, eingetaucht in Badesalz und umgeben von Duftkerzen dasitze, fällt mir ein, dass ich seit zwanzig Jahren kein Bad mehr genommen habe. Eine Zehnminutendusche war zeitlich das höchste der Gefühle.

Ich dachte, eine Schriftstellerkolonie wäre für mich deshalb so anziehend, weil ich in einer anderen Umgebung arbeiten wollte, mental unabgelenkt, in entspannt-heiterer Atmosphäre. Jetzt begreife ich, dass es mich zu dem hingezogen hat, was meine Seele brauchte. Wie kann Kreativität aufblühen, wenn wir uns leer und erschöpft fühlen? Seit Jahren arbeite ich sechs bis sieben Tage pro Woche. Ich hatte keinen Sprit mehr und habe es nicht mal gemerkt.

Eine Frau kann vor der Abreise ängstlich und weinerlich gewesen sein und dennoch zufrieden seufzen, sobald sie angekommen ist, weil sie das Gefühl hat, endlich dort zu sein, wo sie hingehört. Eine Frau kann aber auch klar und zuversichtlich gewesen sein, nur um sich bei der Ankunft plötzlich völlig entmutigt zu fühlen und sich zu fragen, warum ihre Fantasie so außer Kontrolle geraten ist.

Vielleicht hat sie eine großzügige Wohnung erwartet und findet, nachdem sie eine schmale, steile Treppe emporgestiegen ist, die auch auf einen Dachboden führen könnte, dass man ihre Sommerbehausung durchaus als Dachkammer bezeichnen könnte. Das winzigste Zimmer, das sie je gesehen hat, ein unbequemes Ausziehsofa und ein mit Teerpappe ausgelegter Balkon.

Vielleicht hat sie das Flugzeug bestiegen, als ihr noch ganz schwindlig war von der Aufregung, dass sie dieses tolle Stipendium gewonnen hat, nur um zwanzig Stunden später verwirrt und erschöpft auf der anderen Seite der Welt zu landen und zu entdecken, dass ihre Matratze ein Holzbrett ist, ihre Zimmergenossin eine bedürftige Fremde, ihre Gastuniversität ein drittrangiges Institut ohne strukturiertes Programm, in dem obendrein kein Mensch auch nur die leiseste Ahnung hat, welche Aufgabe sie hier erfüllen soll. Sie sehnt sich danach, zu Hause anzurufen, findet aber kein funktionsfähiges Telefon und, genau wie ihre Gastgeber fragt sie sich, was sie hier eigentlich soll.

Vielleicht hat sie seit Monaten ihren Terminplan umgemodelt, um ihre Therapeutenpraxis zu verlassen und einen ersten Buchentwurf zu schreiben, und dann bekommt sie beim ersten Blick auf den Computer die nackte Panik: Alle wissen, warum ich hier bin, sogar meine Patienten. Was, wenn ich überhaupt nichts zustande kriege?

Vielleicht hat sie ihre Praxis sogar ganz aufgegeben, um bei einer berühmten Analytikerin in der Schweiz zu studieren. Wenn sie sich dann am ersten Tag dreimal verirrt hat, im Regen herumwandert, frierend, voller Angst und allein, lautet die Kommunikation mit ihrem von Zweifeln zerfressenen Selbst: Ist das hier wirklich ein Schritt in Richtung Wachstum oder vielleicht nur ein blödsinniges Hirngespinst einer armen Irren?

Ganz gleich, ob sie einen oder mehrere solcher Momente durchmacht, oder auch gar keinen – ein desorientiertes Gefühl ist unvermeidlich, denn sie ist wie Alice in den Kaninchenbau gefallen und plötzlich ist alles anders. Mehr als vom Wirbel der Reise, mehr als von der Fremdheit des Neuen entsteht die Desorientierung daraus, dass sie sich in einer Parallelwelt befindet, in der die üblichen Dimensionen von Raum und Zeit nicht mehr gelten. Desorientierung entsteht aus der Stille, aus dem Schweigen.

Zwar ist der Ort selbst nicht unbedingt still, aber es fehlen die individuellen Geräusche der Frau: das Klopfen an der Tür, das Klingeln des Telefons, die Stimme, die ihren Namen ruft, die Stimme auf dem Anrufbeantworter, das Kratzen des Bleistifts beim Schreiben der Einkaufsliste. Der Raum enthält keine Fragen, die sie beantworten muss, keine Aktivitäten, die ihrer Planung bedürfen, sie muss keine Entscheidung über Reparaturen am Haus fällen, nicht beschließen, was geputzt, repariert, erneuert, renoviert, geschenkt, unterschrieben, abgeschickt, gekauft, geliehen, zurückgegeben werden muss – also keinerlei Kümmergeräusche.

Wenn Frauen sich aus der Routine und den Verpflichtungen zurückziehen, spielt es keine Rolle, ob sie Stadtgrenzen oder kontinentale Wasserscheiden überqueren, sie schlagen denselben psychischen Weg ein: weg von einem Ort, der von den Bedürfnissen anderer Menschen überquillt, und hinein in einen Raum, in dem es keine Bedürfnisse anderer gibt. Eine Frau kann in einem Strandhaus landen, in einer Hütte im Wald oder in einem Klassenzimmer oder einem Ashram, aber sie legt immer die gleiche psychische Strecke zurück: von Zeitmangel zu Zeitüberfluss. Sie kann sechs Wochen ganz in ihre Studien versunken an einer Universität verbringen oder sechs Monate mit dem Rucksack durch die Welt reisen, die psychische Entfernung ist die gleiche: Von dem Bewusstsein, dass die Zeit ihnen gehört, zu dem Bewusstsein, dass die Zeit begrenzt ist.

Mit dem Bewusstsein, dass die Tage ihr gehören, die Wochen jedoch gezählt sind (und die zu Hause Gebliebenen zählen genau mit), merkt die Frau, dass sich parallel zur örtlichen Desorientierung auch eine Zeitverschiebung einstellt, und die Veränderungen gehen munter weiter. Wenn ein Fünf-Quadratmeter-Zimmer sich mit der Fülle der Zeit ausdehnt und auf dem Schild an der Tür «störungsfrei» steht, wird aus einer Dachkammer ein Zufluchtsort, ein Heiligtum, ein Nest, Vorhänge aus seidener Einsamkeit verkleiden das Fenster, Stille liegt wie ein weicher Teppich auf dem Fußboden.

Wie man sich daran gewöhnen muss, allein in der Wüste zu sein, so muss sich eine Frau auch an die Stille gewöhnen. Während der gesamten fast fünfzigtausend Kilometer ihrer Reise hörte Joan Mister kaum einmal eine Kassette oder stellte das Autoradio an. «Ich wollte einfach nur Stille», erzählte sie mir. Manche Frauen lehnen Einladungen ab und reagieren auf Besuche von Freunden zurückhaltend, weil sie nicht wollen, dass jemand in ihre Zeit eindringt. Eine Frau sprach vier Tage lang mit keinem Menschen ein Wort. Ohne andere, für die sie sorgen und denen sie zuhören müssen, lauschen Frauen erst einmal dem Regen, der aufs Dach trommelt. Dann fangen sie an, auf sich selbst zu hören.

Woche 2: Ich hatte mir immer vorgestellt, eine Schriftstellerkolonie wäre eine rustikale Umgebung, isolierte Hütten in einer Art Lagerromantik. Niemals hätte ich mir einen Ausbund an Eleganz vorgestellt. Als ich bei einem Wohnmagazin arbeitete, lernte ich eine Menge ungewöhnliche Behausungen kennen. Jetzt aber lebe ich in einem Raum, der so erlesen gestaltet und gepflegt ist, als könnte er jederzeit auf den Seiten dieses Magazins erscheinen. Während ich die glänzenden Fußböden aus Fichtenholz und die kristallklaren Bogenfenster betrachte, muss ich unwillkürlich an das Haus denken, das ich hinter mir gelassen habe – das Haus, das so viele Jahre aussah wie eine Turnhalle, das roch wie die Umkleidekabine. Ich denke an die langen Jahre der Pubertät, als es leichter war, die Zimmertüren meiner Söhne zu schließen, als ständig über die allenthalben herumliegenden Tennisschuhe Größe dreiundvierzig und Fußballschuhe zu stöhnen, über Gitarren und Verstärker, verschwitze Pullis, zerrissene und ausgebeulte Rucksäcke. Ich denke an das Arbeitszimmer meines Mannes, wie sehr ich es liebe, ihn selbst in meinem Leben zu haben, aber nicht seine Sachen. Nicht seine Hunderte von Kassetten und CDs und Platten, nicht die überall verstreuten Teile seiner Anlage, mit ihren verschlungenen Drähten und dicken Kabeln, die über Wände und Bodenbretter gespannt sind. Nicht seine endlosen Zeitschriftenstapel. Als ich geheiratet habe, hätte ich nie gedacht, dass mein Haus immer mit seinen Sachen voll gestopft sein würde. In trostlosen oder erschöpften Augenblicken habe ich mir immer wieder vorgestellt, ich hätte ein Haus ganz für mich, sparsam eingerichtet, ohne Gerümpel, unverfälscht. Jetzt wohne ich in einem solchen Haus, dem Haus meiner schuldbewussten Träume, und ich betrachte die Krümel auf dem Boden, mein Geschirr, das sich im Spülbecken stapelt, jeder freie Zentimeter ist mit Papieren und Büchern voll gestapelt. Ein ranziger Geruch steigt mir in die Nase – vermodernde Essensreste im Biomüll, den ich seit Tagen nicht geleert habe? – und ich frage mich: Wie ist das passiert?

Eine Zeit zu vergessen, wer wir waren, und eine Zeit sich daran zu erinnern, wer wir sind.

Mit der Befreiung vom Kümmern – von den Geräuschen, die eine Frau erzeugt – entsteht die erste Ebene der Stille. Mit der Befreiung aus der gewohnten Umgebung – von den Geräuschen, die eine Frau absorbiert – entsteht die zweite Ebene. Die Frau hört nicht mehr die anderen Stimmen, die ihr sagen, was sie tun, empfinden und denken soll, die kommentierenden und kritisierenden Stimmen, Meinungen, die unerwünschten Ratschläge, die Stimmen der Familienskepsis, den beruflichen Pessimismus, die kulturellen Ermahnungen und Anweisungen. In dieser Stille hört eine Frau nicht die Stimmen, die Eifersucht verstecken, Schuldgefühle hervorrufen, Desinteresse oder Verachtung ausdrücken, die Stimmen, die ihre Muster und Fehler wiederholen, Stimmen, die vielleicht von Fürsorge motiviert sind, aber ständig zur Vorsicht mahnen und Angst erwecken. Ohne diese urteilenden Laute ist eine Frau befreit von den Vorstellungen, die sich andere von ihr machen, von den Erwartungen, wer sie sein sollte. Nun entsteht die Freiheit, das Leben *ohne Filter* zu erfahren, sich direkter und spontaner auf die Welt einzulassen. Da sie nicht auf die Gefühle oder Meinungen eines anderen Menschen achten muss, kann sie Pläne offen lassen, Papiere auf dem Boden verstreuen, experimentieren, wandern und sich in ihre neue Erfahrung versenken.

Ob sich eine Frau in eine Landschaft oder in eine Sprache, in eine Kultur oder eine Leinwand, in eine bedruckte oder leere Seite versenkt, immer entdeckt sie dabei, wie sich ein solches Versenken anfühlt, was es bedeutet, einzutauchen, und was man dazu braucht, um diesen Zustand freizusetzen. Während die psychischen Abflussrohre gereinigt werden und die Zeit sich sammelt, steigt der Energiepegel, wodurch die Wahrnehmung geschärft wird und das Leben deutlicher zu erkennen ist.

Eine in Wien studierende Pianistin spielte auf den gleichen Instrumenten wie Mozart und Bach, berührte die Dinge in dem Zimmer, wo Beethoven seine Symphonien komponierte, in dem Konzertsaal, wo Chopin seine Etüden zum Besten gab. Eine Künstlerin, die auf einem mittelalterlichen Pilgerpfad wanderte, konzentrierte sich auf den Weg unter ihren Füßen, der so viel Dramatisches gesehen hatte und sich nun vor ihren Augen von einer Kopfsteinpflasterstraße in schlammiges Ackerland, vom Weinberg in einen Trampelpfad verwandelte. Eine Lehrerin, die durch dichte Nadelwälder wanderte, lauschte den wilden Truthähnen, den Eistauchern und den Rehen neben dem Weg. Eine Vollzeitmutter, die sich immer um den Essensplan der Familie gekümmert hatte, kochte in Folie gepacktes Gemüse ganz langsam über dem offenen Feuer und kreierte Mahlzeiten, die so lecker waren, dass sie sich noch drei Jahre später an ihren Geschmack erinnern konnte. Eine Karrieremutter, die zum ersten Mal allein in einem Restaurant aß, entdeckte so ihr absolutes Lieblingsessen. Wenn eine Frau einen fünfzehnminütigen Fußweg zu ihrem Kurs in ein stundenlanges Umherschlendern verwandelt, dehnt sich die Zeit. Wenn sie sich am späten Nachmittag eine Stunde in die Badewanne zurückzieht, wird die Zeit unendlich. Sich versenken bedeutet, dass man sich ganz der Erfahrung hingibt – dass eine Frau mit dem Verbindung aufnimmt, was sie braucht.

Als Katharina von der Universität, an der sie arbeitete, ein Sabbatjahr bekam, plante und organisierte sie einen dreimonatigen Aufenthalt im Ausland: Zuerst Sprachenschule in Paris, dann Jobs bei einer Werbeagentur in Brüssel und bei den Vereinten Nationen in Genf.

Als sie jedoch auf französischem Boden landete, änderte sich die Struktur ihrer Zeit. Obgleich sie sich in den ersten Wochen verloren und erschöpft fühlte, weil sie sich an das Geldsystem gewöhnen musste und noch nicht fließend Französisch sprach, fand sie diese Schwierigkeiten eher unbedeutend, sobald sie sich französisch ausdrückte. Schon seit langem hatte sie eine Vorliebe für Frankreich, und nun verliebte sie sich endgültig in die lyrische Sprache. Sie arbeitete hart und setzte alles daran, so gut zu werden, dass sie die französischen Dichter in der Originalsprache lesen und verstehen konnte. Nach dem Vormittag konzentrierter Arbeit in der Sprachenschule saß sie am liebsten allein im Café. «Wenn man mit anderen Menschen zusammen ist, macht man sich immer Sorgen, dass sie sich langweilen», meinte sie. «Wenn man allein ist, weiß man genau, ob man sich langweilt oder nicht. Ich habe eine Stunde in einem einzigen Raum des Louvre verbracht und mir die Gemälde von Katharina di Medici angesehen. Das hätte ich mit meinen Kindern nie tun können und mein Mann wäre unruhig geworden. Wann man allein ist, kann man richtig spielen.»

Doch der Höhepunkt ihres Aufenthalts war für Katharina der Tag, als sie ans Meer fuhr. Schon von Anfang an hatte sie sich das gewünscht, konnte sich aber kein Auto leisten. Dann lud sie eine junge Frau ein, mit der sie sich im Kurs angefreundet hatte, und sie fuhren mit einer kleinen Gruppe an die Küste. Katharina beschreibt den Nachmittag:

> Mit einer halsbrecherischen Geschwindigkeit, die ich selbst nie vorlegen würde, sausten wir durch die französische Landschaft. Türkische, algerische und Flamenco-Musik dröhnte in voller Lautstärke aus den Boxen und mein Haar flog im Wind. Wir lachten, reichten Schokolade herum, und diese Frauen, die so viel jünger waren als ich, akzeptierten mich vollkommen. Als wir zum Strand kamen, war ich die Einzige ohne Badeanzug. Also zog ich mich aus und ging in der Unterhose im Meer schwimmen. Zu Hause hätte ich so etwas nie getan. Ich fühlte mich wie ein Kind.

Eine Zeit, in der wir uns wohl fühlen, wie wir sind, und eine Zeit, in der wir uns daran freuen, wer wir sind.

Der Mythologe Joseph Campbell glaubte, was Menschen wirklich suchten, sei nicht der Sinn des Lebens, sondern die Erfahrung, dass sie leben. «Wir sind so damit beschäftigt, Dinge zu tun, um äußeren Wert zu erlangen», schreibt er, «dass wir ganz vergessen, dass es eigentlich um den inneren Wert geht, um das Entzücken zu leben.»

Wenn Frauen Rollen und Erwartungen hinter sich lassen, wird die Zeit sorgenfrei und das Sich-Versenken kann sich sinnlich und befreit anfühlen. Harriet Beecher Stowe könnte für das neunzehnte Jahrhundert als beispielhaft für eine Frau gelten, die von der Sorge um andere zur Sorge für sich selbst überging. Als die Schriftstellerin, Pfarrfrau und Mutter von fünf Kindern in Vermont in einer Art viktorianischem Wellnessbad eintraf, entdeckte sie das Sich-Versenken auf drei Ebenen. Im wörtlichen Sinne ließ sie sich in Frischwasser-Gebirgsquellen sinken und genoss die hydrotherapeutischen Anwendungen. Auch in der Natur konnte sie versinken; täglich wanderte sie acht Kilometer an den Forellenbächen entlang auf den Pfaden ihrer Kindheit. Auf der Veranda verschlang sie braunes Brot und Milch und schlief fest in der kühlen, klaren Luft.

Außerdem versenkte sie sich in die Welt einer Frau. Nach zehn Jahren Ehe in Cincinnati – wo es in ihrem Haus von Kindern und Untermietern wimmelte und ihr Geist sich mit «ängstlichen Gedanken» herumschlug, wo ihr Körper entweder kränkelte oder schwanger war – vertraute sie eins der Kinder der Obhut ihres Mannes an, brachte die anderen vier bei Freunden und Familie unter und begab sich zur Kur. Das Haus, in dem sie untergebracht war, beherbergte ausschließlich Frauen und war wie geschaffen für Lesezirkel und Gesellschaftsspiele, lange vertrauliche Gespräche und viel Gekicher auf den Zimmern. Einer von Stowes Biografen verglich die Atmosphäre mit einem Frauenseminar, weil die Frauen einander in ihrer Spiritualität unterstützten. «Seit Jahren habe ich das Leben nicht mehr so genossen wie hier», sagte Stowe. «Alles tut mir gut.»

Georgia O'Keeffe beschrieb ihren ersten Sommer in New Mexico ähnlich. Begeistert von der Stille und der Schönheit der Wüste, genoss sie all die Aktivitäten, die ihr Mann verachtete. Sie ritt über Indianerland, lag nackt in der Sonne, schlief unter freiem Himmel, probierte selbst gebrannten Schnaps, rauchte ihre erste Zigarette und lernte Auto fahren. In einem Brief an eine Freundin schrieb sie: «Ich habe mich in meinem ganzen Leben nie so gut gefühlt.»

In diese harmonische Umgebung bricht das Klingeln eines Telefons ein (oder in früheren Zeiten ein Klopfen an der Tür und die Ankunft eines Briefes), ein dissonanter Klang.

Ich höre seine Stimme, spüre sofort Unbehagen.

»Was ist los?», frage ich.

»Ich kann nicht glauben, was die Leute sagen, wenn ich ihnen erzähle, was du tust.»

»Welche Leute?»

»Männer. Freunde.»

»Was sagen sie denn?»

»Dass du keinesfalls drei Monate allein leben kannst. Sie wollen nicht glauben, dass ich dich überhaupt habe gehen lassen.»

»Was hast du gesagt?»

»Was kann man dazu schon sagen?»

»Dein Psychologenfreund meint, er könnte nicht drei Monate alleine leben?»

»Ja.»

»Ein ehemaliger Hippie behauptet, er kann nicht glauben, dass du mich hast gehen lassen?»

»Ja.»

»Hat irgendjemand auch was Positives von sich gegeben?»

»Ein Einziger.»

»Was hat er gesagt?»

»Er meinte, er wünschte, seine Frau würde auch mal drei Monate verschwinden.»

Der Zweck des Reisens, schreibt der französische Essayist Montaigne, ist, «sich an anderen zu reiben» und von ihnen zu lernen. Verheiratete Frauen, die allein auf die Reise gehen, müssen sich an zwei verschiedenen Arten von Menschen reiben: an denjenigen, die sie unterwegs treffen, und an denjenigen, die sie zurücklassen. Eine nach der anderen Frau erzählte mir, dass es bei ihrer Erfahrung nicht um ihren Mann ging. Aber wenn eine Frau dann weg ist, entdeckt sie vielleicht, dass es zwar ursprünglich nicht um ihn ging, dass ihre Reise ihn aber beeinflusst – und was ihn beeinflusst, beeinflusst auch sie. Sie kann nicht vorhersehen, ob er Schwierigkeiten in seinem Job bekommen oder ob er Schwierigkeiten haben wird, mit ihr Kontakt aufzunehmen. Ein unsensibler Kommentar von einem Kollegen kann ihn verärgern, eine kurze E-Mail von ihr kann ihn enttäuschen. Sie kann nicht wissen, wie er nach einem schlechten Arbeitstag reagieren wird, wenn er in ein leeres Haus kommt, sich nach ihr sehnt und sich selbst bemitleidet, zornig, weil er sie braucht und sie nicht da ist, oder verstimmt, weil er das Gefühl nicht mag, sie zu brauchen. Vielleicht möchte er über seine Gefühle reden, vielleicht auch nicht, nur der Klang seiner Stimme verrät, was er empfindet.

Viele Gedanken gehen einer Frau durch den Kopf, bevor sie weggeht, aber kaum eine denkt dabei, dass die Telefongespräche mit ihrem Mann problematisch werden könnten. Doch nach einer Zeit, wenn sie realisiert, dass sie sich mitten in einem Abenteuer befindet, während er mit den alltäglichen Ärgernissen des Haushalts zu kämpfen hat, kann das Telefonieren heikel werden. Die körperliche Fürsorge pausiert zwar, aber die emotionale Fürsorge nicht. Wenn sie an seinen Problemen Anteil nimmt, fragt sie sich womöglich: Wird er sich ärgern, wenn ich ihn frage, ob er mir etwas schicken kann? Wird es ihn verletzen, wenn er hört, wie gut es mir ohne ihn geht? Manche Frauen spielen ihre Schwierigkeiten herunter, damit ihr Mann sich keine Sorgen macht, andere betonen ihre Schwierigkeiten, damit ihr Mann nicht meint, sie hätten zu viel Spaß.

Harriet Beecher Stowe fällt in die zweite Kategorie. Sie beklagte sich bei ihrem Mann Calvin ausführlich über die Wasserbehandlungen, obwohl nur manche Aspekte davon unangenehm waren. Sie genoss die Bewegung und die Gesellschaft anderer Frauen, erlebte eine großartige Zeit und fühlte sich gestärkt. Am Ende des Sommers jedoch, während ihr Ehemann das Haus in Cincinnati bereits für ihre Rückkehr vorbereitete, schrieb Stowe einen Brief. Die Botschaft: Ich bin noch nicht so weit, ich kann noch nicht heimkommen. Ich muss noch den Herbst über bleiben, damit ich körperlich robuster werde. Vor Weihnachten schrieb sie abermals; diesmal überzeugte sie ihn, dass sie sich in einem sehr prekären Gesundheitszustand befand. In Wirklichkeit fuhr sie Schlitten, ging Eislaufen und warf im Mondlicht Schneebälle.

Hundertfünfzig Jahre später hatte Sue Bender in der völlig anderen Atmosphäre der einfachen Amisch-Gemeinschaft den gleichen Wunsch wie Stowe – sie wollte die Erfahrung verlängern, wollte die Ruhe nicht aufgeben, die sie in sich spürte. «Ich machte mir Sorgen, dass ich nie wieder wegwollen würde», schrieb sie. Bender hatte ihrem Mann gesagt, sie würde nach drei Wochen wieder heimkommen: Ich bin noch nicht so weit, sagte sie nach der vierten, fünften, sechsten und siebten.

Eine Zeit, in der man Frieden in sich findet, eine Zeit, in der man genau spürt, was gut für einen ist.

Wenn Frauen sich an anderen reiben, reiben sie sich immer auch an sich selbst. Das Leben ohne Filter zu erfahren, bedeutet, dass wir nicht nur unsere Umgebung schärfer wahrnehmen, sondern auch uns selbst. Auf der dritten Ebene der Stille hören Frauen den Klang der Kontemplation und der Selbstprüfung, das, was Georgia O'Keeffe «den lauten Hammerschlag, der auf etwas Hartes trifft» genannt hat.

Als Sarah ihren ersten Sommer ohne ihren starken, charismatischen Ehemann verbrachte, erforschte sie, unbeeinflusst vom Wirbel seiner Welt, ihren eigenen Rhythmus. Wenn sie nicht in ihre Studien für ihre Computerausbildung vertieft war, verbrachte sie ihre Zeit in einer spirituellen Gemeinschaft, die sie bald nach ihrer Ankunft kennen gelernt hatte. Vor allem die Yogakurse zogen sie an, denn sie spürte, dass sie ihr weiterhalfen auf der Suche nach ihrem inneren Ruhezentrum, dem Ort, an dem sie mit sich im Frieden war, ganz gleich, welche Turbulenzen sich um sie herum abspielten. So lernte sie nicht nur eine neue Computeranwendung, sondern auch eine neue mentale Disziplin, die fokussierte Aufmerksamkeit, die im Buddhismus Dhyana heißt. Nach der Lehre des Dalai Lama ist innere Disziplin die Basis eines spirituellen Lebens und die fundamentale Methode, das Glück zu erlangen. Übungen, die den Geist beruhigen, bringen uns tiefer mit unserer spirituellen Natur in Verbindung und führen zu innerer Transformation.

Ein Traum, den Sarah bald nach ihrer Ankunft hatte, offenbarte ihren Wunsch nach innerer Veränderung. In dem Traum wanderte sie durch ihr Haus und entdeckte plötzlich eine Geheimtür. Sie trat durch die Tür und stand in einem Zimmer, von dem sie keine Ahnung gehabt hatte. Als sie das Zimmer durchquerte, fand sie zu ihrem Erstaunen einen weiteren Raum, eine große Halle mit drei Meter hoher Decke. «Als ich aufwachte, wurde mir klar, dass ich bisher nur in zwei kleinen Zimmern gelebt hatte», sagte sie. «Alles, was ich sehen konnte, war der Mangel an Möglichkeiten. Ich begriff, dass ich nur ein paar Schritte zu machen brauchte, dann lag die ganze Welt vor mir.»

Das Unbewusste spricht in Träumen und Symbolen; Häuser sind Symbole für die Struktur des Selbst. Wenn wir leere Räume entdecken, geht es um das innere Leben. Mit dem Sich-Versenken kommen wir oft zu blitzartigen Erkenntnissen.

Eine Zeit, unsere Gedanken zu öffnen für neue Seinsmöglichkeiten.

Woche 5: Ich bin im ländlichen Wyoming, in den Hügeln vor den Bighorn Mountains. Rustikale rote Scheunen, in ihrem Innern moderne, farbenfrohe Räume voller Kunst, so sieht mein zweites kreatives Refugium aus. Lebensphilosophie und Struktur der Einrichtung ist ähnlich wie bei der ersten: Am Tag arbeitet jeder für sich, die Abende verbringt man mit den anderen Künstlern, die von überall aus dem ganzen Land kommen. Hier sind auch Maler und Fotografen.

Auf einem Schild an der Wand meines Studios steht: «Niemand darf dich stören, wenn du in deinem Arbeitsraum bist, es sei denn, das Haus brennt ab.» Tagsüber kann mich niemand anrufen, niemand kann in mein Studio eindringen, hier gibt es kein Telefon, kein Modem, keinen Anrufbeantworter und kein Faxgerät. Ich muss an meinen früheren Chef denken, den Herausgeber einer Zeitung, der mir, nachdem das Unternehmen Bankrott gegangen war, sagte, ich hätte meinen Job sehr gut gemacht – außer in *einer* Hinsicht. «Sie haben nie kapiert, wie Sie mit Ihrer Zeit umgehen müssen», meinte er. Er hatte Recht. Ich habe tatsächlich nie begriffen, wie ich die ständigen Störungen von mir weghalten konnte. Hier habe ich ungestört Zeit, den ganzen Tag, und sie gehört mir allein. Hier sind Stille und Raum heilig. Zum ersten Mal seit achtundzwanzig Jahren weiß ich, was für ein Gefühl es ist, wenn mein Raum nicht ständig von Invasionen überrollt wird. Und ich weiß, dass ich diese Erfahrung nie gemacht hätte, wenn ich nicht von zu Hause weggegangen wäre.

Ein anderes Gefühl baut sich auf: das Gefühl, als Schriftstellerin anerkannt zu werden. In den zwanzig Jahren, die ich berufsmäßig schreibe, vor allem in den letzten sechs Jahren, in denen ich freiberuflich tätig war, habe ich dieses Gefühl nie gehabt. Es ist schwer, sich anerkannt zu fühlen, wenn man wiederholt bei Verlagen anrufen muss, weil man immer noch kein Geld gesehen hat, wenn man monatelang an einem Artikel schreibt, den eine Chefredakteurin dann wieder rausschmeißt, weil sie zu lange gewartet hat, ihn zu bringen, und das Thema jetzt nicht mehr aktuell ist, wenn Freunde und Familie annehmen, dass es eigentlich gar keine Arbeit ist, weil man doch nur zu Hause sitzt und schreibt. An einem Beruf festzuhalten, in dem man eigentlich keine Aussicht hat, je das große Geld zu machen, in dem Isolation und Zurückweisung zum Alltag gehören – das fühlt sich manchmal an wie der reine Masochismus. Aber jeden Abend an einen wunderschön mit geblümten Stoffservietten, flackernden Kerzen und Tulpen (im Februar!) gedeckten Tisch zu kommen, sich zu fühlen wie ein Ehrengast, nur weil «deine Worte Bedeutung haben», ist ein zutiefst bewegendes und beeindruckendes Erlebnis. Dann wird mir klar, warum es so schwer war, meine Zeit und meinen Raum zu schützen. Wenn ich meine Arbeit selbst nicht würdigen konnte, muss ich wohl das Gefühl gehabt haben, dass sie es nicht wert war, geschützt zu werden. Und wenn ich nicht das Gefühl hatte, dass sie es wert war, geschützt zu werden, warum sollte es jemand anderes haben?

Eine Zeit, in der wir uns in der Stille verlieren, und eine Zeit, in der wir uns in der Stille finden.

FOKUS UND AKTIVITÄT

Mit der Versenkung in kreative oder intellektuelle Aktivität gehen die Veränderungen und Umschwünge weiter: Mal wird die Zeit langsamer, mal schneller, Gedanken erweitern und verengen sich. Erst sprudelt die Energie, dann fließt sie ruhig in Ideen, Worte und Bilder. Wie sich Versenkung anfühlt: Ohne Wecker erwache ich in aller Herrgottsfrühe, weil ich so darauf brenne, endlich anzufangen; oder ich schlafe jeden Abend um acht ein, weil ich von der Aufregung des Lernens so erschöpft bin; oder ich will nicht ins Bett, weil mir der Tag viel zu kurz war. Manche Frauen essen mit Heißhunger, andere verlieren ihren Appetit. Wie Versenkung aussieht: Ich lasse meine Uhr fallen, sehe zu, wie sie in tausend Stücke zerspringt und denke: «Ich hab sie sowieso nicht gebraucht.»

Versenkung bedeutet, dass Arbeit sich anfühlen kann wie Spiel, dass sie Spaß macht, um ihrer selbst willen. Eine Krankenschwester, die an einem intensiven dreimonatigen Weiterbildungsprogramm teilnahm, verbrachte acht Stunden am Tag in Seminaren und den größten Teil ihrer übrigen Zeit mit Lernen. Aber wenn man ein Zimmer für sich und keine Ablenkung hat, «dann fühlt es sich an wie Ferien», meinte sie.

Versenkung bedeutet, dass Maria in acht Wochen dreißig Bilder gemalt hat, «dreimal so viel, wie ich zu Hause geschafft hätte». Melissa lernte sechzehn Stunden am Tag für ihr Juraexamen. Anna schaffte ein zweijähriges Aufbaustudium in Sozialarbeit in vierzehn Monaten, mit Bestnoten in jedem Kurs. Eine Psychotherapeutin schrieb den ersten Entwurf ihres Buchs in einem Monat, «wofür ich sonst zwei Jahre gebraucht hätte». Versenkung bedeutet so viel Konzentration auf eine Sache, dass die Umgebung verschwindet. Versenkung bedeutet heute das Gleiche, was es vor fünfzig Jahren bedeutet hat, als Claire Fejes in einem isolierten Eskimodorf lebte und es ihr egal war, dass sie auf dem Eis schlafen und Seehundleber essen musste. «Da ich ungestört Zeit hatte zu schreiben und zu zeichnen, brachte ich die besten Zeichnungen meines Lebens zustande, während ich auf einem Felsbrocken saß, mir der Nordwind um die Ohren blies und die Hunde jaulten ... Es war eine Offenbarung zu merken, dass ich in einem Monat mehr kreativ arbeitete, als ich in einem ganzen Jahr zu Hause geschafft hatte.»

Der Grundzustand des normalen Bewusstseins ist oft vage, nicht fokussiert und ständig abgelenkt, wir machen uns Sorgen und überwachen unser Verhalten ständig, um unser Ego zu schützen. Dadurch werden unsere Gedanken chaotisch und negativ, unser Bewusstsein verliert die Verbindung zu dem, was wir tun. Nur wenn wir jede Form von Ablenkung blockieren und jede Form der Negativität zum Schweigen bringen, gewinnen wir das Gefühl, dass wir eins sind mit etwas Größerem als wir selbst. Wir beobachten uns nicht mehr selbst, Handlung und Bewusstsein fließen ineinander, Einsichten kristallisieren und verbinden sich.

Wenn eine Frau Tag für Tag, Woche für Woche, manchmal sogar Monat für Monat diesen Zustand erlebt, fühlt sie sich auf dem Höhepunkt ihrer Kraft. Und mit diesem Gefühl stellen sich Augenblicke großer Freude ein, ein Rausch des Wohlbefindens. Je mehr davon wir im täglichen Leben erfahren, desto wahrscheinlicher fühlen wir uns rundum glücklich, und wenn die Aktivität, die uns in diesen Glückszustand versetzt, komplex und anspruchsvoll ist, führt sie zu persönlichem Wachstum. Frauen, die von anderen viel Anerkennung bekommen, entdecken plötzlich, wie es sich anfühlt, Anerkennung von sich selbst zu erhalten.

Als Diana ihren Mann (der sie unterstützte), ihren Sohn (der sehr beunruhigt war) und ihren Chef (der sich über ihr Weggehen ärgerte) verließ, um zwei Monate in Holland zu unterrichten, tauschte sie ihre gewohnte hektische Umgebung gegen eine friedliche ein. Da sie kein Niederländisch sprach, wandelte sich auch die Geräuschkulisse und es wurde still um sie herum.

> Die ganze Erfahrung war ein Weg, mein Leben zu verlangsamen, Beobachterin zu werden. Ich bin ein sehr sozialer Mensch und zu Hause ständig überreizt und überbeansprucht, jede Sekunde ist verplant. Dazu kommt noch der Erfolgsdruck. Immer dachte ich: «Ich muss dieses Projekt fertig kriegen, diesen Preis gewinnen.» Ich lebte nie im Augenblick. Als ich weg war, ließ ich das Leben geschehen, statt es zu kontrollieren, und habe mich nie so großartig gefühlt. Wenn man von der Reizüberflutung abgeschnitten ist, schmeckt alles besser, klingt alles besser. Eines Abend zeigte die BBC ein Konzert von Gloria Estefan und das klang wundervoll für meine Ohren; zu Hause hörte ich es noch einmal im Radio, und nach fünf Minuten schaltete ich einen anderen Sender ein. Ich hatte so viel kontemplative Zeit, dass ich durchgehend Tagebuch führte. Auf einmal konnte ich der Mensch sein, der ich sein wollte.

Ich vermisste meine Familie, aber ich langweilte mich nie und habe mich auch nie einsam gefühlt. Das hat mich wirklich gewundert.

Eine Zeit für heitere Entspannung und eine Zeit für Überraschungen.

ALLEINSEIN UND NÄHE

Für die meisten Frauen mündet das Gefühl des Alleinseins nicht in ein Gefühl der Einsamkeit – höchstens gelegentlich einmal ein kleiner Stich macht sich bemerkbar. Teilweise ist der Grund dafür, dass Frauen das Alleinsein selbst gewählt haben. Und je mehr wir unser Selbst entdecken, desto weniger allein fühlen wir uns. Die Schriftstellerin May Sarton liefert den Rest der Antwort. «Einsamkeit ist Armut am Selbst. Alleinsein ist Reichtum des Selbst.» Beim Urlaub von der Ehe fühlen die meisten Frauen ohne Frage den Reichtum des Selbst.

Zu wissen, dass die Menschen, die sie liebt, auf ihre Rückkehr warten, gibt der Frau im Urlaub von der Ehe ein Gefühl großer Freiheit: Sie kann allein sein in dem Bewusstsein, dass es Liebe in ihrem Leben gibt, gerade mal einen Telefonanruf entfernt.

In seinem klassischen Aufsatz über das Alleinsein schrieb der französische Essayist Montaigne: «Das Größte der Welt ist zu wissen, wie man sich selbst gehört.» Die meisten von uns kennen sowohl die Angst vor dem Alleinsein als auch die Sehnsucht nach dem Alleinsein, aber nur wenige haben die Fähigkeit gemeistert, das Alleinsein zu genießen. Dabei ist es eine wichtige Fähigkeit, denn je älter wir werden, umso mehr Verluste müssen wir verkraften, und je mehr Menschen wir verlieren, desto einsamer werden wir.

Frauen, die in einer zweiten Ehe ihren Urlaub nahmen, meinten, die Erfahrung sei eine ganz andere als nach ihrer Scheidung. Bei der Scheidung steigen Ängste vor dem Alleinsein an die Oberfläche, und oft gehen Kreativität und Fokus in dem existentiellen Kampf des Alleinseins unter. Bei einem Urlaub von der Ehe aber kann eine Frau ihren Mann anrufen, wenn sie sich allein fühlt oder Angst hat, sie kann sich sozusagen fast jederzeit eine Dosis Nähe und Verbindung holen und sich dann gestärkt wieder der von ihr gewählten Herausforderung widmen.

Selbst wenn eine Frau nicht existentiell allein ist, bekommt sie im Urlaub von der Ehe eine Ahnung davon, was es heißt, allein zu sein. Und diese Ahnung reicht häufig, um zwei paradoxe Wahrheiten zu erkennen: Sie will und schätzt Nähe in ihrem Leben und sie will mehr Zeit für sich allein.

»Alleinsein macht süchtig.« Zu diesem Schluss kommt die New Yorker Psychoanalytikerin Ester Schaler Buchholz. «Für Paare, die sich voneinander trennen, ist es manchmal ein Schock, wie sehr es ihnen gefällt, plötzlich ungestört und allein zu sein, wie gut es sich anfühlt. Und dann wollen sie mehr davon.» Buchholz glaubt, dass es für die menschliche Entwicklung unabdingbar ist, Zeit allein zu verbringen. «Es ist biologisch und psychologisch essentiell, ebenso notwendig wie unser Bedürfnis nach Bindung. Zeit allein ist der Brennstoff fürs Leben.»

Frauen wünschen sich vielleicht Zeit allein, aber sie möchten ihre Erfahrungen trotzdem mit einem anderen Menschen teilen. Das Gespräch aufrechtzuerhalten ist wesentlich leichter für diejenigen, die leichten Zugang zu Telefon und Internet haben, als für die, die in Länder der Dritten Welt reisen, wo es im ganzen Dorf nur ein einziges Telefon gibt und die Post drei Wochen braucht. «Der einzige Mensch mit einem Telefon war der Direktor der Schule, an der ich unterrichtete», berichtete Chris über die Lage in dem afrikanischen Dorf, in dem sie für das Friedenscorps arbeitete. «Ich musste darum betteln, einmal pro Woche meinen Mann anrufen zu dürfen. Spätabends ging ich ins Büro des Direktors und saß mit einer Taschenlampe auf dem Boden, während mich die Moskitos halb auffraßen.»

Woche 7: Mein Mann hat zahlreiche Talente, aber telefonieren gehört nicht dazu. Darüber beschweren sich auch seine Mutter und seine Schwester. Auch unsere Söhne und deren Freundinnen haben sich im Lauf der Jahre darüber beklagt. An diesem Abend kommt er gerade zurück von einem Besuch bei unserem Jüngsten in Kalifornien, eine Reise, die ich ihm vorgeschlagen habe, bevor ich weggefahren bin. Er erzählt ausführlich, wie schön es war, von den langen Gesprächen bis tief in die Nacht. Ich bekomme die Höhepunkte von jedem Tag zu hören. Er berichtet, dass unser älterer Sohn ihn am Flughafen abgeholt hat und dass sie einen langen Abend zusammen verbracht haben. Er fühlt sich ihnen näher denn je, sagt er, er ist dankbar, dass sie so tolle junge Männer geworden sind. Ich lausche und warte, dass er hinzufügt: «Vermutlich ist das alles passiert, weil du weggefahren bist.» Natürlich sagt er nichts dergleichen. Ich sage auch nichts, aber ich spüre, wie mich das letzte Restchen schlechtes Gewissen verlässt.

Ich erzähle ihm, was ich über mich selbst inzwischen gelernt habe, warum ich wegmusste, dass es dabei nicht um ihn ging. Vor meiner Abreise hatte ich noch nicht alle meine Motive ganz begriffen, und was ich nicht verstand, konnte ich ihm natürlich auch nicht mitteilen. Jetzt sprudeln die Worte aus mir heraus und ich weiß, er nimmt jedes davon wahr. Ein angenehmes Gefühl der Erleichterung.

Dann frage ich, ob er Lust hat, mich zu besuchen. Ich habe damit gewartet, bis nur noch ein Wochenende – noch fünf Tage entfernt – für uns in Frage kommt. Ein Ticket kostet ein Vermögen, also frage ich nicht aus meinem eigenen Bedürfnis heraus, sondern für ihn. «Ich möchte liebend gerne», antwortet er, «aber ich weiß, wie viel dir diese Zeit bedeutet, wie lange du dich schon danach sehnst. Und ich weiß, dass es eine Störung für dich wäre, wenn ich käme. Ich kann warten.»

Es gehört ebenfalls zu den Paradoxen des Lebens, dass das, was an einer langen Ehe am schwierigsten ist, gleichzeitig auch das Beste ist. Er kennt mich so gut, wie ich mich selbst kenne. Manchmal heißt das, er kennt mich besser als mir recht ist. Heute Abend funktioniert das zu meinem Vorteil. Ich habe mich ihm nie so nahe gefühlt, ihn nie mehr geschätzt als an diesem Abend. Heute esse ich nicht mit den anderen. Dankbarkeit und Liebe erfüllen mich, wie es ein Feinschmeckermahl niemals könnte.

Eine Zeit, in der man fühlt, wie anstrengend eine Ehe ist, und eine Zeit, in der man spürt, wie stark sie ist.

Gespräche nehmen eine andere Qualität an, wenn sie die hauptsächliche oder sogar einzige Kommunikationsmöglichkeit für ein Paar sind. Statt über die Kleinigkeiten des alltäglichen Lebens zu reden – *hast du meine Brille gesehen? Hast du den Rasensprenger angestellt? Wir müssen unbedingt mal den Klempner anrufen* -, die für zu Hause üblichen Gespräche zu führen, gibt es jetzt Unterhaltungen über die aufregenden neuen Aktivitäten, die neuen Dinge, die man lernt. Gespräche werden Höhe- oder Tiefpunkte, vermitteln Trost oder Konflikt, eröffnen Überraschungen. «Ich hatte geplant, meinen Mann nur einmal pro Woche anzurufen», sagte eine Frau, «aber dann habe ich jeden Abend mit ihm telefoniert. Es war meine Methode, meine Batterie wieder aufzuladen.» Manche Frauen erzählen, dass sie mehr mit ihrem Mann gesprochen haben, während sie zum Studium weg waren, als jemals zu Hause. Andere berichteten von zwei- oder dreistündigen Telefongesprächen, in denen die Einstellung zu Ehe und Verpflichtung diskutiert wurde, was sie voneinander brauchten, was sie von sich selbst brauchten. Wenn Gefühle und Gedanken deutlich artikuliert werden müssen, fühlen sich Gespräche an wie eine nie geahnte Nähe, Leidenschaft fließt durch Worte und Kabel.

Der niederländische Theologe Henri Nouwen, einer der großen spirituellen Denker des zwanzigsten Jahrhunderts, schrieb, dass es ein Irrtum ist zu glauben, dass wir einander nur näher kommen, wenn wir miteinander sprechen, zusammen spielen oder arbeiten. Er glaubte, dass unsere Nähe durch das Alleinsein vertieft wird, weil wir dann erkennen, dass wir nicht *gezwungen* werden, aufeinander zuzugehen – durch Angst, Gewohnheit oder die jeweiligen Umstände –, sondern dass uns ein tieferes Band verbindet, als wir es durch all unsere Anstrengungen je schaffen könnten. Wenn wir unser gemeinsames Leben nur auf körperliche Nähe aufbauen, so Nouwen, dann fluktuiert das Leben je nach den individuellen Stimmungen und Wünschen und der jeweiligen Attraktivität, sodass wir leicht anfangen zu klammern, gereizt reagieren oder einander mit quälender Überempfindlichkeit bewachen. Ohne Alleinsein verursachen kleine Konflikte oft tiefe Wunden und man wird im täglichen Leben so befangen, dass eine Partnerschaft auf langfristiger Basis praktisch unmöglich wird.

»Ich bin fest davon überzeugt, dass Zärtlichkeit, Freundlichkeit und die innere Freiheit, sich auf den anderen zu- oder sich von ihm wegzubewegen, im Alleinsein gedeiht», schreibt Nouwen, für den das Alleinsein die Quelle der Nähe ist, durch die wir die Notfälle des täglichen Lebens überwinden können – Nähe, die von Dauer ist.

Woche 9: Das Leben in einem Schriftstellerhaus besteht zu zwei Dritteln aus Alleinsein und zu einem Drittel aus dem gemeinsamen Leben mit anderen Schriftstellern und Künstlern. Nachdem ich zwei Monate so gelebt habe, merke ich, dass ich mich danach sehne, ganz allein zu sein. Mein älterer Sohn hat mir geraten, nicht jeden Schritt der Reise zu planen. «Lass es offen», meinte er. «Das ist Teil des Abenteuers.» Als mir eine Künstlerin, die ich in Wyoming kennen gelernt habe, ein Gästehaus auf ihrer Ranch in Montana anbietet, sage ich meinen Aufenthalt bei einer dritten Schriftstellerkolonie in Vermont ab. Ich mache mich auf den Weg zum Busbahnhof in Sheridan. Liegt es an meiner medienverseuchten Fantasie oder sehen die Hälfte der Männer mit ihren engen, verwaschenen Jeans und ihren Dreitagebärten wirklich aus wie Massenmörder? In Billings miete ich mir ein Auto und fahre nach Molt, Montana. Das Dorf hat sechzehn Einwohner. Zwar habe ich eine gute Straßenkarte, aber ich finde die Abzweigung nicht. Schließlich biege ich einfach auf gut Glück ab, lande aber vor einem Stacheldraht und einer verfallenen Hütte. Ganz bestimmt lauert hier schon wieder ein Serienkiller. Als ich wende, bleiben die Räder im Schlamm stecken.

Ich sehe mich um: Nichts als weite Landschaft, beherrscht von einem Himmel, der so endlos ist, dass ich das Gefühl habe, ich bin im Zentrum der Erde gelandet – oder in einer Filmkulisse. So viel Himmel habe ich noch nie gesehen. Ich weiß nicht, ob es daran liegt, dass ich den Himmel für gewöhnlich nicht so intensiv betrachte, oder daran, dass es hier nichts gibt, das ihn verstellt. Keine Wolkenkratzer, keine Einkaufszentren, keine Werbetafeln, keine Ampeln, keine Autos, keine Menschen, keine Hilfe. Wo sind denn die anderen? Ich sehe nur Präriegras und eine scheinbar endlose ungeteerte Landstraße. In einem Augenblick der Panik denke ich daran, wie oft Jim mich gerettet hat. Jedes Mal, wenn ich aus einem Job aussteigen wollte und noch keinen neuen hatte, hat er mich in meiner Entscheidung unterstützt und nie ein Wort über die finanziellen Einbußen verloren. Jedes Mal, wenn ich

einen dringenden Termin hatte und mein Computer schlapp-
machte, hat er ihn wieder flott gemacht. Aber wer soll mich jetzt
retten?

Irgendwie schaffe ich es, den Wagen aus dem Schlamm zu ma-
növrieren, und gerade da kommt eine Frau in einem Lieferwagen
die Straße herunter und hält an, um mir den Weg zu zeigen. Jetzt
erscheint mir meine Angst idiotisch. In fremder Umgebung mache ich mir sofort Gedanken über Massenmörder. Auch meine
Angst, dass ich von Jim abhängig bin, erscheint plötzlich absurd.
Um durchs Leben zu kommen, brauchen wir alle eine aus-
gestreckte Hand, und die finden wir bei vielen Menschen, fast
überall.

Eine Zeit, in der wir Angst haben, und eine Zeit, in der wir die
Angst überwinden.

FREUDE UND GRENZEN

Versenkung bedeutet, dass Erfahrungen immer anregend, aber
nicht unbedingt angenehm sind. Eine ungefilterte Begegnung
mit uns selbst bedeutet auch, dass wir an unsere Grenzen stoßen.
Ein Urlaub von der Ehe stellt Stärken auf die Probe und offenbart Schwächen in aller Klarheit. Am Ende eines Zehnstunden-
tags, den sie mit Malen zugebracht hat, steht eine Frau womöglich da, und was sie produziert hat, gefällt ihr so wenig, dass sie
die Leinwand wütend in die Ecke wirft. Und schon kehren alle
Zweifel an ihrem Talent zurück. Vielleicht fällt sie bei der ersten Prüfung gleich durch, wird von ihrem Lehrer lächerlich gemacht, gerät beim Anblick einer Maus oder eines Bären in Panik.
Allein im Dunkeln stellt sie sich einen Vergewaltiger im Wand-
schrank vor oder einen Voyeur am Fenster. Ohne Ablenkung und
Filter hat sie keine andere Wahl, als sich ihrer Angst zu stellen,
und indem sie das tut, entdeckt sie, dass sie – ganz gleich, wie viel
Trost ihr Mann ihr gibt – ihre eigene Stärke entwickeln muss, um
zu lernen, sich selbst zu trösten. Eine Seelenreise ist immer eine
Reise mit Schwierigkeiten.

Als Diana während ihres Aufenthalts in Holland eines Tages
aus dem Fenster blickte und einen kleinen Jungen sah, der mit

Plastikdinosauriern spielte, war ihre angenehme, ruhige Heiterkeit auf einmal wie weggeblasen. «Ich fühlte mich elend, weil ich meinen Sohn verlassen hatte und er über sechstausend Kilometer weit weg war», sagte sie. «In diesem Moment dämmerte mir, dass ich ihn nicht erreichen konnte, wenn ich ihn brauchte. Ich wusste, er war gut aufgehoben, aber zum ersten Mal fühlte ich mich als Mutter ohne Kontakt zu ihm. Das gehörte mit dazu.»

Grenzen entstehen aus Verbindung und Trennung, aus den Erfahrungen im Urlaub von der Ehe und aus den Erfahrungen zu Hause. Die Realitäten des Lebens folgen einer Frau, wohin sie auch geht. Genau wie in Augenblicken der Gelassenheit Gefühle der Isolation auftauchen können, so gelangen in Augenblicken der Verbundenheit gelegentlich auch unruhige Gefühle an die Oberfläche. Der Ehemann verliert die Geduld, alte Eltern brauchen Hilfe, die Kinder rufen an, weil sie in einer Krise stecken. Frauen entdecken, dass sie auch Fernmütter sein können, wenn sie ihr Zuhause verlassen, genauso wie sie Fernmütter sind, wenn ihre Kinder weggehen. Sie können sich immer noch täglich um Viertel nach drei melden, Streitigkeiten zwischen Geschwistern schlichten, zuhören und beraten, loben und bemitleiden. Sie können sich von ferne um ihre Eltern kümmern, Entscheidungen des Altenheims und Krankenhausaufenthalte überprüfen. Was eine Frau entdeckt, ist die Tatsache, dass absolute Freiheit eine Illusion ist, und dass sie sich, solange sie mit anderen Menschen verbunden ist und sich diese in Not befinden, weiter emotional um sie kümmern wird.

Jedes Gespräch, in dem es um Bedürfnisse geht, bestätigt das Unterstützungssystem und die Verwobenheit der Liebe, jedes Gespräch erinnert sie daran, warum sie weggegangen ist. Während ihr Urlaub sich seinem Ende entgegenneigt, fühlt sie eine immer größere Dringlichkeit, den Raum zu formen, die Zeit zu verwandeln.

Woche 10: Ich lebe auf einer Ranch in Montana mit dreihundert Black-Angus-Kühen, zweihundertfünfundzwanzig Columbia-Schafen, zehn Reitpferden, einem Esel, einem Collie, einem australischen Schäferhund und einer vierzig Meter von mir entfernt wohnenden Familie, die sich um alles kümmert. Hier gibt es keinen Pizzaservice, keinen Videoverleih, kein Fernsehen. Die vielfältigen Methoden, mit denen ich mich gegen den Stress des Alltags immunisiere – Kreuzworträtsel, Zeitschriften, Filme, Wiederholungen von irgendwelchen Talkshows –, nichts davon ist verfügbar. Nichts, was mich ermahnt, jünger, hübscher, fitter zu werden. Hier stehen die Menschen lediglich in Verbindung mit ihrem Land.

Ich bin nicht zum ersten Mal im Westen, aber zum ersten Mal außerhalb eines Familienurlaubs, und wenn man eine Woche auf einer Ferienranch verbringt, ist man ein Tourist, man betrachtet die Sache von außen. Hier habe ich das Gefühl, ich lebe mittendrin. Wenn ich die drei Jungs von nebenan bei ihrer Arbeit begleite, wenn ich zusehe, wie die Schafe geschoren werden, wie ein Kälbchen auf die Welt kommt, wenn ich den Tag bei einer Viehauktion verbringe, dann merke ich, wie wertvoll es ist, sich auf einen vollkommen anderen Lebensstil einzulassen. Es zwingt einen, den eigenen zu überprüfen und sich zu fragen: Tue ich wirklich das, was ich möchte, oder habe ich so lange das Gleiche gemacht, dass ich mir gar nichts anderes mehr vorstellen kann?

Ich lebe allein, keiner beobachtet mich, und ich entdecke, wer ich wirklich bin. Eine Woche lang bade ich nicht und wasche mir nicht die Haare. Es ist ein seltsames Gefühl, archaisch und wunderbar, sich nicht darum zu kümmern, dass man gut aussieht, vor allem keine Zeit dafür aufwenden zu müssen. Ich schreibe den ganzen Tag, mache jeden Nachmittag mit einem der Hunde einen langen Spaziergang, lese am Abend und stelle überrascht fest, dass mein natürlicher Rhythmus der gleiche ist wie zu Hause.

Dann kommt der lange befürchtete Schneesturm; fast eineinhalb Meter Schnee türmen sich ums Haus, noch mehr Schnee fegt durch die Luft. Ausgerechnet an diesem Tag gehen mir die Worte aus und ich kann nicht einmal spazieren gehen, um meine Frustration abzubauen! Es ist ein heftiger Tag. Wo sind die Ablenkungen, wenn man sie wirklich mal braucht? Am frühen Abend fühle ich mich fix und fertig, gefangen, einsam. Jetzt wünsche ich mir, Jim wäre da, aber es ist zu spät. In Tränen aufgelöst greife ich zum Telefon und rufe ihn an. Eineinhalb Stunden hört er mir zu und tröstet mich. Als ich ins Bett gehe und mir wünsche, ich könnte seine Arme spüren, wird mir eine Motivation für mein

Weggehen klar, die mir damals nicht bewusst war: Ich wollte ihn vermissen, ich brauchte das Gefühl, ihn zu vermissen. Zu Hause habe ich dazu nie die Gelegenheit. Ich denke an die Gespräche, die ich im Lauf der Jahre mit allein stehenden Freunden geführt hatte, die sich über die fehlende sexuelle Intimität in ihrem Leben beklagten, vielleicht ein Jahr, vielleicht drei Jahre. Diese Geständnisse waren für mich immer faszinierend, weil sie meiner eigenen Erfahrung so fremd waren, denn für mich war körperliche Liebe fast immer in erreichbarer Nähe. Ich erkenne, dass ich auch das vermissen wollte.

Eine Zeit, in der die Wahrnehmung klarer wird, eine Zeit, in der sich Gefühle intensivieren.

Verbindungen: nah und fern

Ganz gleich, wie wenig eine Frau vor ihrer Abreise an Sex gedacht hat – wenn sie weg ist, wird sie daran denken. Und die Gedanken daran sind bei jeder Frau ganz anders.

Manche Frauen vermissen den regelmäßigen Sex, andere nicht. Manche sagen, sie waren so beschäftigt und müde, dass sie die Energie nicht aufgebracht hätten. Diejenigen, die sich einem körperlich anstrengenden Abenteuer unterzogen, meinten, sie wären zu verdreckt und erschöpft gewesen, um auch nur einen Gedanken an Sex zu verschwenden. Eine Frau, die eine lange Bergwanderung machte, formulierte es so: «In manchen Nächten übernachtete ich mit vier oder fünf Männern in einer Hütte. Niemand dachte an Sex. Sogar Paare, die zusammen unterwegs waren, hatten kein nennenswertes Sexualleben.»

Ganz gleich, wie alt eine Frau ist, entdeckt sie in Abwesenheit von Sex, wie sie sich bei diesem Thema im Allgemeinen fühlt und wie gegenüber ihrem Partner im Besonderen. Manche Frauen merken, dass sie die körperliche Zuwendung mehr vermissen als Sex, andere, dass sie nur die körperliche Zuwendung vermissen und Sex überhaupt nicht. Manche lernen, für sich selbst zu sorgen, andere, wie lange sie ohne ihren Ehemann auskommen, viele stellen ihren sexuellen Thermostat neu ein.

Frauen entdecken, dass Treue – wie Glauben – ständig auf die

Probe gestellt wird. Vielleicht hat eine Frau, bevor sie wegging, nie an eine Affäre gedacht, aber wenn sie freizügig eingestellt ist und einem attraktiven Mann begegnet, wird der Gedanke vielleicht plötzlich aktuell. «Ehe ich zum Friedenscorps nach Afrika aufgebrochen bin, habe ich nie an eine Affäre gedacht», erinnert sich Chris. «Ob ich in Versuchung geraten bin, als ich weg war? Ja. Es waren die perfekten Bedingungen für einen Seitensprung. Aber ich habe mein Eheversprechen abgelegt, als ich meinen Mann geheiratet habe, und damit ist es mir ernst. Vielleicht haben wir unsere Schwierigkeiten, aber wir haben Vertrauen zueinander.»

Selbst Maria, die siebenunddreißigjährige Malerin, die empört war, weil ihre Freunde glaubten, sie würde sich wegschleichen, um eine Affäre zu haben, lernte einen Mann kennen, zu dem sie sich hingezogen fühlte und von dem sie unter anderen Umständen vielleicht mehr gewollt hätte. «Ich hab darüber nachgedacht, mit ihm zu schlafen, aber ich habe es nicht getan», erzählte sie, «weil ich meinen Mann liebe. Es ist ein heiliger Bund, und wenn man ihn bricht, bekommt man ihn nicht eines Tages unversehrt zurück.»

Auch andere Frauen berichteten, dass sie in Versuchung geraten waren und mit dem Gedanken gespielt hatten, eine Affäre einzugehen. Manche sagten, sie wären zwar in Versuchung gekommen, hätten den Gedanken aber sofort verworfen, wieder andere waren nie in Versuchung geraten. Was die meisten Frauen bei einem Urlaub von der Ehe erleben, könnte man eher als eine Art Affäre mit sich selbst bezeichnen. Es geht ihnen darum, ihre eigene Lebensenergie zu genießen, sich darüber zu freuen, was für ein sinnliches Gefühl es ist, sich selbst Zeit zu gönnen und nicht an einen Fremden zu vergeuden.

Wenn eine verheiratete Frau allein weggeht, erklärt die Psychoanalytikerin Patricia Vesey-McGrew, fängt sie an, verschiedene Teile ihrer selbst zu integrieren. «Wenn sie eine äußere Beziehung hat, findet diese Integration nicht statt. Das ist keine Frage der Moral, sondern eine psychologische Realität. Wenn sie ihre gewohnte Umgebung verlässt, kann sie sich selbst genug lieben lernen, um sich an dem Gefühl zu freuen, dass sie geschätzt und begehrt wird und selbst einen anderen Menschen schätzt und begehrt. Sie kann die Gefühle an die Oberfläche kommen lassen, ohne sie auszuagieren oder zu beurteilen. Sexuelle Gefühle für andere Menschen sind ganz natürlich, und wenn Frauen mit ihnen gesund umgehen, statt so zu tun, als wären sie nicht da, kann das für ihr Leben eine Bereicherung sein.»

Wenn eine Frau kein Interesse an einer Affäre hat, bedeutet das also nicht, dass sie kein Interesse an Männern hat. Frauen verbringen gern Zeit mit anderen Männern, sie verlieben sich wie Schulmädchen in ihre Professoren, sie teilen Mahlzeiten, Kurse und Wanderhütten mit Männern unterschiedlicher Herkunft – eine Freiheit, sagten manche, die sie an ihrem Arbeitsplatz oder in ihrer Heimatstadt nicht hatten. Erotik macht die Reise aufregend.

Viele Frauen bringen diese verstärkte Sinnlichkeit in die «ehelichen» Besuche mit ein. Wie der alte Spruch schon sagt: Dass die Lust da ist, daran besteht kein Zweifel, die Frage ist nur, wann. Manchmal wird ein Besuch zu einem Elixier für ein womöglich zur Routine abgeflautes Sexleben: *So viel Spaß hatten wir seit Jahren nicht mehr... Der Sex war großartig... Es fühlte sich an, als hätten wir eine Affäre.* «Ich habe nicht an Reisen oder Besuche gedacht, als ich zum Friedenscorps gegangen bin», sagt Chris, «aber die Besuche meines Mannes waren wie Flitterwochen. Und sie haben mir wirklich Kraft gegeben.»

Manche Frauen wünschen sich Besuche, wollen aber lieber, dass sie auf neutralem Terrain stattfinden, nicht am eigentlichen «Urlaubsort». Andere wollen lieber nicht besucht werden, nicht einmal am Ende ihres Aufenthalts, sie haben das Bedürfnis, ihren Bereich abzugrenzen. Frauen wie Chris, die lange Trennungen durchmachen (selbst wenn sie vielleicht nicht so weit entfernt sind wie Afrika), müssen experimentieren, um herauszufinden, wie oft sie sich treffen wollen, damit ihre Beziehung untermauert, nicht aber die Erfahrung als solche unterbrochen wird oder eine zu starke finanzielle Belastung entsteht. Einige waren bereit, Kredite aufzunehmen, um ihren Partner öfter sehen zu können. Manche beschrieben Streitigkeiten am Anfang oder am Ende des Besuchs, was das ständige Bemühen zeigt, das richtige Gleichgewicht zwischen Nähe und Distanz zu finden.

Ellen, die Medienanalytikerin und Schauspielerin, wäre zufrieden gewesen, ihren Mann erst wieder zu Hause zu sehen, aber um seine Angst zu lindern und ihre Beziehung zu stärken, kaufte sie ihm ein Ticket, damit er sie besuchen konnte. Seine Briefe und Telefongespräche konzentrierten sich ganz auf diesen Besuch, aber das Wiedersehen war alles andere als unkompliziert. In ihrem kleinen Zimmer nahm er viel zu viel Platz weg, überall verteilte er seine Siebensachen. «Vom ersten Tag an war ich von meinem Erlebnis begeistert gewesen», erzählte Ellen. «Es war so ein gutes Gefühl, meinen eigenen Raum zu haben. Und dann war er plötzlich da, drängte sich in meine Routine und meine Unabhängigkeit. Es passte überhaupt nicht zusammen. Ich hatte das Gefühl, dass ich gewachsen war, und er hatte das Gefühl, ich hätte ihn hinter mir gelassen.»

Mehrere Tage fauchten sie sich an und kamen nicht miteinander zurecht. Aber dann kehrte die Freundschaft zurück und den Rest ihrer gemeinsamen Zeit konnten sie genießen. «Er musste mein Leben hier kennen lernen und das Gefühl bekommen, dass er dazu gehörte», meinte Ellen. «Dass er hier war, machte es leichter, ihm die Erfahrung zu vermitteln. Am Ende des Besuchs hatte ich ein gutes Gefühl. Es war für uns beide wichtig.»

Eine Zeit, in der ich vergesse, wie sehr ich ihn brauche, und eine Zeit, in der ich mich daran erinnere, dass er mich braucht.

Erfüllte und unerfüllte Erwartungen

Jede Frau kennt einen Moment des Missklangs oder des Zweifels. Manche erleben sogar viele solcher Augenblicke. Der Urlaub von der Ehe ist eine andere Erfahrung für die Frauen, die sich in ein sicheres Refugium zurückziehen, als für die, die sich dem Kampf mit den Elementen aussetzen. Er ist anders für die, die in der Heimat bleiben, als für die im Ausland, die sich mit einer Fremdsprache, vielleicht mit einem rauen Klima, mit suspekten Nahrungsmitteln und primitiver Technologie herumschlagen müssen. Die Monate nehmen eine andere Qualität an für die, die nicht unter Leistungsdruck stehen, als für die, die ein schwieriges Examen zu bestehen haben. Ein Praktikum kann enttäuschend sein, der Lehrer überkritisch, das Studienprogramm zermürbend oder langweilig. Als Chris zum Friedenscorps ging, suchte sie nicht nach entspanntem Vergnügen, sondern sie wollte etwas Sinnvolles tun. Sie hatte sich nicht vorgestellt, wie schwierig es werden würde, dieses Ziel zu erreichen. Im trockenen Wüstenklima von Namibia kämpfte sie darum, den Kontakt zu Schülern aufzubauen, die durch jahrelange Armut und Misshandlung hart geworden waren. Sie spielte oft mit dem Gedanken, die Flinte ins Korn zu werfen. «Fünfundneunzig Prozent der Zeit war ich frustriert und den Tränen nahe», erinnerte sie sich, «aber die restlichen fünf Prozent machten es wieder wett.» Die «restlichen fünf Prozent» kamen im zweiten Jahr, als die Schüler ihr zu vertrauen begannen. Doch ein unerwarteter Kampf führte zum anderen. Ihre Tochter schrieb ihr nach der Geburt ihres Kindes einen wütenden Brief, der mit einer bitteren Drohung endete: «Denk bloß nicht, dass wir dort wieder anfangen können, wo wir aufgehört haben.» Chris weinte drei Tage lang. «Ich sagte ihr, dass ich hoffte, sie würde die Tür offen lassen, und mir selbst, dass sie mich verstehen würde, wenn sie erst mal in meinem Alter war. Ich hatte Vertrauen, aber auch Angst.»

Eine Zeit, in der wir erkennen, dass es nicht unbedingt so wird, wie wir es uns vorgestellt haben.

Als Marion sich aufmachte zu ihrer großen Wanderung, hatte sie ganz bestimmte Erwartungen.

Als sie sich in den Monaten nach dem Tod ihres Sohnes auf ihre Tour vorbereitete, indem sie die zwölf Kilometer zu und von ihrer Arbeitsstelle zu Fuß zurücklegte, hielt sie der Gedanke an schöne, einsame Spaziergänge in angenehmer Waldumgebung aufrecht.

In der ersten Nacht jedoch sanken die Temperaturen weit unter den Gefrierpunkt und fast zwanzig Zentimeter Schnee fielen auf die offene Schutzhütte, in der sie übernachtete. Nach der Kälte und dem Schnee kam der Regen, manchmal gnadenlos, sechs Tage am Stück. Dann kam eine Hitzewelle und es wurde fast unerträglich schwül. Fünfunddreißig Pfund Gepäck auf dem Rücken, die sengende Sonne über sich, umgeben von Stechmückenschwärmen, war ihr reichlich ungemütlich zumute. «Da habe ich meinen Fokus verloren», sagte sie.

Auch andere Verluste musste Marion einstecken. Sie hatte nicht erwartet, dass der Weg so felsig war, hatte nicht richtig eingeschätzt, welche Anstrengung es für ihre Knie bedeutete, zwölf Stunden am Tag unterwegs zu sein. Sie hatte auch nicht bedacht, wie satt sie das immer gleiche getrocknete, verpackte Essen irgendwann haben, wie dreckig sie sich ohne ihre tägliche Dusche fühlen würde. Wie sehr sie sich nach einer anständigen Mahlzeit, einem weichen Bett und einem warmen Bad sehnen und dass sie öfter als geplant in einem Motel übernachten würde, was natürlich mehr Geld kostete, als sie berechnet hatte. Sie hatte auch nicht erwartet, dass sie sich so einsam fühlen würde, dass sie vierhundert Dollar im Monat für Telefongespräche mit zu Hause ausgab. Ihr Mann hatte geplant, sie zweimal zu besuchen, aber ihre unerwarteten Ausgaben machten eine Reise unmöglich. Marion hatte sich nicht vorgestellt, dass sie ihn so sehr vermissen würde.

Irgendwann setzte sie sich schließlich in einen Zug, geplagt von Heimweh und Schmerzen und todmüde. «Meine größte Enttäuschung war, dass ich mein Ziel nicht erreicht hatte», sagte sie.

Doch das Unerwartete brachte ihr nicht nur die schlimmsten, sondern auch die besten Augenblicke. Marion war davon ausgegangen, dass sie allein sein würde, aber dann stellte sie fest, dass sie immer wieder anderen Wanderern begegnete. Sie hatte mit einer Menge Fragen gerechnet, aber sie respektierten ihre Privatsphäre. Anfangs dachte sie, sie wäre die Einzige, die in einer Krise steckte, aber bald merkte sie, dass die meisten anderen ebenfalls eine innere Last mit sich herumschleppten. So teilte sie manche Hütte mit Menschen, mit denen sie normalerweise kein Wort gewechselt hätte, und war gezwungen, unter die Oberfläche zu blicken, wo die wirklichen Verbindungen existieren.

Sie fand spirituellen Trost. «Da draußen fühlte ich mich Gott näher», sagte sie. Und auch denen, die sie liebte. Überall war sie in Gedanken bei dem Jungen, den sie verloren hatte.

»Ich lernte, auf die gleiche Weise zu trauern wie ich wanderte – ein Schritt nach dem anderen, einen Tag nach dem anderen. Als ich im Zug nach Hause saß, fühlte ich mich körperlich stärker und geistig eher in der Lage, mein Leben in die Hand zu nehmen. Und ich beschloss, dass ich es irgendwann noch einmal versuchen würde.»

Eine Zeit des Loslassens, eine Zeit der Offenbarung.

Manche Frauen freuen sich auf zu Hause, wie Marion. Andere nicht. Sie können sechs Wochen oder sechs Monate weg gewesen sein und mit der gleichen Überzeugung sagen: «Ich wollte nicht zurück.»

Diesen Gedanken muss auch Harriet Beecher Stowe gehegt haben, als sie ihren Aufenthalt von vier Monaten auf zwölf verlängerte und dann auch noch die Heimfahrt beträchtlich ausdehnte. Für die fast fünfzehnhundert Kilometer nach Vermont – mit dem Dampfschiff, der Postkutsche und der Eisenbahn – brauchte sie sechs Tage; der Rückweg nach Cincinnati dagegen dauerte zwei Monate, denn unterwegs besuchte sie ihre sämtlichen Bekannten.

Nach sechs Wochen in Indien wollte auch Hannah noch nicht wieder nach Hause.

> Bevor ich losfuhr, machte ich mir nur über die falschen Dinge Sorgen. Ich hätte darüber nachdenken sollen, wie ich meinen Aufenthalt verlängern konnte. Die sechs Wochen waren wahnsinnig schnell vorbei. Am Abreisetag habe ich dauernd geweint. Sogar im Flugzeug noch. Die Frau neben mir hat mich gefragt, was los ist, und als ich es ihr sagte, hat sie sich mein Ticket angesehen und gesagt, es gilt noch drei Monate. Gut, dass ich das erst erfuhr, als ich schon dreitausend Meter in der Luft war, sonst wäre ich wahrscheinlich nicht so früh heimgekommen. Wenn mein Mann und mein Sohn nicht auf mich gewartet hätten, wäre ich überhaupt nicht zurückgekommen.
>
> Der Grund, dass ich die Reise nach Indien so viele Jahre hinausgeschoben hatte, war, dass ich Angst hatte, ich könnte die Armut und die Krankheiten nicht ertragen. Zwar war das Elend noch weit schlimmer, als ich gedacht hatte, aber ich hatte keine Probleme damit. Ich habe Menschen noch nie so viel lächeln sehen wie in Indien. Ich habe siebenundzwanzig Filme verknipst, weil ihre Gesichter so wunderschön waren. Mitten in der ganzen Armut und dem Dreck waren sie fröhlich. Eigentlich müssten wir uns selbst bemitleiden, statt Mitleid mit ihnen zu haben. Ich habe mich in dieses Land verliebt. Ich hatte das Gefühl, endlich meine Wurzeln gefunden zu haben.

Eine Zeit, in der wir etwas über uns lernen, und eine Zeit, in der wir etwas über andere Menschen lernen.

Wenn eine Frau sich in eine Landschaft verliebt, hat sie das Gefühl, dort schon einmal gelebt zu haben, das Gefühl, nach Hause zu kommen. Dorthin zurückzukehren, wo sie tatsächlich wohnt, fällt ihr jetzt womöglich genauso schwer, wie es ihr vorher schwer gefallen ist, von dort wegzugehen. Es geht nicht darum, dass sie die Menschen nicht wiedersehen will, die sie zurückgelassen hat, sondern dass sie sich gern so fühlt, wie sie sich fühlt, wenn sie weg ist – ruhig und zentriert und stark. Wenn Frauen eins werden mit einer Landschaft, planen sie in den allermeisten Fällen wiederzukommen. Aus der ersten Erfahrung entwickelt sich oft die nächste, und so weiter.

Barbara Overby hatte nie daran gedacht, allein eine Reise zu unternehmen, bis sie bei einem Urlaub in Portugal mit ihrem Mann einen amerikanischen Archäologen kennen lernte, der einen Zeichner für seine Ausgrabung in Alentejo suchten. «Das könnte ich machen!», rief sie spontan und überraschte sich selbst damit ebenso wie ihren Ehemann. Im nächsten Jahr reiste sie wieder nach Portugal.

Als Gegenleistung für das Flugticket, ein Taschengeld und die Möglichkeit, nach den sechswöchigen Grabungen so lange zu bleiben, wie sie wollte, saß Barbara stundenlang in der heißen Sonne auf dem Grundstück einer antiken Villa und fertigte gewissenhaft Skizzen des Ausgrabungsortes und der Artefakte an. Eigentlich war es schon viele Jahre her, seit sie das letzte Mal Architekturskizzen gemacht hatte; wegen ihrer Kinder hatte sie als Kunstgewerblerin und Eigentümerin eines Kunstgewerbeladens einen flexibleren Beruf gewählt. Aber sie schaffte die Arbeit, genau wie sie es sich gedacht hatte, und sie machte ihr viel Spaß. Für zwei Monate wurde sie Dona Barbara, arbeitete Seite an Seite mit portugiesischen Frauen ihres Alters – aber aus einer vollkommen anderen Kultur –, lernte ihre Sprache, lauschte ihren Geschichten und stellte immerzu Fragen. Aber die Portugiesinnen interessierten sich auch für Barbaras Leben. «Wo ist dein Mann?», fragten sie. «Stört es ihn nicht, wenn du hierher kommst? Warum bist du von zu Hause weggegangen? Vermisst du deine Familie nicht?»

Aus der anderen Perspektive überdachte Barbara ihre eigene Kultur. Ihre Unabhängigkeit gewann einen neuen Wert, während die Konsumgesellschaft mit ihren verzerrten Prioritäten und dem Drang, Bedürfnisse zu schaffen, wo gar keine waren, ihr immer absurder erschien. Während sie jeden Abend ihre staubigen Kleider auswusch und sich dann auf ihre Armeepritsche legte, entdeckte sie in einer einfachen Kultur die Grundessenz eines guten Lebens.

Für Barbara stellte sich die Erkenntnis nicht blitzartig ein, sondern entfaltete sich langsam. Sie hörte auf, an den Nägeln zu kauen, und fragte sich, warum sie zu Hause nicht dazu in der Lage gewesen war. Sie sah zu, wie die Fingernägel wuchsen, und wusste, dass sie wiederkommen würde. Jedes Jahr wurde die Vorfreude auf den Sommer stärker, jedes Jahr blieb sie länger in Protugal.

Die portugiesische Landschaft beherrschte für sie den Sommer. Nachdem die zehnjährige Grabung beendet war, kehrte Barbara noch einmal für ein ganz besonderes Vorhaben zurück. Im ersten Sommer hatte sie vom Camino de Santiago gehört, einem Wanderweg über die Pyrenäen, auf dem einst Franz von Assisi gereist sein soll; in ihrem elften Sommer plante sie selbst eine solche Wanderung. Sie marschierte über staubtrockene Ebenen, über Blumenwiesen mit mittelalterlichen Dörfern und Heiligengräbern, unterhielt sich am einen Tag mit Menschen aus aller Welt und genoss am nächsten wieder das Alleinsein. Zwar gilt die rund achthundert Kilometer lange Strecke als moderne Suche nach altem Wissen, aber für Barbara war es anders: «Für mich war es weniger eine Suche als vielmehr eine Danksagung.»

In der Tradition heiliger Reisen wollte sie ihren Dank auch richtig zum Ausdruck bringen. Nachdem sie die Pilgerfahrt von vierundvierzig Tagen vollendet hatte, arbeitete sie einen Monat freiwillig in einem *refugio*, einer der vielen Herbergen entlang des Weges, in denen sie für einen geringen Geldbetrag oft am Abend erschöpft alle Viere von sich gestreckt hatte. Sie stand im Morgengrauen auf, um Laken zu waschen, Toiletten zu putzen und alles für die Reisenden des Tages bereit zu machen, die aus aller Herren Länder kamen. Am Abend massierte sie schmerzende Schultern, versorgte wund gelaufene Füße und hatte für jeden ein offenes

Ohr. Als man sie bat, noch einen Monat zu bleiben, erklärte sie sich dazu bereit. «Es war der beste Sommer meines Lebens», sagte sie. «Es graute mir davor, wieder nach Hause zu fahren.»

Eine Zeit, in der wir etwas Neues erwecken, oder auch etwas, was schon lange Zeit in uns schlummert.

Gefühle der Dankbarkeit sind häufig, ganz gleich, ob eine Frau sich gern auf die Heimreise macht oder nicht. Anne Morrow Lindbergh wurde von ihrem sprunghaften Ehemann oft dafür gescholten, dass sie ihre Energie in Tagebücher statt in Veröffentlichungen steckte, aber 1947 ermutigte er sie, eine Reihe von Artikeln über das Nachkriegseuropa zu verfassen, und sie reiste neun Wochen von einem Land zum anderen. Einige Tage, bevor sie das Schiff nach Hause bestieg, schrieb sie ihm: «Ich bin einsam gewesen und es war oft schwierig. Ich habe Fehler gemacht, und dennoch gehört es zu den großen Ereignissen meines Lebens. Von all den Dingen, die du mir gegeben hast … – und das waren viele –, ist dies vielleicht das Größte. Dass du mich allein auf diese Mission geschickt hast. (Denn ich hätte es nicht getan, wenn du mich nicht ein bisschen gedrängt und mir gesagt hättest, dass ich es kann!) Ich bin dir dankbar dafür. Du gibst mir Leben, das Leben selbst. Möge ich etwas daraus machen!»

Dankbarkeit durchzieht auch Georgia O'Keeffes Korrespondenz. In einem Brief schrieb sie: «Der Sommer hatte mich in einen Geisteszustand versetzt, in dem ich mich für die größten Schmerzen ebenso dankbar fühlte wie für das größte Glück – obwohl ich immer so viel an allem Möglichen auszusetzen hatte, rücken sich einige der Dinge, die sich im Lauf der Jahre in mir angesammelt haben, von selbst zurecht und finden eine neue Ordnung.»

Aus wechselnden Realitäten wird das, was der Hinduismus als letzte Realität bezeichnet: die Erkenntnis des Selbst. Alle Frauen, die ich danach gefragt habe, warum ihre Erfahrung für sie wertvoll war – ganz gleich, wie anstrengend sie gewesen sein mochte –, gaben als einen der wichtigsten Gründe an, dass sie neue Erkenntnisse gewonnen hatten. *Ich habe so viel über mich selbst erfahren, was ich sonst nie erfahren hätte … Ich habe gemerkt, dass ich stärker bin, als ich gedacht habe … Ich habe das, was ich besitze, zu schätzen gelernt ... Ich habe erkannt, dass ich meine Familie vermisse und dass sie mich vermisst. Dafür allein hat es sich schon gelohnt.* Erfahrungen, die unsere Wahrnehmung erweitern, bringen uns dem Zustand der Gnade näher. Wie C. G. Jung uns ins Gedächtnis ruft, finden wir oft Gold an den dunkelsten Orten.

Viele Frauen berichteten, dass sie sich während der Heimreise fühlten, als hätten sie einen großen Hunger gestillt. Sie freuten sich auf ihren Mann und ihre Kinder, dachten voller Hochachtung an die Frauen, die sie unterwegs inspiriert hatten, und waren zutiefst dankbar dafür, dass sie eine Verbindung zu ihrem tieferen Selbst entdeckt und die Frau wieder gefunden hatten, die sie einmal gewesen waren – und eine Vorstellung davon gewonnen hatten, was jetzt aus ihnen werden konnte.

Woche 12: Dass meine Reise in Molt, Montana, ihr Ende findet, erscheint mir symbolisch. Viel habe ich dort abgelegt – vor allem Illusionen. Ich dachte, die Umgebung, in der ich lebte, hielte mich davon ab, die Schriftstellerin zu werden, die ich sein wollte oder sein konnte – wenn ich in einem Stadthaus mitten in Manhattan leben würde oder in einem Farmhaus in New England oder auf einer Ranch im Westen. Jetzt habe ich auf einer Ranch im Westen gelebt und das Schreiben fällt mir hier nicht leichter als zu Hause. Ein leerer Computerbildschirm ist immer noch ein leerer Computerbildschirm. Eine magische Szenerie kann die Kreativität anregen, aber unsere mentale Landschaft hält sie in Gang. Ich habe beschlossen, meine Berufswahl nicht mehr in Frage zu stellen, nachdem ich hier zu der Erkenntnis gelangt bin, dass der Beruf mich ausgewählt hat.

Ich dachte, ich würde in diesen drei Monaten den Körper wiedergewinnen, den ich mit dreißig hatte, als ich fünfmal pro Woche einen Aerobic-Kurs abhielt. (»Das bist *du*?«, rief mein jüngerer Sohn aus, als er ein Foto von mir in meinem Sporttrikot zu Gesicht bekam. Er geht fünfmal pro Woche ins Fitnessstudio und schüttelte angeekelt den Kopf. »Ich kann nicht glauben, dass du dich so hast gehen lassen.«) Da ich frei über meine Zeit verfügen konnte, dachte ich, ich würde jeden Nachmittag eifrig trainieren. In Wirklichkeit habe ich ein bisschen Gymnastik gemacht und bin viel gelaufen, aber seit dem zweiten Tag habe ich keine einzige Liegestütze mehr versucht. Ohne Verantwortung gegenüber einem anderen Menschen als mir selbst, ohne Jungs, für die Speisekammer und Kühlschrank stets gut gefüllt sein mussten, erwartete ich von mir, ich würde fünfzehn Pfund abnehmen. Wenn ich mir jetzt ansehe, wie meine Trainingshosen sitzen, denke ich, ich habe fünf Pfund zugenommen. Folglich ist es nicht der Zeitmangel, der mich daran hindert, so auszusehen, wie ich gern aussehen möchte, sondern die fehlende Motivation. Die Erkenntnis ist schmerzlich, aber befreiend – vielleicht ein Zeichen, dass ich nicht zurückblicken soll, sondern nach vorn, dass ich in der zweiten Hälfte meines Lebens meine Zeit lieber für mentale Disziplinen verwenden soll.

Bevor ich wegging, hatte ich geglaubt, die Beziehungen in meinem Leben würden meine Energien erschöpfen. An manchen Tagen war das sicher so. In meinem Urlaub von der Ehe wurde ich daran erinnert, dass die gleichen Beziehungen, die meinen Erfolg behindern, auch meine größte Freude und vielleicht meine größte Kraft sind – was es mir ermöglicht hat, leichter ohne meinen Mann zu leben als er ohne mich. Ich weiß nicht, ob es darauf eine Antwort gibt, außer dass ich mir vielleicht jedes Jahr Zeit für mich selbst nehmen sollte, um mir dieses Paradox ins Gedächtnis zu rufen und mich mit ihm anzufreunden.

Der letzte Monat fühlt sich an, als wäre ich in einer Allergieklinik, wo man mir alle Nahrungsmittel erst weggenommen hat und dann langsam wieder zurückgibt. Jeder Tag, den ich allein in der Stille von Montana verbracht habe, zeigt mir in deutlicheren Konturen, was mir etwas bedeutet, was ich in meinem Leben wieder haben möchte: meinen Ehemann, die Gespräche mit meinen Söhnen und ihr Lächeln, meine Freunde, meine Dusche, das Kreuzworträtsel in der «New York Times», das Kino. Aber hauptsächlich will ich Jim. Vor drei Monaten konnte ich es nicht erwarten zu gehen, jetzt kann ich es nicht erwarten, wieder nach Hause zu kommen.

6

Heimkehr

Max hat sich an mich erinnert. Er hat mir zugewinkt. Was bin ich
für ein Glückspilz.

Jessamyn West
Hide and Seek

Ich bin nervös, weil ich Jim gleich wiedersehen werde. Ich fühle
mich so zappelig wie an dem Wochenende, als wir geheiratet
haben, als er in einem Khaki-Anzug auf dem Flughafen von
St. Louis ankam, einen großen Strauß lachsfarbener, langstieliger
Rosen im Arm. Ich spüre die gleiche jugendliche Aufregung.
Achtundzwanzig Jahre sind wir inzwischen verheiratet, haben so
ziemlich alles durchgemacht, was zwei Menschen miteinander
durchmachen können, haben uns in den schlimmsten Momen-
ten erlebt – Qualen der Geburt, die mein Gesicht zur Unkennt-
lichkeit verzerrten, Stunden der Angst in der Notfallaufnahme,
Jims Gesicht totenbleich, seine Hand meine umklammernd, Zeiten von Trauer und Erniedrigung, aufbrausende Wut, Tränen der
Reue –, aber dass ich diese Form der Erregung noch einmal spüren würde, hätte ich nie gedacht.

Ich weiß, wenn ich aus dem Flugzeug steige, wird er gleich
irgendwo in meinem Gesichtskreis auftauchen. Anders als ich,
die ich mich immer höllisch beeilen muss, wenn ich jemanden
abhole und es selten rechtzeitig zum Gate schaffe, ist er zwang-
haft organisiert und pünktlich, ein Mensch, auf dessen Wort
man sich hundertprozentig verlassen kann, der da ist, wenn
man aus dem Flugzeug steigt. Manchmal hat es mich gestört,
dass er die Dinge so im Griff hat, weil ich mir minderwertig
vorkam, aber heute finde ich solche Qualitäten ausgesprochen
angenehm.

Sobald ich den Terminal betrete, entdecke ich ihn auch schon.
Er ist dünner geworden, ganz eindeutig, wahrscheinlich, weil er
sich zu oft nur ein Sandwich in der Küche gemacht hat. Nach all

den Jahren kann ich nur staunen, wie attraktiv ich ihn immer noch finde, seinen Basketballspielerkörper, seine natürliche Sonnenbräune, die das ganze Jahr über hält, seinen klassischen Kleidungsstil. Und in den Augen einen Blick, der zeigt, dass die Anziehung beidseitig ist. Zu Hause begrüßt mich eine bunte Fahne, die er auf dem Computer entworfen hat. Während ich langsam durchs Haus wandere, verblüfft, dass es so sauber ist, gesteht er, dass er für heute Morgen einen Reinigungsservice engagiert hatte. Er zeigt mir, was er alles erledigt hat, solange ich weg war: Wandverputz erneuert, Fußboden im Keller gestrichen, Wandschränke und Schuppen geputzt und aufgeräumt. In seinem Arbeitszimmer entdecke ich, dass er sich einen neuen Schreibtischstuhl gekauft hat, ein großes, schwarzes Drehstuhlungetüm, scheußlich und völlig unangemessen in dem gemütlichen, in Erdtönen gehaltenen Zimmer, das ich einst so sorgfältig entworfen habe. Mir stehen die Haare zu Berge, aber nur innerlich. Was kann ich sagen? Wenn man weggeht, gibt man die Kontrolle ab. Ich bewundere alles, was er geschafft hat. Eine Stunde später, als wir uns aus den zerknitterten Laken erheben – mitten am Nachmittag, die Sonne strömt durchs Fenster –, habe ich nur einen Gedanken: Das hätte ich schon vor Jahren tun sollen.

Zwei Wochen später:
»In der ersten Woche nach deiner Rückkehr hast du gestrahlt«, sagt er. «Jetzt siehst du jeden Tag deprimierter aus.»

Ich weiß auch nicht, warum, aber es stimmt. Und wer wüsste besser als ein Psychologe, wie eine Depression aussieht? Liegt es daran, dass ich wieder einkaufen gehen muss? Er geht auch jede Woche einkaufen, aber ihn stört es nicht so. Warum nicht?, frage ich. «Ich denke nicht groß darüber nach», antwortet er. Liegt es daran, dass ich jedes Mal, wenn ich mich zum Abendessen setze, denke: Wo sind all die interessanten Leute, wo ist die Party? Das Problem ist, dass ich mich anders fühle, aber um mich herum ist alles gleich geblieben.

Genauso individuell wie die Erfahrungen einer Frau ist auch ihre Heimkehr.

Für manche Frauen warten zu Hause Seidenunterwäsche und frische Blumen, Liebe am Nachmittag und noch mal Liebe in der Nacht. Auf andere warten ein aufgeregtes Kind und ein erschöpfter Ehemann, dessen benommener Gesichtsausdruck sagt: «Gott sei Dank, sie ist wieder zu Hause.» Oder ein Testosterontrupp, der nichts anderes herausbringt als «Was gibt's zum Essen?», sodass sie sich fragt, ob sie überhaupt je fort war. Manche Frauen kommen nach einer schwierigen Zeit mit dem Nachtflug nach Hause, ihr chronisch verspäteter Mann hat wieder einmal getrödelt und ihre drei Teenager schnarchen in ihren jeweiligen Zimmern. Die aufwühlenden Gefühle, die sie erfahren hat, während sie weg war, werden von aufwühlenden ganz anderer Art ersetzt: von Gereiztheit darüber, dass ihre Familie keine Willkommensfeier organisiert hat, bis zu der staunenden Feststellung, dass das Haus noch steht und alle wohlauf zu sein scheinen und Freude darüber, dass sie offensichtlich gut noch einmal weggehen kann.

Während manche Frauen sich mühelos wieder in ihr altes Leben einfinden – vor allem diejenigen, die in eine starke Ehe, in einen guten Job, zu fröhlichen Kindern heimkehren –, stehen andere vor einer großen Herausforderung. Je länger eine Frau weg war, desto schwieriger ist der Wiedereintritt in den Alltag zu Hause. Je mehr Zeit eine Frau hatte, um ein neues Lebensmuster zu etablieren, desto wahrscheinlicher ist es, dass sie sich zumindest einen Moment lang fragt: *Werde ich mich hier je wieder zu Hause fühlen? Möchte ich das überhaupt?* Manche Frauen brauchen eine Zeit lang, um ihren Mann wieder richtig kennen zu lernen, erneut zu entdecken, wie sich zwei unabhängige Leben wieder miteinander verbinden können, und neu zu entdecken, warum sie sich überhaupt ineinander verliebt haben. Drei Jahre nach Chris' Rückkehr vom Friedenscorps sagen sie und David immer noch: «Wir müssen uns daran gewöhnen.»

Frauen, die ein großes Abenteuer hinter sich haben, finden die Heimkehr möglicherweise wenig anregend, manchmal sogar schlicht deprimierend. Auf ihrer Rucksackreise um die Welt plauderte Sabina Shalom mit Indira Ghandi in Neu-Delhi, aß mit dem australischen Premierminister zu Mittag und lernte den König von Tonga kennen. Sie besuchte Heiligengräber und Tempel in Bangkok, verbrachte eine Nacht in einer Lehmhütte in Papua-Neuguinea, tauschte ihre Kleider gegen eine Unterkunft auf den Osterinseln und verbarrikadierte in Fidschi ihre Schlafzimmertür, als sie merkte, dass ihr Hotel eigentlich ein Bordell war. Wieder zu Hause – sechs Monate später und dreißig Pfund leichter – freute sie sich zwar, ihren Mann wieder zu sehen, spürte aber auch Trauer, weil ihre Reise zu Ende war. «Ich war wie gelähmt, vollkommen desorientiert», schrieb sie in ihrer Autobiografie. «Als die Euphorie verblasste, hatte ich ein schrecklich schlechtes Gewissen, weil ich mich fragte: ‹Und was jetzt?›»

Beim Heimkommen kann sich eine Frau wieder genauso fehl am Platz fühlen wie vor ihrer Abreise. Die Desorientierung kommt daher, dass sie mit einer neuen Sensibilität in ein altes Leben zurückkehrt und noch nicht weiß, wie sie die beiden Leben verbinden kann. Es ist, «als wäre man einfach in ein Theaterstück geschubst worden, das man nicht kennt, und man fragt sich: ‹Hey, wo ist denn mein Text?›», beschreibt es eine Frau. Die Desorientierung kommt daher, dass die Frau an der neu gewonnen Stärke festhalten will, während die anderen um sie herum möchten, dass sie wieder die gleiche Frau wird wie früher. Wenn nun Gewohnheiten aus dem alten Leben wieder die Macht übernehmen, fühlt sich die Frau vielleicht in ihrem Denken zerrissen, schwerfällig bei Gesprächen, ständig im Kampf darum, das einmal Gewonnene nicht wieder zu verlieren, denn Frauen, die heimkommen, haben auf alle Fälle eine Menge gewonnen. Die Veränderungen können dramatisch oder subtil ausfallen, aber keine Frau kommt unverändert nach Hause zurück.

Auswirkungen auf die Ehefrauen

Manchen Frauen genügt es, die Erfahrung gemacht zu haben. Die Tat trägt den Lohn in sich. Nachdem sie erreicht haben, was sie sich vorgenommen hatten, fühlen sie einen tiefen inneren Frieden. Eine Studie von 1995 bestätigt die Korrelation. Basierend auf Interviews mit neunzig Frauen im Alter zwischen achtunddreißig und zweiundfünfzig kam die Untersuchung zu dem Schluss, dass diejenigen, die dabei waren, ihre Träume zu verwirklichen, oder sie bereits verwirklicht hatten, weniger Angst empfanden, als diejenigen, die ihre Träume nicht verfolgten oder sie aufgegeben hatten. Außerdem zeigen Studien, dass Menschen, die sich Herausforderungen stellen, höhere Werte in «Lebenszufriedenheit» aufweisen als die, die es nicht tun.

Die Konzentration auf das eigene Selbst führt oft zu großen Erfolgen, und eine Auswirkung liegt für viele Frauen denn auch in den Leistungen, die sie mit nach Hause bringen: Diplome, Zertifikate, Manuskripte, all die Kilometer, die sie gewandert, geklettert, gefahren sind. Hannah stellte ihre Fotos von Indien öffentlich aus und gewann mit ihnen mehrere Preise. Mit ihrem Stapel von dreißig neuen Gemälden nahm auch Maria an vier großen Ausstellungen teil.

Schon immer haben Frauen, die sich aufs Alleinsein einließen, die Künste bereichert. Als Harriet Beecher Stowe von ihrem lang ausgedehnten Sanatoriumsaufenthalt zurückkehrte, gründete sie eine Schule, pflegte ihre Familie während einer Chlorera-Epidemie, begrub das Baby, mit dem sie nach ihrer Rückkehr schwanger geworden war, und begann «Onkel Toms Hütte» zu schreiben. Sie hatte gehofft, mit dem Buch der Sklaverei einen Schlag zu versetzen und außerdem genug Geld zu machen, dass sie sich ein neues Kleid kaufen konnte. Beides trat ein; außerdem veränderte das Buch auch noch die Welt.

1946 schrieb Anne Morrow Lindbergh in ihr Tagebuch: «Werde ich jemals wieder schreiben?» Nach ihrer neunwöchigen Auslandsreise im folgenden Jahr verfasste sie eine ganze Reihe von Artikeln über das Europa der Nachkriegszeit, die in den einschlägigen Zeitschriften und Magazinen erschienen. Acht Jahre später wurde «Muscheln in meiner Hand» zu einem der phänomenalsten Triumphe der Verlagsgeschichte und stand ein Jahr lang an der Spitze der Bestsellerliste. Auch «So einfach wie das Leben», Sue Benders autobiografischer Bericht aus dem Jahr 1996 über ihre Erfahrungen bei den Amischen wurde ein Bestseller.

Georgia O'Keeffe war bereits eine anerkannte Künstlerin, als sie ihren ersten Sommer in New Mexico verbrachte, aber dieser Sommer inspirierte sie, eine neue Richtung in ihrer künstlerischen Entwicklung einzuschlagen. Jahrelang hatte sie als Schützling ihres Mannes gearbeitet, hatte nicht nur seine Freunde, seine Familie und seinen Lebensstil übernommen, sondern auch seine Themen. In New Mexico suchte sie sich ihre eigenen Landschaften aus. Ihre erste Ausstellung, in der auch einige Arbeiten aus der Wüste vertreten waren, fand breite Anerkennung, und ein Kritiker bemerkte, dass sich hier «das echte Tao und die echte O'Keeffe» zeigten.

Nachdem sie fünf Jahre bei den Eskimos gelebt hatte, schrieb und illustrierte Claire Fejes ihr erstes Buch über ihre Erfahrungen, «People of the Noatak». Es wurde von der Kritik sehr gelobt und achtundzwanzig Jahre später als Klassiker neu aufgelegt. Als es an einer Schule bei den Eskimos als Lektüre ausgewählt wurde, nannte Fejes das «die höchste Ehre, die mir in meinem Leben je zuteil geworden ist». In einem späteren Buch beschrieb Fejes, was dieser Aufenthalt bei ihr ausgelöst hatte:

> Wieder in Fairbanks angekommen, malte ich mehrere Monate lang fieberhaft und nahm dabei zehn Pfund ab. Malen wurde ein heiliger Akt. ... Ich begann, sehr zielgerichtet zu leben, ließ meine Tage nicht vom Zufall kontrollieren, sondern entschied mich, die Richtung der Reise mitzubestimmen. ... Am Ende tauchte eine neue Persona auf, ich erlebte eine kreative Wiedergeburt, fand meine eigene Stimme. All die eingedämmten Feuer in mir loderten hell, und ich malte mit sicherer Hand, ohne einen einzigen Strich rückgängig machen zu müssen.

Mit dreißig hatte Maria noch nicht die Reputation von Fejes, aber Erfolge brauchen nicht unbedingt öffentliche Anerkennung, um das Arbeitsleben einer Frau aufzuwerten. Für Frauen, die zu Hause leicht abgelenkt werden, sorgt das Alleinsein für den nötigen Enthusiasmus, um sich wieder ans Werk zu machen. «Ich bin nicht anders, wenn ich zurückkomme», sagt Maria über ihren zweimonatigen Aufenthalt in verschiedenen Künstlerkolonien, «aber das Weggehen dreht irgendwie die Lautstärke auf. Wenn ich heimkomme, fühle ich mich so lebendig und konzentriert.» So wertvoll wie ihre Gemälde – und vielleicht noch wertvoller –

ist die neue Perspektive, die es ihr ermöglicht, sich selbst mehr als Profi zu sehen. «Zu Hause haben bezahlte Jobs immer Vorrang vor meiner Malerei», erzählt sie, «und manchmal frage ich mich, wer ich bin und worum es in meiner Arbeit geht. Die Zeit, die ich für mich anderswo verbringe, bestätigt mich als Künstlerin.»

Jedes Mal, wenn wir uns einer Herausforderung stellen und sie erfolgreich bewältigen, gewinnen wir mehr Respekt vor unseren eigenen Fähigkeiten. Wenn wir etwas Schwieriges angehen und meistern, wächst unser Selbstwertgefühl. Chris begann ihren Job beim Friedenscorps mit zehn anderen Lehrern und Lehrerinnen, viele wie sie Frauen mittleren Alters. Als sie heimkehrte, war sie eine von vieren. Beim zweiten Anlauf kam Marion ihrem Wanderziel ein Stück näher als beim ersten und fühlte sich bei ihrer Rückkehr stärker und mehr im Frieden mit sich. Eine andere Frau, die ebenfalls eine ausgedehnte Tour hinter sich brachte, erzählte, sie sei ihr Leben lang schüchtern und zurückhaltend gewesen, aber nach ihrer Solowanderung «war ich überhaupt nicht mehr schüchtern oder zurückhaltend».

Bei einem einmonatigen intensiven Studienprogramm in Harvard lernte eine Frau die verschiedenen Formen des Selbstvertrauens kennen:

> Auf Reisen hatte sich immer mein Mann darum gekümmert, wo es langging. Zum ersten Mal erkundete ich eine Stadt ganz allein. Ich fragte mich, ob ich es schaffen würde, mit der Bostoner U-Bahn zu fahren. Da leitete ich eine Abteilung mit vierhundert Angestellten und einem Budget von 186 Millionen Dollar und machte mir Sorgen, dass ich ohne meinen Mann nicht U-Bahn fahren konnte! Man sollte meinen, das Selbstvertrauen bei meiner Arbeit würde mir helfen, aber ich fühlte mich bei jedem beruflichen Erfolg wie eine Betrügerin. Das Selbstvertrauen, das ich dadurch gewann, dass ich allein wegging, färbte auf alle anderen Bereiche meines Lebens ab.

Offensichtlich spielt es keine Rolle, ob eine Frau leitende Angestellte oder Vollzeitmutter ist, ob sie dreizehn verschiedene Jobs oder eine solide Langzeitkarriere hinter sich hat. Viele Frauen berichten davon, dass ihnen das Weggehen ein nie gekanntes Selbstvertrauen geschenkt hat.

Welchen Gewinn eine Frau aus ihrem Urlaub von der Ehe zieht, ist ebenso individuell wie sie selbst, aber alle Frauen fühlen sich beim Heimkommen stärker. Alle nehmen sich selbst umfassender wahr. Manche gewinnen eine klarere Vision, wie sie ihr Leben leben wollen. «Entspannter», sagte Hannah nach beiden Aufenthalten in Indien. «Sanfter», sagte Sue Bender nach ihrem Besuch bei den Amischen. «Konzentrierter», meinten Malerinnen und Schriftstellerinnen. Frauen, die mit beruflichen Entscheidungen gerungen haben, kommen mit Antworten zurück, andere mit neuen Ideen und der nötigen Energie, um ihnen nachzugehen. Sie schreiben sich in der Universität ein, steigen aus ihrem Job aus, wechseln den Beruf, gründen Unternehmen. Manche starten aufgrund ihrer Erfahrungen eine völlig neue Karriere. Sie schreiben Memoiren und Artikel, halten Vorträge und veranstalten Diashows, sammeln Geld für humanitäre Zwecke überall auf der Welt. Sie entwerfen Pläne für ein kreativeres und flexibleres Arbeitsleben. Jessica ging weg, um zu schreiben, aber als sie heimkam, überraschte sie sich selbst mit einem ganz neuen Ansatz für ihr Innenarchitekturunternehmen. «Ich dachte, ich wollte damit Schluss machen», sagte sie, «aber ich habe eine Methode gefunden, wie ich sowohl als Innenarchitektin arbeiten als auch schreiben kann. Während ich weg war, habe ich mich an Teile meines Berufs erinnert, die ich liebe.»

Als Susi nach sechs Monaten Lesen aus Südfrankreich zurückkam, sagte ihr Mann: «Ich kann es nicht glauben, dass du die ganzen Bücher gelesen hast, aber keinen einzigen Roman.» «Ich habe ‹Krieg und Frieden› gelesen!» protestierte sie. «Ich meinte Bestsellerromane», erwiderte er. Nun, da hatte er Recht. Sie hatte sich nur die Klassiker zu Gemüte geführt, Gehirnnahrung, die den Test der Zeit überdauert hatte. Als Susi wieder Hause war, studierte sie Kommunalwesen, kandidierte für den Stadtrat und wurde gewählt. Die acht Jahre im Stadtparlament waren die besten Jahre ihres Arbeitslebens. Sie erreichte zwei konkrete Veränderungen in der sozialen Wohlfahrt, von einer Art, wie sie es bei ihren bisherigen Aktivitäten nie geschafft hatte. «Ich kam zurück und mein Leben war viel mehr im Gleichgewicht», sagte sie. «Mir wurde klar, dass ich nicht alles so extrem angehen muss.»

Außerdem fühlte sich Susi mit ihren eigenen Gedanken viel

wohler. Sie war zum ersten Mal in ihrem Leben allein gewesen, und als ihr Mann mehrere Jahre später starb, sagte sie: «Die Erfahrung gab mir Kraft. Sie half mir, allein zu sein und damit zurechtzukommen.» Die meisten Ehefrauen werden eines Tages Witwe sein; sie überleben ihren Ehemann durchschnittlich um zehn Jahre. Bei einem Urlaub von der Ehe lernt eine Frau, das Alleinsein auf eigene Initiative anzunehmen, statt dass sie es später aufgezwungen bekommt. Sie lernt, lieber mit einem Sicherheitsnetz zu überleben als ohne.

Wenn Frauen mit einem stärkeren Gefühl für sich selbst zurückkommen, haben sie auch den Wunsch, diese Stärke festzuhalten. Sie erkennen, dass es nicht nur um die Zeit geht, in der sie weg waren, sondern darum, die Erfahrung lebendig zu erhalten, sich auch zu Hause Raum zu schaffen, wohin sie sich zurückziehen können. Bei seinen Betrachtungen über «Heldenreisen» nennt der Mythologe Joseph Campbell als Hauptcharakteristikum einer erfolgreichen Aventüre, dass der Betreffende etwas zurückbringt, was vorher nicht da war. Für viele Frauen ist dieses Etwas eine Veränderung in ihrer psychischen Struktur. Vielleicht legen sie eine Rolle ab, die sie zuvor gespielt haben, vielleicht entscheiden sie sich, anders mit ihr umzugehen. Möglicherweise sagen sie von jetzt an nein zu denen, die ihre Energien anzapfen oder sie von ihrem Ziel ablenken, und ja zu mehr Zeit für sich selbst. Oder sie nehmen ihre eigenen Träume ernster, setzen das eigene Leben an die erste Stelle. Die Frauen erkennen, dass die Energie, die sie in der Vergangenheit anderen gegeben haben, ihnen selbst gehört; sie können sich immer noch entscheiden, sie zu verschenken, aber in dem Bewusstsein, es freiwillig zu tun. Wenn sie ihre Träume verwirklichen wollen, müssen sie Energie für sich selbst sparen und sich manchmal auch zu Hause zurückziehen.

Psychischer Raum für sich selbst nimmt oft ganz konkrete Formen an. Manche Frauen richten sich ein eigenes Zimmer ein, wo sie meditieren und kreativ arbeiten können, wo sich die Stille voller und tiefer anfühlt. Andere ziehen um oder renovieren ihre Wohnung, sozusagen als Metapher für ihr neues Leben. Sue Bender fühlte sich nach ihrer Rückkehr nach Hause völlig fehl am Platz, bis sie beschloss, ihre Küche – weiß, ordentlich, hell – umzugestalten, sodass sie die Einfachheit der Amischen und ihre eigene Geistesverfassung widerspiegelte, während sie bei ihnen gelebt hatte. «Endlich war ich zu Hause, in meiner Küche», schreibt sie. «Ganz gleich, wie zerrissen und verwirrt mein Tag auch sein mochte, sobald ich in meine Küche kam, wurde ich ruhig.» Noch heute arbeitet Bender daran, mehr «weißen Raum» in ihrem Haus zu schaffen. Manche Frauen ziehen sich einmal pro Jahr in ein Refugium zurück. Eine Frau, die in ihrem Urlaub von der Ehe Theologie studiert hat, verbringt regelmäßig eine gewisse Zeit in einem Kloster, das sie «mein spirituelles Zuhause» nennt.

Wie alle wirklich guten Reisen bleiben die Auswirkungen eines Urlaubs von der Ehe nach der Rückkehr noch lange erhalten. Anne Morrow Lindbergh legte eine Mondmuschel aus Florida auf ihren Schreibtisch in Connecticut, als Mahnung, einen Teil des Jahres allein zu verbringen, denn «du wirst mich daran erinnern, dass ich meinem Mann, meinen Kindern, meinen Freunden und der übrigen Umwelt wenig geben kann, wenn ich das Inselhafte in mir nicht irgendwie erhalte». Über meinem Computer hängt ein Hochglanzfoto von meiner Schriftstellerhütte auf Whidbey Island. Wenn ich mir es zu Tagesbeginn ansehe, hilft mir das, Störungen zu widerstehen und mich auf meine Arbeit zu konzentrieren. Wenn das Leben sich überwältigend anfühlt, denke ich an diese Zeit, als meine Gedanken fokussiert und entspannt waren. Wenn ich mich von den Problemen anderer erdrückt fühle, erinnere ich mich an die Zeit, als meine eigenen Bedürfnisse mein Zentrum waren.

Doch die psychische Reise verläuft nicht in einer stetig ansteigenden Kurve. Der Urlaub von der Ehe ist keine Garantie dafür, dass man lebenslange Gewohnheiten ablegt, selbst dann nicht, wenn man ihn mehrfach genießt. An manchen Tagen spürt eine Frau möglicherweise, dass sich die alten Konflikte wieder regen, dass ihre Grenzen verschwimmen, aber jetzt versteht sie, wie notwendig es ist zu kämpfen, und fühlt sich besser dafür gerüstet. Sie weiß, welche mentalen Muskeln ein bisschen Training brauchen, und das Training fühlt sich vertrauter an als früher. Das Leben wird nicht plötzlich einfach. Was neu ist, ist die Stärke, auf die eine Frau in schweren Zeiten zurückgreifen kann.

Genau wie Wachstum ist auch Verlust unvermeidbar. Die Euphorie hält nicht so lange an, wie wir vielleicht denken. Das

Gleiche gilt für Gewichtsverlust. Und Begehren. Kinder in jedem Alter können ihre Mutter für deren Abwesenheit leiden lassen und das schlechte Gewissen einer Mutter kann ihr Erlebnis überdauern. Als Chris vom Friedenscorps nach Hause kam, war ihre Tochter noch immer wütend, weil sie ihre erste Schwangerschaft und die Geburt ihres ersten Kindes ohne ihre Mutter durchgemacht hatte. «Heute sind wir uns so nahe wie nie zuvor», sagt Chris, «aber es hat acht Monate gedauert, bis die Beziehung heilen konnte.» Frauen, die in kleinen oder konservativen Städten wohnen, werden von denen, die ihre Abwesenheit seltsam oder unangenehm fanden, kühl empfangen, und plötzlich gibt es Schranken und Barrieren, wo früher keine waren. Eine Frau nannte ihren Urlaub von der Ehe «eine wunderschöne, aber einsame Angelegenheit». Der Preis einer Soloreise besteht darin, dass trotz aller Fotos und Geschichten am Essenstisch niemand zu Hause die Erfahrung wirklich teilt. Die meisten Menschen verstehen sie nicht. Die wenigsten interessieren sich dafür.

Am ersten Tag, an dem Diana wieder in der Werbeagentur arbeitete, konnte sie es kaum erwarten, allen von ihrem Sommer in Holland zu berichten. Einige Kollegen zeigten oberflächliches Interesse, einer sagte: «Da haben Sie so viel Geld ausgegeben, und jetzt ist schon alles wieder vorbei.» Ihr Boss hörte zwanzig Minuten zu, dann war das Thema für ihn erledigt. «Eigentlich war es allen egal», berichtete Diana.

Auch ihr Arbeitsplatz war umorganisiert. Verschwunden war ihr privates Büro mit dem großen Fenster; jetzt stand ihr Schreibtisch in einer kleinen Kabine in einem großen Saal, ihre Sachen waren in ein paar Kisten verstaut. «Das war der Anfang vom Ende», erinnerte sie sich. «Als ich mein Büro verloren hatte, verlor ich meine Fähigkeit zu denken.»

Diana wiederholte ihren Urlaub von der Ehe im folgenden Sommer; als sie diesmal zurückkam, hatte ihr Chef einen neuen Schützling angeheuert. Obwohl Diana noch zwei Jahre für die Agentur arbeitete, überwand ihr Chef seinen Groll nie und ließ sie nie wieder in den engeren Kreis. «Ich verlor ständig an Einfluss», erzählte sie, «und das war manchmal sehr schmerzlich. Indem ich meinen ersten Urlaub nahm, versetzte ich der Beziehung zu meinem Chef den Todesstoß. Aber ich bereue es nicht. Mein Chef und ich hatten eine Scheidung bitter nötig. Ich wusste nicht mehr, wie ich mich weiterentwickeln sollte, und als ich meine Reise antrat, war das, als hätte ich eine Schleuse geöffnet. Ich kam nach Hause mit dem Gefühl, alles tun zu können.»

Sie beendete ihr Studium, das sie hatte schleifen lassen, und begann ganztags zu unterrichten. Als die Universität sie für den Lehrerpreis vorschlug, endete dies zwar mit einer Enttäuschung, weil sie ihn nicht bekam, dennoch fühlte sich in ihrer beruflichen Entscheidung bestätigt.

Diana bedauerte, was an ihrer Arbeitsstelle passiert war, aber es überraschte sie nicht. Überrascht war sie über das, was zu Hause passierte.

> Als mein Mann und ich uns kennen lernten, war ich hinter ihm her. Während er grundsätzlich eine Stunde zu spät zu unseren Verabredungen auftauchte, war ich seinetwegen absolut ekstatisch, wie eine Zwölfjährige, die erfährt, dass die Beatles in ihre Heimatstadt kommen. Als ich von meiner Reise nach Hause zurückkam, hatte ich das Gefühl, dass etwas von dieser Aufregung erwidert wurde. Ich hatte immer das Gefühl gehabt, dass er mir wichtiger war als ich ihm. Auf einmal erkannte ich, dass dem nicht so war. Ich glaube, wenn ich nicht weggegangen wäre, hätte ich das nie erfahren.
>
> Je mehr Zeit vergeht, desto mehr weiß ich seine Unterstützung zu schätzen. Er hat mir nie Steine in den Weg gelegt, hat mir nie ein schlechtes Gewissen gemacht. Das war in der Tat das größte Geschenk.

AUSWIRKUNGEN AUF DIE EHEMÄNNER

Befreiung ist immer gegenseitig, schreibt Erik Erikson.

Wenn Frauen dankbar und gestärkt nach Hause zurückkehren – mit Georgia O'Keeffes Worten «so lebendig, dass ich jeden Moment platzen könnte» –, schwappt dieses Gefühl unweigerlich auch auf diejenigen über, die sie lieben. Als Hannah aus Indien zurückkam, «in meinem Denken weiter, entspannter, einfacher im Umgang», fiel ihrem Mann nicht nur der Unterschied auf, er profitierte auch davon. «Schon in dem Augenblick, als sie aus dem Flugzeug stieg, bemerkte ich einen grundlegenden Unterschied», erzählte er. «Sie war so ruhig und friedvoll. Bevor sie abgefahren ist, war sie höllisch nervös. Eine Erfahrung, wie sie sie durchgemacht hat, verändert einen Menschen dauerhaft, und alles, was Hannah erfahren hat, färbte auf mich ab.»

Männer, die mit der Situation zurechtkamen, indem sie sich in ihre Arbeit stürzten, heimsten eigenen Erfolge ein. Hannahs Mann konzentrierte sich auf sein Studium und trieb ausführlich Sport mit seinem Sohn. Während Anna ihren Abschluss in Sozialarbeit machte, nahm Peter in Alaska an fünfzehn Kunstausstellungen teil, veranstaltete drei eigene und saß die ganze Zeit über im Vorstand seiner Fakultät. Da Anna nicht da war, kritisierte ihn keiner, wenn er stundenlang am Computer saß, und so entwickelte Peter außerdem noch einen neuen Lehrplan für Computerkunst. Es war, wie er sagte, «das produktivste Jahr, das ich seit dem Studium erlebt habe». Peter stellte seinen Unterrichtsplan so um, dass er Anna über fünf lange Wochenenden besuchen konnte, und der neue Plan gefiel ihm so gut, dass er ihn bis heute bei behalten hat.

Dianas Mann, der als Hobby gern handwerkliche Dinge im Haus erledigt, empfing sie mit einem renovierten Badezimmer, das er mit Hilfe seines Sohns eingerichtet hatte. Wie Peter nutzte er die Abwesenheit seiner Frau, um etwas zu erledigen, was sie gestört hätte. Solange er das einzige Badezimmer lahm legte, hätte sie das provisorische Bad im Keller benutzen müssen, und das hätte ihr nicht gefallen. Während Chris beim Friedenscorps war, arbeitete David an neuen Geschäftsprojekten und unterzog die Familienfinanzen, die bislang Chris' Domäne gewesen waren, einer Generalüberholung.

Wenn Männer Pflichten übernehmen, um die sich normalerweise ihre Frau gekümmert hat, wandeln sich auf ganz natürliche Weise die Geschlechterrollen. All die Zeitschriftenartikel der Welt («Hinterhältige Methoden, ihn dazu zu bringen, das zu tun, was Sie wollen») werden nie zu solchen Veränderungen führen, wie die schlichte Notwendigkeit sie ganz nebenbei einführt. Ein Ingenieur, der sonst immer nur den Garten umgegraben hatte, bepflanzte und pflegte ihn nun, lernte kochen und erledigte die gesamte Hausarbeit. Andere Männer ernteten die Äpfel und

Tomaten, kochten Apfelmus und Tomatenmark ein, sie flochten ihrer Tochter die Haare, besuchten mit ihren Teenagern Aerobic-Kurse. Männer, deren Frauen immer ihr Sozialleben gemanagt hatten, entdeckten, dass sie, wenn sie ihre erwachsenen Kinder besuchen wollten, das Telefon abnehmen und wählen mussten, und es machte ihnen obendrein auch noch Freude.

Männer merkten, dass sie zutiefst dankbar waren für die Gelegenheit, einen direkten Kontakt zu ihren Kindern aufzubauen – was jahrelang in der Verantwortung ihrer Frau gelegen hatte. Viele Männer wünschen sich, stärker an der Kindererziehung beteiligt zu sein, als ihre Väter es waren. Männer, deren Frauen allein verreisen, bekommen diese Gelegenheit. Alle Väter, mit denen ich gesprochen habe, berichteten einhellig, dass sie ihren Kindern näher kamen, während ihre Frau nicht da war. Manche erlebten dies zum ersten Mal, andere erzählten, dass sich in der Zeit ihre Beziehung zu den Kindern deutlich festigte. Alle Männer, die sich um heranwachsende Kinder kümmern mussten, sagten, dass sie ein tieferes Mitgefühl für allein erziehende Elternteile entwickelten. Wenn Männer heute die Rolle der ersten Bezugsperson übernehmen, geschieht dies für gewöhnlich nur unter Druck, beispielsweise wenn Auseinandersetzungen ums Sorgerecht oder Loyalitätskämpfe ihn in eine intensivere Elternrolle drängen. Männer, deren Frauen sich allein auf die Reise machen, übernehmen diese Rolle unter wesentlich gesünderen und entspannteren Bedingungen.

Heftige emotionale Reaktionen können auch bei den zu Hause bleibenden Männern zu Bewusstseinsveränderungen führen, denn auch sie überdenken ihre Identität und ihre Beziehung neu. Wenn sie daran gezweifelt haben, entdecken sie jetzt, dass sie allein leben können. Vielleicht werden sie lethargisch und fühlen sich einsam, aber sie brechen nicht zusammen. Ein neunundvierzigjähriger Mann verlor seinen Job, während seine Frau auf einem Priesterseminar war, brachte seinen Vater ins Pflegeheim, begrub seinen Schwager und musste dabei noch die ganze Zeit für ein zwar bereits erwachsenes, aber sehr bedürftiges Kind sorgen. «Es war schlimmer, als ich es mir je vorgestellt habe, und ich möchte es lieber nicht noch einmal durchmachen müssen», sagte er. «Aber ich habe eine innere Kraft entdeckt, die ich an mir nicht kannte.

Ich habe mich immer gefragt, was ich tun würde, wenn meiner Frau etwas zustößt. Jetzt weiß ich, dass ich allein überleben kann und zwar einigermaßen gut. Das war eine wichtige Erkenntnis.»

Auch Alfred Stieglitz litt, aber die Erfahrung machte ihn stärker. Während O'Keeffes erstem Sommer in der Wüste war er so traurig, dass er sie mit Briefen förmlich überschüttete, in denen er ihr seine Sehnsuchtsqualen offenbarte. (Einmal bekam sie an einem Tag fünfzehn Briefe.) Aber mit der Hilfe seiner Freunde überstand er die Zeit nicht nur, sondern profitierte persönlich davon. Bei ihrer Rückkehr empfing er seine Frau bei bester Gesundheit und mit zwei neuen Hobbys – er hatte gelernt, ein Wasserflugzeug zu fliegen, und hörte mit Begeisterung klassische Musik auf seiner neuen Musicbox. Im Herbst desselben Jahres eröffnete er eine Galerie und machte so viele Fotos von seiner Frau wie schon seit Jahren nicht mehr. Seiner Nichte schrieb er über diesen ersten getrennten Sommer: «Ich habe eine Menge gelernt – und ich werde anwenden, was ich gelernt habe.» Als O'Keeffe im nächsten Sommer wieder in den Südwesten reisen wollte, gab er der Reise seinen Segen.

Stieglitz setzte ihrem Wunsch nie wieder Widerstand entgegen, aber bis zu seinem Todestag besuchte er sie kein einziges Mal. Auch Harriet Beecher Stowes Ehemann überhäufte seine Frau im Kurbad mit jammervollen Briefen. Auf ihre Rückkehr reagierte er allerdings ganz anders: In den nächsten beiden Sommern reiste er – mit ihrer Unterstützung – ins Sanatorium, um seinerseits das heilende Wasser zu genießen.

Zu wissen, dass er allein sein kann, bestätigt einen Mann in seinem Selbstwertgefühl. Das Gleiche gilt, wenn er spürt, dass seine Frau ihm dankbar ist. Wenn eine Frau mit neuer Lebenslust nach Hause zurückkommt, schließt diese den Mann mit ein, wenn er ihre Reise unterstützt hat. Schätzen wir nicht die Menschen am meisten, die unser Wachstum fördern?

Inzwischen ist es sechs Jahre her, dass Anna zu Peter nach Alaska zurückgekommen ist. Gelegentlich schreibt sie ihm immer noch kurze Briefe, in denen sie sich für seine Unterstützung bedankt.

»Ich glaube, dass es einen Menschen verändert, wenn er sich intensiv ins Lernen oder Arbeiten versenkt, dass es sozusagen sein

Hirn neu verdrahtet», meinte Peter. «Männer tun das eigentlich ständig, aber Frauen machen es eher auf Teilzeitbasis, damit sie sich immer noch um alles Mögliche andere kümmern können, vor allem um andere Menschen. Aber wenn man es nur halbtags macht, verändert man sich nicht. Meine Frau ist verändert zurückgekommen. Sie hat eine neue Identität angenommen. Sie fühlte sich wie neugeboren, und die Unterstützung, die ich ihr gegeben hatte, schuf zwischen uns ein Vertrauen, das anders nicht möglich gewesen wäre.»

In der vierzehn Monate dauernden Reise erlebte aber auch Peter beunruhigende Augenblicke. «Ich erkannte, dass ich unsicherer war, als ich gedacht hatte», sagte er. «Anna war so glücklich mit dem, was sie tat, dass ich große Angst hatte, sie würde nicht zurückkommen wollen. Teil der Unsicherheit war, dass ich begriff, wie sehr ich von ihr abhängig war. Ich fühlte mich ihr gegenüber fürchterlich im Nachteil, weil sie mich nicht so sehr brauchte wie ich sie.»

Wie Jessie Bernard, eine der ersten Eheforscherinnen, schon vor fünfundzwanzig Jahren festgestellt hat: Dreiundsiebzig Prozent der Ehemänner überschätzen ihren Einfluss in der Beziehung, während siebzig Prozent der Frauen ihren unterschätzen.

Zwei Monate nach meiner Rückkehr sitzen wir beim Sonntagsfrühstück.

»Ich habe beschlossen, nächsten Sommer eine Wanderung zu den Schlachtfeldern des Bürgerkriegs zu machen», verkündet Jim.

»Allein?», frage ich.

»Ja.»

Ich lächle. Wenn das keine Veränderung ist!

Ich bin mit einem Mann verheiratet, den der Bürgerkrieg fasziniert, seit wir uns kennen. Er sagt, es hat schon angefangen, als er noch ein Kind war und sein Großvater ihn mitgenommen hat, um auf den ungepflasterten Straßen in West Virginia nach Patronen aus dem Bürgerkrieg zu suchen. Er hat alle Bücher über den Bürgerkrieg gelesen. Ich möchte ihn nicht blamieren, indem ich preisgebe, wie oft er den Film «Gettysburg» gesehen hat. Vermutlich war er in einem Vorleben Bürgerkriegssoldat. Wenn ich Kreuzworträtsel löse, ist mir sein immenses Wissen manchmal sehr nützlich, aber wenn er davon redet, mit mir auf den Schlachtfeldern zu wandern, wird mir ganz anders. Schon seit Jahren erwähnt er das Projekt nicht mehr, aber ich weiß, seine Sehnsucht ist nicht kleiner geworden. Ich stelle mir vor, dass er sich egoistisch vorgekommen wäre, wenn er die begrenzte Urlaubszeit nur für sich selbst genutzt hätte, und sich deshalb seinen Wunsch nie erfüllt hat. Anscheinend hat ihm die Tatsache, dass ich alleine weg war, die «Erlaubnis» verschafft, die er sich selbst nicht geben konnte.

Manchmal denke ich, dass mein Weggehen bei Jim mehr ausgelöst hat als bei mir. Es hat ihn gezwungen, die behagliche Vertrautheit seines Arbeitszimmers mit seiner Anlage und seinem Computer zu verlassen. Er hat mehrere neue Aktivitäten begonnen und den Grundstein für ein neues berufliches Projekt gelegt.

Mehrere Jahre vor meiner Reise ging ich oft allein zu sozialen Anlässen. Als Schriftstellerin, die zu Hause arbeitet, neige ich dazu, jede Einladung anzunehmen, und sei es nur meiner geistigen Gesundheit zuliebe. Aber Jim betreut auch samstags Klienten und hat selten Lust, an diesen Abenden mit jemand anderem zusammen zu sein als mit mir. Deshalb blieb er an vielen Samstagabenden zu Hause, entspannte sich mit Bach und dem Internet, während ich mich alleine zu der jeweiligen Einladung aufmachte. Als ich von meinem Urlaub von der Ehe zurückkam, bekamen wir wieder eine Einladung und ich sagte, was ich immer sage: «Ich möchte hingehen, kommst du mit?» Und zu meiner großen Überraschung sagte er: «Ja» – und das hat er seither zu jeder Einladung gesagt.

AUSWIRKUNGEN AUF DIE EHE

Von dem griechischen Philosophen Heraklit stammt die Erkenntnis, dass man nicht zweimal in denselben Fluss steigen kann. Beim zweiten Mal ist der Fluss anders und wir sind anders. So ist es auch, wenn eine Frau in ihre Ehe zurückkehrt.

Starke Ehen werden stärker, die Trennung wird zu einem weiteren Band, beide Partner lernen einander neu schätzen und nicht mehr so leicht für selbstverständlich zu nehmen. Sie sind zuversichtlich, dass sie auch in der Zukunft getrennt existieren können; viele meinten sogar, sie würden es beim nächsten Mal sicher länger aushalten. Manche entdecken die Behaglichkeit und Sicherheit in der Beziehung neu, nachdem sie früher zu gestresst oder abgelenkt waren, um solche Dinge überhaupt noch wahrzunehmen. «Ich erkannte, wie sehr ich seine täglichen Aufmerksamkeiten vermisste, seine Fürsorge», erzälte eine Frau, «einfach dass er sagt: ‹Möchtest du eine Tasse Tee?› Als ich zurückkam, wusste ich ihn ganz anders zu schätzen. Ich kann mir nicht vorstellen, wie man so etwas merken soll, wenn man nicht weggeht.»

Nach ihrer Rückkehr erntet eine Frau jedoch nicht nur die Früchte ihres Erlebnisses, sie zeigt ihrem Mann, der ihr die Erfahrung ermöglicht hat, auch wie sehr sie ihn schätzt. Wie der Eheforscher John Gottman sagt: «Wenn Sie eine Partnerin haben, die ihrem Traum folgt und Sie dabei als Verbündeten betrachtet, dann entsteht echte Nähe.»

Wenn eine Frau sich nach ihrem Urlaub von der Ehe unabhängiger fühlt, als sie gedacht hat, während ihr Mann in ihrer Abwesenheit erkannt hat, dass er sich abhängiger fühlt, als er gedacht hat, dann finden beide in der Beziehung zu einem besseren Gleichgewicht.

Als Sarah zu ihrem dynamischen Ehemann heimkehrte, nachdem sie in ihrem Computertest das beste Ergebnis des gesamten Kurses erzielt hatte – besser als ihre ganzen jungen Kommilitonen –, verschoben sich automatisch die Kräfteverhältnisse. Die Veränderung brachte Michael aus dem Gleichgewicht und stärkte Sarah. In ihrer Ehe hatte Michael einfach nach dem Muster aus seiner fünfunddreißigjährigen Junggesellenzeit weitergelebt und war beispielsweise oft allein oder mit Freunden verreist. Nun war Sarah zum ersten Mal aufgebrochen, um ein Abenteuer zu erleben, während er daheim blieb. Wie viele Frauen fühlte sich auch Sarah immer ihrem Mann verpflichtet, wenn sie mit ihm zusammen war. Jetzt aber war sie vier Monate lang nur sich selbst verpflichtet und das gefiel ihr ausnehmend gut. «Seit ich wieder zurück bin», sagte sie, «spüre ich immer noch eine Verpflichtung ihm gegenüber, aber sie ist nicht mehr so bodenlos.»

Zwölf Jahre lang bestimmten Michaels Bedürfnisse ihre Ehe.

Er investierte seine Energie in seine Interessen, sie investierte ihre Energie in seine Interessen. Sarahs Belange rückten in den Hintergrund, und er merkte nicht einmal, was sie unterdrückte. Seit Sarahs Rückkehr versucht er, sich um ihre Bedürfnisse zu kümmern, und sie versucht ebenfalls, sich um ihre Bedürfnisse zu kümmern. Das Ergebnis ist eine gesündere Ehe und eine glücklichere Sarah. «Ehe ich weggegangen bin, hatte ich keinen festen Boden unter den Füßen», sagt sie. «Ich kam mir vor, als hätte mir jemand die Augen verbunden – als würde ich ständig hinfallen und über irgendwelche Möbel stolpern. Jetzt habe ich die Augen aufgemacht und überlege mir den nächsten Schritt genau.»

Als Erstes suchte sie sich Arbeit in ihrem neuen Beruf als «Netz-Oma», wodurch sie sich häufiger von ihrem Mann trennen musste. Bei ihrem ersten Weggang war Michael alles andere als begeistert, und wahrscheinlich wird er sich auch das nächste Mal nicht freuen, aber er ist mit ihr einer Meinung, dass dieser neue Lebensstil durchaus für sie beide funktionieren kann.

»Jetzt sind wir auf einem anderen Weg», sagte sie. «Wenn ich nicht weggegangen wäre, wäre das nicht passiert.»

Es wäre nicht passiert, wenn ich nicht gegangen wäre – diesen Satz habe ich in meinen Gesprächen oft gehört, vor allem von Frauen, die mit einer stärkeren Identität zu dominanten Männern heimkamen. *Ich lebe nicht mehr im Schatten meines Mannes … Ich bin selbstbewusster, ich sage, was ich will, statt hinter den Kulissen zu agieren, wie es meiner natürlichen Neigung entspricht … Ich bringe meine Meinung deutlicher zum Ausdruck und bin optimistischer, ich vertraue auf meinen Instinkt … Ich habe das Gefühl, dass ich eine stärkere, gleichberechtigtere Person in die Ehe einbringe. Mein Mann meint, ich habe ihn überflügelt, aber ich spüre, dass ich ihn gerade erst einhole.*

Jessie Bernard nannte das den Pygmalion-Effekt. Das Selbstbild verheirateter Frauen, so Bernard, wird mit zunehmendem Alter immer negativer. Das liegt nicht an den geballten Fäusten der Ehemänner oder an deren unermüdlichen Bemühungen, sie zu formen, sondern an der Struktur der Institution Ehe. In der Ehe geben Frauen die Grundlage zu ihrer persönlichen Weiterentwicklung auf.

Nach dem Tod seiner Frau Olivia schrieb Mark Twain «Das

Tagebuch von Adam und Eva», zweifellos eine Hommage an sie. Mit dem ihm eigenen Humor und Witz erzählt er – in Form von Tagebucheintragungen – die Geschichte des Paars vor und nach dem Sündenfall. Im Garten Eden erweist sich Eva eindeutig als die überlegene Schöpfungsform. Adam sitzt hauptsächlich mürrisch in seiner Hütte, vor allem wenn das Wetter schlecht ist, und leidet unter der Sonntagsruhe, weil er schon die restlichen sechs Tage der Woche nichts zu tun hat. Eva reitet unterdessen auf Tigern, Leoparden und Elefanten und erforscht die Gegend. Wenn sie neuen Kreaturen begegnet, gibt sie ihnen Namen, lernt von ihnen, spielt mit ihnen, kümmert sich um sie. Sie bindet Blumenkränze und schmückt die Umgebung. Gelegentlich schaut sie zum Himmel auf und denkt über das Rätsel des Universums und den Sinn ihres Lebens nach. Twains Eva ist intuitiv, rhetorisch gewandt, neugierig, mitfühlend, abenteuerlustig, warmherzig, leidenschaftlich, liebt schöne Dinge und legt Wert auf Beziehungen. Adam dagegen ist schlicht ein Trottel. Je mehr er sich bemüht, Eva aus dem Weg zu gehen, desto mehr versucht sie, Verbindung zu ihm aufzunehmen, verfolgt ihn und studiert seine Gewohnheiten, denn sie möchte ihm nützlich sein und von ihm respektiert werden. Um ihm Peinlichkeiten zu ersparen, hält sie sich in ihrer sprachlichen Überlegenheit zurück. Um ihm eine Freude zu machen, pflückt sie den verbotenen Apfel. Nach dem Sündenfall befürchtet Adam, nun, da er sein Land verloren hat, ohne Eva womöglich doch deprimiert und einsam zu werden, und lädt sie ein, zu ihm zu ziehen. Hauptsächlich aus praktischen Gründen, denn jetzt müssen sie ja für ihren Lebensunterhalt sorgen. Eva dagegen tröstet sich über den Verlust des Paradieses mit dem Gedanken, dass sie jetzt wenigstens *ihn* gefunden hat.

Das Ende der Geschichte spielt vierzig Jahre später. In Evas letztem Tagebucheintrag betet sie, dass sie vor ihrem Mann sterben darf, denn sie glaubt ihn mehr zu brauchen. An ihrem Grab schreibt Adam in sein Tagebuch: «Wo immer sie war, dort war das Paradies.»

Frauen, die allein eine Reise antreten, durchbrechen dieses jahrhundertealte Muster, gewinnen Boden für ihre persönliche Entwicklung, kommen nach Hause mit der Erkenntnis, dass ihre Macht sich aus ihrer eigenen Stärke speist, nicht aus der Beziehung zu ihrem Partner. Wenn sie mit einer engeren Verbindung zu ihrem inneren Selbst zurückkehren, wissen sie auch, dass Authentizität und Unterwürfigkeit sich gegenseitig ausschließen.

Die Zeit, die eine Frau allein verbringt, stellt das Gleichgewicht in der Ehe wieder her, das durcheinander gerät, wenn eine Frau erwartet, dass die Beziehung all ihre Bedürfnisse erfüllt und der Mann keinen vergleichbaren Illusionen nachhängt. Ein Urlaub von der Ehe fördert neue Sinnquellen außerhalb der Beziehung zu Tage, sodass die Frauen bei ihrer Heimkehr nicht mehr so viel von ihrem Partner fordern und mehr im Frieden mit seinen Mängeln leben können. Und wenn eine Frau im Frieden mit ihrem Mann lebt, kann er auch mehr im Frieden mit ihr leben. *Als sie zurückkam, ging sie mit mir und mit sich selbst viel gelassener um ... In unserer Ehe gibt es jetzt viel weniger Spannungen ... Sie ist viel eher bereit, mir auch mal einen Gefallen zu tun ... Ich fühle mich jetzt nicht mehr so sehr für ihr Glück verantwortlich, deshalb empfinde ich weniger Druck.*

Es gehört zur menschlichen Natur, dass wir die Schuld denen, die uns am nächsten stehen, in die Schuhe schieben, wenn wir unglücklich sind. Die meisten von uns glauben, wenn wir mit uns selbst nicht glücklich sind, stimmt etwas mit unserer Ehe nicht. Aber es ist genau anders herum: Es stimmt etwas mit unserer Ehe nicht, weil wir mit uns selbst nicht glücklich sind. Der jüdische Theologe Martin Buber formulierte diese Erkenntnis sehr treffend: Alle Konflikte zwischen zwei Menschen, schrieb er, sind das Ergebnis eines Konflikts der einzelnen Menschen. Die Lösung eines Ehekonflikts, so glaubte er, besteht darin, dass jeder sich um sein eigenes Selbst kümmert.

Judith Sills gehört zu den zahlreichen modernen Psychologinnen, die mit dieser Anschauung übereinstimmen. Sie geht davon aus, dass Frauen, wenn sie sich um ihre eigene Seele kümmern, in der Ehe mehr zu geben haben und weniger nehmen müssen – wodurch die Ehe für beide Partner erfüllender wird. Wenn man sich selbst mehr liebt und den anderen weniger braucht, verändert sich die Erfahrung der Liebe. Für Sills ist das «kein Strategiewechsel, sondern ein Gesinnungswechsel».

Wenn Frauen sich um ihre eigene Seele kümmern, kann es passieren, dass das, was sie einmal als Problem angesehen haben, seine Intensität verliert. Zwar ist das Problem nicht gelöst, aber seine Bedeutung nimmt ab, während sich eine neue, stärkere Lebenskraft entfaltet. Die ansonsten sehr zugeknöpfte Georgia O'Keeffe gestand, dass sie sich im Familiensitz der Sippe ihres Mannes, wo es ständig von Verwandten und Kindern wimmelte und das Chaos ein ständiger Gast war, häufig wie gefangen fühlte. Als sie jedoch nach ihrem ersten Sommer in New Mexico zum ersten Mal einer Einladung dorthin folgte, war sie ganz begeistert, weil sie sich plötzlich nur noch auf Stieglitz konzentrierte und weder von der Familie noch von sonst jemandem etwas mitbekam.

Genauso wenig wie der Familiensitz plötzlich auf wundersame Weise still wurde, wurde es am Polarkreis in Annas Abwesenheit plötzlich wärmer und sonniger. Die Menschen in einer konservativen Gegend werden nicht liberaler. Eine Landschaft oder eine Stadt ändern sich nicht, aber die Perspektive einer Frau kann sich ändern. Ganz egal, wie viele Sommer Doris im Fernen Osten verbringen mag, sie wird ihre stockkonservative Umgebung wahrscheinlich niemals lieben. Wenn sie heimkommt, ärgert sie sich nicht weniger über ihre Umgebung, aber sie hat mehr Energie, dagegen anzukämpfen, ein Kampf, der sie inzwischen dazu bewogen hat, Jura zu studieren, um etwas bewirken zu können.

Anna liebt Alaska bis heute nicht, aber sie sagt: «Ich habe meinen Frieden damit gemacht.»

Wenn sich Frauen Zeit genommen haben, ihren eigenen Leidenschaften nachzugehen, kehren sie nicht mit einer plötzlichen Zuneigung zu einer zuvor ungeliebten Umgebung zurück, aber sie akzeptieren ihre Verbindung zu ihr und verfügen über die nötige Einsicht, um sich anpassen zu können. Als Anna nach Alaska zurückkam, zogen Peter und sie in ein anderes Haus mit mehr Fenstern, damit ihre Umgebung wenigstens ein bisschen heller und sonniger wurde. Allgemein gilt: Je stärker die Identität einer Frau – ihr Zuhause in ihrem Innern –, desto besser kommt sie mit ihrer Umgebung zurecht.

Die Fähigkeit, mit dem zu leben, was wir nicht ändern können, gehört zu den wichtigsten Eigenschaften einer glücklichen Ehe. Anhand seiner fünfundzwanzigjährigen Forschung gelangte John Gottman zu dem Schluss, dass neunundsechzig Prozent aller Eheprobleme nicht lösbar sind, weil sie ihren Ursprung in der

Persönlichkeit oder dem Charakter eines der Partner haben. «Wichtig ist nicht, das Problem an sich zu lösen», sagt Gottman, «sondern die Emotionen, die das unlösbare Problem umgeben.» Mit anderen Worten, man kann sich aussuchen, ob man den Differenzen mit Groll und Hass begegnet oder mit nachdenklicher Toleranz. Erfolgreiche, lange verheiratete Paare betrachten ihre Probleme mit nachdenklicher Toleranz, eher als Idiosynkrasien denn als Sünden. Daniel Wile, ein klinischer Psychologe aus Oakland, Kalifornien, formuliert die gleiche Idee und führt sie sogar noch einen Schritt weiter. Wenn wir heiraten, schreibt er, wählen wir unser Päckchen an unlösbaren Problemen aus.

Das heißt also, wir müssen mit den von Gottman festgestellten einunddreißig Prozent lösbarer Probleme auskommen. Manchmal hilft uns ein Urlaub von der Ehe, diese Prozentzahl zu steigern.

So war es beispielsweise bei Rebecca.

Rebecca brach auf, um zu malen, in der Stadt zu leben und sich einer metaphysischen Kirche anzuschließen. Trotz einer Serie von Missgeschicken, darunter eine strapaziöse erste Woche, in der ihr Auto mitten auf einer vierspurigen Autobahn den Geist aufgab, sodass sie die Hälfte ihres Urlaubsgelds für die Reparatur verwenden musste, erreichte sie dennoch ihre Ziele. Zum ersten Mal in ihrem Erwachsenenleben war sie allein mit sich und ihren Gedanken. Sie widmete sich ganz ihrer Malerei und präsentierte bei einer erfolgreichen zehntägigen Ausstellung vierzig ihrer Bilder.

Als Rebecca nach Hause kam, hatte sie die Frage, mit der sie losgezogen war, beantwortet: Die zweite Hälfte ihres Lebens würde sie sich voll der Malerei widmen. Das zu wissen, verlieh ihr ein starkes, zentriertes Gefühl, aber es brachte auch die Sackgasse deutlich zum Vorschein, in der ihr Mann und sie bei einem Problem steckten, über das sie schon lange diskutierten. Sie wollte ihr Haus verkaufen, damit sie aus den Schulden herauskämen, er war dagegen, denn er liebte das Haus und hatte hart dafür gearbeitet, es zu bauen.

Noch an dem Tag, als Rebecca nach sieben Monaten Abwesenheit heimkam, schnitt ihr Mann das Thema an und erklärte sich bereit, das Haus zu verkaufen, die Schulden abzubezahlen und neu anzufangen. «Er schien es nicht nur ehrlich und positiv zu meinen, es schien ihm auch nichts auszumachen, dass er nachgegeben hatte, und es war klar, dass er viel nachgedacht hatte», sagte Rebecca. «Ich hatte es nicht erwartet, aber gehofft. Ich wollte ein Leben in Einheit, und das habe ich jetzt. Mein Mann und ich können erwachsen und kreativ zusammenleben. Unser Leben ist nicht perfekt, wir sind nicht blauäugig verliebt, aber er ist rücksichtsvoller und fröhlicher, als ich ihn seit Jahren gesehen habe, vielleicht sogar seit ich ihn kenne. Es ist bestimmt nicht immer leicht, mit mir zu leben, aber ich empfinde eine ganz neue Dankbarkeit. Die möchte ich nicht mit häuslichen Querelen stören – und das gefällt ihm.»

Rebeccas Problem war praktischer Natur, das von Sarah eher psychologisch, aber bei beiden ging es um lange schwelende Themen, die ihre Männer ignorierten, bis ihre Frauen weggingen. Während die meisten Frauen intuitiv wissen, was nötig ist, um eine Ehe in Schuss zu halten, brauchen Männer manchmal einen Schubs. Wenn eine Frau für vier beziehungsweise sieben Monate wegfährt, ist das ganz bestimmt ein solcher Schubs.

Marion Woodman und Elinor Dickson beschreiben dieses Phänomen in ihrer Interpretation des Mythos von Hera und Zeus, den griechischen Gottheiten, welche die Liebe in einer langen Ehe verkörpern. Die Autorinnen erklären, dass sich verheiratete Frauen an die Göttin Hera wenden, wenn sie Rat und Hilfe brauchen. Jahrelang richtet sich Heras Leben ganz nach dem, was ihr Ehemann tut. Wenn Zeus treu ist und ihr seine Aufmerksamkeit schenkt, behandelt Hera ihn warmherzig und fürsorglich; wenn Zeus fremdgeht, wird sie wütend und vorwurfsvoll. Sie projiziert ihr eigenes nicht ausgelebtes Potential auf ihren Ehemann, was dazu führt, dass sie ständig im Konflikt lebt, nicht nur mit ihm, sondern auch mit sich selbst. Der Wendepunkt in ihrer Ehe tritt ein, als sie Zeus verlässt, um ihren Geburtsort in Euböa aufzusuchen, wo sie eine glückliche Kindheit verbracht hat. Dort, allein in den Bergen, konfrontiert sie sich mit ihrem innerem Selbst. In ihrer Abwesenheit erkennt Zeus, wie wichtig sie ihm ist, und zum ersten Mal sagt er ihr es auch. Sie kehrt auf den Olymp zurück, bereit für die Ehe, die sie sich immer gewünscht hat.

Wenn Partner wachsen und sich entwickeln, selbständiger und autonomer werden, beruht die Beziehung eher auf beidseitiger Abhängigkeit als auf einseitiger, eher auf Wollen als auf Brauchen, eher auf Gegenseitigkeit. Wenn die Partner wissen, dass sie auch ohne einander auskommen können, und es auch genießen, allein zu sein, wissen sie, dass sie zusammen sind, weil sie es wollen.

»Die normale Basis für viele Ehen ist ‹Gib mir was, mach, dass ich mich besser fühle›, ganz im Stil eines Heranwachsenden«, sagt der klinische Psychologe Bill Bumberry. «Wenn Menschen jung heiraten, beginnt ihre Ehe auf diesem Niveau. Und viele Leute gelangen nie darüber hinaus, auch nicht in ihrer zweiten und dritten Ehe. Der innere Mechanismus bleibt der gleiche. Zum Teil ist dies der Grund, warum die Scheidungsrate bei zweiten Ehen noch höher liegt als bei ersten.«

Gegenseitigkeit bedeutet: Ich komme ohne dich aus und ich weiß, du kommst ohne mich aus. Wir sind nicht deshalb zusammen, weil wir nicht vollständig sind, sondern weil wir unser Zusammenwirken wollen. So ist die Ehe eher eine Erweiterung als eine Einengung. Zwei werden nicht eins, sondern drei. Dadurch, dass die Partner als Individuen wachsen, wachsen sie auch als Paar. Manchmal ist das Ergebnis eine vollkommen neue Ehe.

Ehe Karen ihren Urlaub von der Ehe begann, waren beide von ihrer Arbeit frustriert. Sie wollte wegen eines guten Jobangebots in eine Großstadt ziehen, er in eine ländlichere Gegend, um ein neues Geschäftsprojekt zu starten. Beide stellten sich der Herausforderung, die sie sich jeweils wünschten.

Als Karen zu ihrem Ehemann zurückkehrte, war sie eine andere Frau. Sie hatte sich immer darauf verlassen, dass er da war, wenn sie Ablenkung brauchte, jetzt lernte sie, sich selbst zu beschäftigen. Sie hatte ihm immer die Finanzführung überlassen, jetzt lernte sie, allein mit ihrem Budget zu haushalten. Sie schloss ihre Ausbildung mit einem akademischen Grad ab und fühlte sich «zum ersten Mal im Leben richtig intelligent».

»Wenn ich nicht weggegangen wäre, wäre ich nie stellvertretende Chefin geworden«, sagt sie. «Es fühlte sich an wie eine echte große Leistung und jetzt muss ich es nie wieder machen. Ich habe im Leben noch an viel mehr Dingen Spaß als nur an meiner beruflichen Stellung, aber das kann ich jetzt sagen, weil ich es ausprobiert habe.» Da sie erreicht hatte, was sie wollte, war sie bei ihrer Rückkehr auch bereit, mit ihrem Mann in seinem neuen Geschäft zu arbeiten, bis sie einen anderen Job fände. Sie genoss die Gelegenheit und er genoss ihre Hilfe.

Als Karen nach Hause kam, war sie nicht die Einzige, die sich verändert hatte. Ihr Mann hatte ebenfalls einen Entwicklungsschub hinter sich. «Anfangs dachte ich ‹Was haben wir denn da gemacht?›», sagte er. «Dann fühlte ich mich plötzlich wie befreit.» Er kaufte eine kleine Hütte im Wald, auf die er schon lange ein Auge geworfen hatte, gegen die Karen aber ihr Veto eingelegt hatte. Acht Monate lang lebte er mitten im Regenwald, in einer dreieinhalb mal fünf Meter großen Hütte ohne Elektrizität und fließend Wasser. Zum Waschen sprang er in den nächsten Bach. «Ich habe mein Leben immer so kompliziert gemacht», erklärte er mir. «Einfach zu leben hat mir zum ersten Mal das Gefühl gegeben, reich zu sein.»

Aber das unabhängige Leben gab ihm auch zum ersten Mal das Gefühl, bedürftig zu sein. «Ich war ein typischer Macho», erzählte er. «Ich wollte nie zugeben, dass ich jemanden oder etwas brauchte. Zum ersten Mal in meinem Leben konnte ich mir und anderen eingestehen, dass ich Karen brauche und dass das auch in Ordnung ist.»

Als Karen zu ihrem Mann zurückkam, fühlte sie sich unabhängig und hatte eine intellektuelle Anforderung bewältigt, während er sich abhängig fühlte und seine Liebe zum einfachen Leben entdeckt hatte; so fand jeder einen neuen Partner vor, eine vollständigere Person mit einem Gespür für innere Reife, die erst ihr individuelles Leben bereicherte und dann ihr Leben als Paar.

Eine solche Transformation ist nie einfach, und je größer die Veränderung, desto größer sind auch die Schwierigkeiten. Ihren Ehemann zu verlassen war schwer, zwei Jahre allein zu leben war ebenfalls schwer. Bei jedem Besuch war Karen ein bisschen mehr die kultivierte Geschäftsfrau und ihr Mann der bodenständige Unternehmer. Jeder Besuch begann oder endete mit Tränen. Auch das Wiedersehen war nicht einfach. Aber heute wiegt das, was sie gewonnen haben, die Mühen und Probleme bei weitem auf. «Unsere Ehe ist viel besser geworden», stellte Karen fest, «vielleicht besser als je zuvor.» Ihr Mann ist derselben Ansicht. «Dass Karen weggegangen ist, hat eine ganz große Sache in Gang gebracht», sagt er. «Wir haben uns selbst zurückbekommen. Jetzt erkennt sie mein Bedürfnis an, allein zu sein, ja, sie ermuntert mich sogar dazu, es auszuleben. Ich habe meine Hütte im Regenwald behalten und verbringe dort alle ein, zwei Wochen eine Nacht allein. Das ist meine Kirche, mein Platz zum Meditieren. Sie gehen zu lassen, war das Schlauste, was ich je getan habe.»

Wie der alchemistische Prozess, der Schlacke in Gold verwandelt, so kann ein Urlaub von der Ehe diese in etwas ganz Neues verwandeln. Was als persönliches Erlebnis mit tief greifenden inneren Veränderungen beginnt, kann in eine neue Partnerschaft ausstrahlen, die sowohl freier als auch verbindlicher ist. Rilke erläutert das Problem der Beziehung in seinem Werk «Briefe an einen jungen Dichter». Erst wenn ein Mensch akzeptiert, dass selbst in den engsten Beziehungen zwischen zwei Menschen eine Distanz bestehen bleibt, erst wenn die Partner es schaffen, diese Distanz zu lieben, die es ermöglicht, den anderen ganz zu sehen, kann sich ein wirklich positives Zusammenleben entwickeln.

Die Distanz lieben zu lernen ist für manche Paare schwieriger als für andere. Genau wie ein Urlaub von der Ehe die Stärken einer Beziehung ans Licht bringt, so offenbart sie auch ihre Schwächen. Auf die eine oder andere Art rückt der Urlaub eine Beziehung deutlicher in den Blickpunkt, selbst wenn ein Mann nicht danach gesucht hat, selbst wenn eine Frau am Status quo direkt nichts auszusetzen hatte.

Als Anne nach zwei Monaten vom Sommerlager, wo sie als Betreuerin gearbeitet hatte, zurückkehrte, war sie sehr bekümmert, weil ihr Mann sie nicht so vermisst hatte wie sie ihn. Kurt hatte die Zeit als Strohwitwer genossen, ihm hatte es gefallen, über seine Freizeit eigenständig zu verfügen. Er erkannte, dass er nicht wieder zum bisherigen Arrangement zurückkehren wollte: Jeden Tag um sechs zu Hause, nachgiebig, wenn es um ihr gemeinsames Leben ging. «Ich kam zu dem Schluss, dass ich mehr Kontrolle über mein Leben wollte», sagte er. Sein Entschluss und Annes Kummer darüber erschwerten eine Zeit lang das Zusammenleben und erforderten mehrere Sitzungen beim Eheberater.

In der Therapie lernte Anne, dass es nicht bedeutete, dass Kurt sie nicht liebte, wenn er sie nicht so vermisste, es bedeutete lediglich, dass er sicher war, sie würde zurückkommen. «Ich musste lernen, es nicht persönlich zu nehmen», sagte sie.

Bevor Anne weggegangen war, hatte Kurt ihr die Kontrolle über ihr gemeinsames Sozialleben überlassen, entweder, weil er nicht wusste, ob es wichtig für ihn war, oder weil er seine Gefühle nicht ausdrücken konnte. In Abwesenheit seiner Frau hatte er gemerkt, dass es ihm sehr wohl wichtig war; in der Eheberatung lernte er, dieses Bedürfnis auch mitzuteilen. Indem sie weggegangen war, hatte Anne der Beziehung einen Anstoß gegeben, was zuerst zu einer eher problematischen Situation führte, sich dann aber positiv entwickelte.

In starken Ehen wie der von Kurt und Anne sprechen die Partner die Probleme an und bemühen sich um Abhilfe. In eher zerbrechlichen Beziehungen kann das Zutagetreten von Differenzen dazu führen, dass ein Partner die Ehe beenden will oder beide zu dieser Lösung tendieren. Es wäre naiv zu behaupten, dass jeder Urlaub von der Ehe zwangsläufig eine bessere Ehe nach sich zieht. Was für eine Frau mehr Stärke bedeutet, erweist sich nicht unbedingt als Stärkung für die Ehe.

Eine achtundzwanzigjährige Konzertpianistin war seit sechs Jahren mit ihrem Mann zusammen (seit drei Jahren verheiratet), als sie Urlaub von der Ehe nahm, um einem lang gehegten Traum nachzugehen und in Wien zu studieren. Da sie seit ihrer Kindheit in Konzerten auftrat, hatte sie viel Zeit allein verbracht; sie liebte das Alleinsein nicht nur, sie brauchte es. Mit Unterstützung ihres Ehemanns blieb sie drei Monate in Wien. Dass sie wegging und allein sein wollte, hatte nichts mit Schwierigkeiten in ihrer Ehe zu tun, aber aus der anderen Perspektive erkannte sie plötzlich, wie es tatsächlich um ihre Ehe bestellt war. Ihr Mann hatte keine seiner Aktivitäten oder Routinen für sie aufgegeben, sie war dazu erzogen worden, dies für ihn zu tun. In ihrem Bemühen, es ihm recht zu machen, hatte sie in der Ehe eine Menge von sich aufgegeben. In diesem Sommer in Wien «forderte ich mein Selbst zurück», erzählte sie. Um ihr Gefühl für sich zu erhalten, reiste sie die nächsten fünf Jahre jeden Sommer für einen Monat nach Wien. Jedes Mal kehrte sie verjüngt zurück und bei der

Rückkehr überraschte ihr Ehemann sie mit spontanen aufmerksamen Gesten.

Ihre Reisen gaben ihr Selbstvertrauen, und sie schaffte es, die Dinge anzusprechen, die ihr an der Beziehung nicht gefielen – so konnte sie ihre Ehe zumindest kurzfristig verbessern. Sie ging gelassener mit den Problemen um – so konnte sie ihre Ehe verlängern (was ihr wichtig war, weil die Kinder noch klein waren). Sie kam heim mit dem Bewusstsein, auch allein leben zu können, und mit der Kraft, sich schließlich von ihrem Mann zu lösen – so konnte sie die Ehe schließlich beenden. «Die Distanz hat es mir ermöglicht, die Beziehung objektiver zu betrachten, ohne Wut und Vorwürfe», sagte sie. «Obwohl die Scheidung wehtat, verlief alles sehr zivilisiert, und heute sind wir gute Freunde.»

Wodurch wird ein Urlaub von der Ehe erfolgreich? Wenn das Erlebnis eine Frau stärker macht, wenn Wut und Vorwürfe abnehmen, wenn sie die Fähigkeit gewinnt, ein authentischeres Leben aufzubauen, das sie auch ihren Kindern vorlebt, und wenn es dann eines Tages trotzdem zu einer Scheidung kommt, löscht das Scheitern der Beziehung den individuellen Gewinn für die Frau nicht aus. Wachstum bedeutet Veränderung; Menschen nehmen eine Veränderung unterschiedlich wahr und reagieren unterschiedlich darauf. Was für den einen Menschen positiv ist, mag für den anderen negativ sein. Ein Urlaub von der Ehe kann das Scheinwerferlicht auf ein bestimmtes Problem richten und eine Entscheidung beschleunigen, aber ganz bestimmt keine Trennung heraufbeschwören. Wenn es so weit kommt, muss bereits etwas im Argen gewesen sein. Was den Erfolg eines Urlaubs von der Ehe ausmacht, ist nicht, ob eine Frau zu einer Märchenehe zurückkehrt, sondern ob sie Klarheit darüber gewinnt, was sie will, und die Stärke, ihren Wünschen gemäß zu handeln. Der entscheidende Faktor des Erfolgs ist das Wachstum.

Drei Jahre nach Chris' Rückkehr aus dem Friedenscorps geben sie und David immer noch keine langfristigen Prophezeiungen ab. Seine Angst – dass Chris nicht zurückkommen würde – bestätigte sich nicht. Ihre Angst – dass ihre Wertvorstellungen noch weiter auseinander klaffen würden – traf ein. Diese Erkenntnis macht sie traurig, aber sie hält an der Dankbarkeit fest, die sie dafür empfindet, dass David sie seit ihrer Rückkehr schon zweimal – und «ganz untypisch für ihn» – in den Arm genommen und ihr gesagt hat, dass er sie bewundert. Er hatte ihr Steine in den Weg gelegt, aber sie war stark geblieben und hatte die Aufgabe bis zum Ende durchgehalten. Chris ihrerseits weiß Davids Bemühungen ebenfalls zu schätzen. Heute verfolgt sie einen neuen Traum, einen Abschluss in Psychologie, damit sie mit Kindern arbeiten kann. Jetzt ist David wieder beruflich auf Reisen. Sie leben ihre Ehe von einem Tag auf den anderen – manche würden sicher behaupten, dass es gar nicht anders geht.

AUSWIRKUNGEN AUF DIE KINDER

Manche Ängste einer Frau werden Wirklichkeit, andere nicht.

»Meine größte Angst beim Weggehen war, dass ich meine Töchter im Stich lasse», sagte Lisa. «Dabei habe ich ihnen in Wahrheit ein großes Geschenk gemacht. Ich habe ihnen Raum und Zeit gegeben, mit ihrem Vater zusammen zu sein. Als ich heimkam, sah ich sofort den Unterschied, wie nahe sie sich gekommen waren. Ich habe mir schon immer gewünscht, dass mein Mann sich mehr in ihrem Leben engagiert, aber als ich heimkam, begriff ich, dass nicht er das Problem war. Ich hatte ja permanent im Weg herumgestanden.»

Die wirkliche Quelle für Ungleichheit an der Heimatfront ist, dass Frauen sich zu sehr auf die Kinder konzentrieren. In den letzten zwei Jahren habe ich jede verheiratete Mutter, der ich begegnete, gefragt: «Sind Sie jemals weggegangen? Würden Sie es jemals tun?» Und fast jede Frau antwortete automatisch, überzeugt, manchmal sogar heftig: «Ich würde meine Kinder niemals im Stich lassen.» Aber was geschieht, wenn Frauen doch weggehen? David sagt: «Ich habe in diesen zwei Jahren (als Chris im Friedenscorps war) mehr von meinen Kinder gesehen als je zuvor oder je danach, und das vermisse ich.» Doris' Mann beschreibt ihre erste Abwesenheit: «Ich habe mich nicht gerade darauf gefreut, allein für die drei Kindern zu sorgen, alle noch im Vorschulalter. Aber ich merkte, dass es mir gefiel, jeden Tag ganz allein entscheiden zu können, was wir tun würden. Ich genoss diese Sommer, sie gehören zu den besten Zeiten meines Lebens.»

Waren sie das auch für die Kinder? Vielleicht nicht, aber das ist schwer zu entscheiden. Die Auswirkungen einer zeitweiligen Abwesenheit der Mutter würden allein schon ein ganzes Buch füllen, und die meisten Mütter, die ich interviewt habe, ließen keine Kinder zurück. Aber wenn Männer die Zeit mit ihren Kindern genossen haben, wie es bei Doris' Mann und bei David der Fall war, hatten die Kinder ganz sicher auch etwas davon. Im Rückblick erinnern sich die Kinder an die Schwierigkeiten, aber wenn sich der Vater einigermaßen gut um sie kümmerte, ging das Leben einfach weiter, vielleicht ein bisschen anstrengend, aber nicht traumatisierend. Die Zeit lässt die Erinnerungen sanfter wirken und Kinder konzentrieren sich wie die Ehemänner auf die positiven Seiten.

Dianas Sohn ist heute sechzehn. Als seine Mutter zum zweiten Mal für zwei Monate wegging, war er elf und kam an einer neuen Schule in die sechste Klasse. «Ich war echt durcheinander und wollte nicht, dass sie geht», erzählte er. «Ich hatte das Gefühl, wenn sie nicht da ist, fällt mir das Eingewöhnen viel zu schwer. Mein Vater hat mich gefragt, ob ich mir Sorgen mache, und dann meinte er, er würde mir helfen, die Sache durchzustehen. Ich glaube, in der Nacht, als sie wegging, habe ich geweint und in der ersten Woche habe ich ständig an sie gedacht.» Aber schon in der zweiten Woche entdeckte er die Vorteile eines entspannteren Lebensstils mit seinem Vater: später ins Bett gehen, ein kurzes Ja, wenn er Freunde besuchen wollte, Spaß beim Kochen und der Küchenarbeit. «Schließlich merkte ich kaum mehr, dass meine Mutter weg war», erzählte er. «Nicht, dass ich sie nicht vermisst hätte, aber ich wusste ja, sie kommt zurück.»

»Später stellte sich heraus, dass es ein großer Wendepunkt in meinem Leben war», fuhr er fort. «In der fünften Klasse war ich so von ihr abhängig bei den Hausaufgaben, wenn ich was in letzter Minute fertig kriegen musste. Mein Vater ist bei den Hausaufgaben keine große Hilfe und ich musste sie zum ersten Mal ganz alleine machen. Das war viel wichtiger, als ich gedacht hatte – zu merken, dass ich meine Mutter gar nicht so sehr brauchte.»

Wenn sich ein Kind an die Abwesenheit seiner Mutter erinnert, erinnert es sich meist mehr an die Anwesenheit seines Vaters, aber es ist natürlich schwer, sich darauf zu verlassen. Als eine Frau aus dem Mittleren Westen das Angebot bekam, sechs Monate als Beraterin an der kalifornischen Küste zu arbeiten, legte sie den Telefonhörer auf und jubelte vor Freude. Dann erzählte sie die Neuigkeit ihrem vierzehnjährigen Sohn. Zehn Jahre später erinnern sie sich ganz unterschiedlich an die damalige Zeit.

Sie: Er hat mich mit traurigem Gesicht angesehen und gesagt: «Kannst du denen nicht sagen, du hast ein Kind?» Mein Herz blieb stehen.

Er: Ich habe mich nicht gerade gefreut, dass du weggingst. Ganz bestimmt habe ich ein paar abfällige Bemerkungen gemacht.

Sie: Er wurde mürrisch und verdrossen und distanziert. Jedes Mal, wenn ich ihn anschaute, hatte er diesen Märtyrerausdruck im Gesicht, als hätte ich ihm irgendwas getan. Ich hatte mir vorgestellt, dass mich bestimmt alle besuchen wollen würden, weil ich in einer tollen Gegend am Wasser wohnen würde, aber er hat mir so ein schlechtes Gewissen gemacht, dass ich jeden Monat ein Wochenende nach Hause kam, um Wäsche zu waschen, einzukaufen, zu kochen und Mahlzeiten einzufrieren.

Er: Sie sagt, sie ist jeden Monat heimgekommen, aber daran erinnere ich mich nicht. Ich weiß noch, dass ich mit meinem Vater allein war und wir eine Menge Spaß zusammen hatten. Wir sind oft essen gegangen.

Sie: Als ich nach Hause kam und meinen Computer anstellte, hatte er ihn so programmiert, dass er mit seiner Stimme startete, die jammerte: «Mama! Hilfe! Ich hab mich im Computer verlaufen!» Er war ein kleiner Teufel, aber seine Stimme klang so verängstigt, dass ich mich fragte, ob ich ihm einen psychischen Schaden zugefügt hatte.

Er: Dass sie weg war, hatte auf mein Leben eigentlich keine größeren Auswirkungen. Eine viel größere Sache war es, als sie wieder anfing zu arbeiten, damals war ich zehn. Plötzlich war sie nicht mehr da, wenn ich aus der Schule kam. Da hat sich alles verändert und ich musste ihre Rolle für mich ganz neu definieren.

Sie (hörbar erleichtert, als ich ihr von dieser letzten Aussage berichte): Die ganzen Jahre habe ich gedacht, ich hätte sein Leben ruiniert. Gott sei Dank, ich hab es nicht.

Ob Frauen sich schuldig fühlen oder nicht, sie kehren immer mit einem gewissen Maß an Distanz zu ihren Kindern zurück, und auch das Kind hat sich von ihr gelöst – ein gesundes Gefühl des Loslassens. Ganz gleich, wie eng oder verstrickt die Familie sein mag, Frauen kehren immer mit der Erkenntnis zurück, dass sie sich zurückziehen können, ohne dass alles auseinander bricht. Alle Mütter, die ich interviewt habe, machten dieselbe Entdeckung und alle waren gleichermaßen überrascht darüber. «Ich merkte, dass die Kinder gut ohne mich zurechtkommen.» Wenn eine Frau eine narzisstische Illusion durch eine bescheidene Realität ersetzt, haben alle Beteiligten etwas davon.

Andere Auswirkungen

Charlotte Overby beginnt einen Essay mit den Worten: «Neunundvierzig Jahre hat meine Mutter ihre Fingernägel zu einem roten, rissigen Nichts abgekaut. Als sie mit dreiundfünfzig von ihrer ersten Reise nach Portugal zurückkam, waren die Nägel milchig, fest und lang. Sie wollte nicht, dass ich sie mir ansehe, aber ich staunte.»

Die Transformation von Barbara Overbys Händen inspirierte ihre Tochter dazu, einen Essay zu schreiben, der in einer Anthologie mit Geschichten von Frauen aus Missouri veröffentlicht wurde. «Ich war besessen von der Tatsache, dass meine Mutter aufgehört hatte, an den Fingernägeln zu kauen», sagte Charlotte, die zwanzig war in dem Sommer, als ihre Mutter zum ersten Mal ihre Reise antrat. «Ich musste herausfinden, warum sie wieder wuchsen.» Sie entdeckte, dass sich das Leben ihrer Mutter durch die Reisen nach Portugal und dadurch, dass sie etwas tat, was sie liebte, vollkommen verändert hatte. Ihre Fingernägel symbolisierten diese Veränderung.

Bewegung verursacht einen Welleneffekt, eine Transformation führt zur anderen. Charlotte arbeitete einen Sommer an der gleichen Ausgrabungsstätte wie ihre Mutter, und als diese beschloss, auf dem Camino de Santiago zu wandern, schloss Charlotte sich ihr zwei Wochen an. In ihrem zwölften portugiesischen Sommer kehrte Barbara auf den Camino zurück, zusammen mit ihrer

Tochter und ihrer vierzehnjährigen Enkeltochter, die so stolz war, die achthundert Kilometer geschafft zu haben, dass sie die Erfahrung unbedingt wiederholen möchte. Das nächste Mal will sie ihren Bruder und einen Cousin mitnehmen und die Gruppe anführen. Während die drei Generationen auf Pilgerfahrt gingen, hängte man im Coffeeshop um die Ecke eine Karte ihrer Route auf und veranstaltete bei ihrer Rückkehr einen geselligen Abend. Zehn Jahre lang freute sich Barbaras Mann stellvertretend an den Erlebnissen seiner Frau, besuchte mehrmals die Ausgrabung und las die meisten ihrer Bücher über Portugal. Im elften Sommer beschloss er mitzukommen. Auch er arbeitete eine Weile in einem *refugio*. «Barbara ist ein interessanter Mensch, und das liegt unter anderem daran, dass sie nicht das Gefühl hatte, sie muss immer bei mir zu Hause bleiben», sagte er. «Und als ihr Leben interessant wurde, hat sich das auf mein Leben übertragen.»

Frauen, die einen Urlaub von der Ehe nehmen, bereichern das Leben der Menschen um sie herum. Für Ehemänner, Freunde, Kinder und Enkel sind sie Vertreterinnen des Risikos und vermitteln die Botschaft, dass wir unser Leben neu erschaffen können. Joan Mister hoffte, dass ihre Reise ein Vermächtnis an ihre siebenjährige Enkelin sein würde: «Damit sie das Potential erkennt, dass in der Zeit liegt.» Als ihre Geschichte in der «New York Times» erschien, bekam sie E-Mails aus dem ganzen Land, die ihr zeigten, dass ihre Reise weit mehr Menschen inspirierte als nur ein kleines Mädchen in Brooklyn.

Letztlich ist auch die Heimkehr von einem Paradox bestimmt, denn die Ankunft bedeutet gleichzeitig ein Ende und ein Ende signalisiert einen Neubeginn. Indem Frauen von zu Hause weggehen, bekommt dieses Zuhause eine neue Bedeutung. Es ist nicht nur ein geschützter Raum und das Herzzentrum der Familie, sondern ein Platz im Innern, ein Platz, an dem sie sich mit Veränderungen wohler fühlen – und dadurch mehr zu Hause auch an fremden Orten, mehr zu Hause in sich selbst.

7

Reflexionen

Wirklich eine gute Idee, nach Westen zu ziehen!
Georgia O'Keeffe
Brief an Rebecca Strand
5. November 1929

»Ich wollte, ich wäre länger geblieben.«

»Ich wollte, ich wäre weiter weg von zu Hause gewesen.«

»Ich wollte, ich wäre in einer Stadt gewesen, in der ich keine Menschenseele kenne, wo niemand Anspruch auf meine Zeit erhoben hätte.«

»Ich wollte, ich wäre schon vor Jahren gegangen.«

»Wenn ich früher weggegangen wäre, wäre ich früher erwachsen geworden und hätte mehr Selbstbewusstsein gehabt. Aber ich war nicht bereit. Ich wollte, ich hätte es früher geschafft.«

»Ich bin nicht weggegangen, weil etwas mit unserer Ehe nicht stimmte, aber sie hätte in Schwierigkeiten geraten können, wenn ich nicht gegangen wäre.«

»Wenn ich nicht gegangen wäre, wäre der Groll so groß geworden, dass wir uns wahrscheinlich irgendwann hätten scheiden lassen.

Ob Frauen einen Monat oder zwei Jahre weg waren, eine einzige Soloreise oder mehrere hinter sich hatten, immer tauchten Superlative in der Beschreibung ihrer Erlebnisse auf: *Es beeinflusst mein Leben bis heute ... Ein unschätzbar wertvolles Erlebnis ... Ein Wendepunkt ... Es hat mich verwandelt ... Das größte Geschenk, das ich mir selbst je gemacht habe ... Der Schlüssel zu dem, was ich heute bin.*

Ellen, die als Medienberaterin beim Präsidentschaftswahlkampf arbeitete, Gastgeberin bei einer Talkshow im Kabelfernsehen war und mehrere im ganzen Land ausgestrahlte Werbespots drehte –

deren Leben man also mit Fug und Recht als aufregend bezeichnen kann –, sagt über ihren Unterrichtsauftrag in Europa: «Für diese zweieinhalb Monate wegzugehen, das war einer der Höhepunkte in meinem Leben. Es ist jetzt fünf Jahre her und immer noch sehr wichtig für mich.»

Wenn von den Geschichten der Frauen ein märchenhafter Glanz auszugehen scheint, liegt das daran, dass die charakteristischen Eigenschaften eines Urlaubs von der Ehe denen eines so genannten Gipfelerlebnisses ähneln. Nach Ansicht des Psychologen Abraham Maslow entsteht ein Gipfelerlebnis durch einen Ausbruch von Kreativität, einen Moment von Einsicht oder Erkenntnis, aus dem Verschmelzen mit der Natur. Maslow beschreibt folgende Charakteristika: ein scharfer Gegensatz zu den gewöhnlichen Lebenserfahrungen, eine Desorientierung in Zeit und Raum, Einfachheit, Lebendigkeit, Unabhängigkeit, eine emotionale Reaktion des Staunens und der Dankbarkeit. Bei einem Gipfelerlebnis ist der Mensch spontaner, expressiv, entschlossen, stark, «größtenteils in ihrer oder seiner eigenen Identität». Maslow glaubt, dass die erfüllendsten, glücklichsten und gesündesten Augenblicke in unserem Leben die Augenblicke größter Individualität sind.

Ein Urlaub von der Ehe kann den Charakter oder die innere Stimme einer Frau ans Licht bringen, kann ihrem Leben eine neue Struktur verleihen. Er kann die Szenerie bestimmen, eine Landschaft durchdringen, ein neues Kapitel beginnen oder eines beenden. Er kann ein episches Gedicht oder ein verspielter Vers sein, Subtext oder Kontext, Monolog oder Dialog, Angelpunkt oder Wendepunkt, vorherrschendes Thema oder immer wiederkehrender roter Faden. Für manche Frauen reicht ein einziger Urlaub in einer fünfundfünfzigjährigen Ehe, für andere ist er immer wieder notwendig, je nachdem, wann das Bedürfnis auftaucht oder eine Gelegenheit winkt, für manche beginnt mit dem ersten Mal ein neues Lebensmuster.

In jeder Beziehung gibt es Spannungen, immer findet ein Kampf statt zwischen dem Wunsch nach Nähe und der Sehnsucht nach Unabhängigkeit. Ein Urlaub von der Ehe ist kein Patentrezept, aber er ermöglicht es uns, beide Seiten des Lebens einzubeziehen.

Die Vorteile eines Sabbatjahres für Akademiker oder Lehrer sind bekannt: eine Zeit, in der man seinen Geist entwickelt, die Kreativität fokussiert, sich körperlich und geistig erneuert. Der Wert dessen, dass man die Alltagswelt verlässt und eine Weile in einer herausgehobenen Situation lebt, liegt nicht nur in dem, was wir entdecken, sondern auch in dem, womit wir zurückkehren: ein erneuertes Selbst, bereit, sich der Arbeit auf einem höheren Niveau zu widmen, bewusster, durchdachter, offener. Hinter dem Konzept des Sabbatjahrs steckt die Annahme, dass ein arbeitender Mensch persönlich gestärkt zurückkommt, mit größerer Einsicht und einer breiteren Perspektive – mit Eigenschaften also, von denen die Umgebung profitiert, in die er zurückkehrt.

Wo es eine Grundlage von Vertrauen und Verpflichtung gibt, kann ein Urlaub von der Ehe einen ebenso kraftvollen Einfluss haben. Aber ich schlage nicht vor, dass jede verheiratete Frau – und jeder Mann – sich auf den Weg zu fernen Ufern machen sollte. Sicher, es ist leicht, in die Falle des missionarischen Eifers zu gehen: Wenn etwas mein eigenes Leben umgekrempelt hat, dann wird es das bei jedem anderen Menschen auch erreichen. Aber wir sind alle unterschiedliche Individuen mit unterschiedlicher Vergangenheit und unterschiedlichen Träumen. Und durch diese Unterschiede entstehen Ehen, die in ihren Erwartungen und Bedürfnissen weit auseinander klaffen. Die Träume mancher Frauen lassen sich in ihrer Heimatstadt erfüllen, andere sogar direkt zu Hause. Manche Männer hassen es zu reisen und sind kein bisschen abenteuerlustig. Nicht jeder Mensch sehnt sich nach Einsamkeit. Manche Paare sind so überlastet mit finanziellen Verpflichtungen und mit der Kindererziehung, dass die Probleme eines Urlaubs von der Ehe den möglichen Gewinn bei weitem übertreffen würden. Andere wollen nirgendwo anders sein als bei ihren heranwachsenden Kindern. Manche Frauen haben viele Jahre allein oder in unbefriedigenden Ehen gelebt und verspüren jetzt, da sie einen Seelenverwandten gefunden haben, keinerlei Bedürfnis, sich von ihm zu trennen. In Beziehungen, in denen Untreue das Eheproblem ist, wäre ein Urlaub von der Ehe möglicherweise nicht ratsam. Manche Paare wissen, dass ständiges Zusammensein für sie am besten funktioniert. Die Ehe ist kein Konzept mit Einheitsgröße.

Und ich empfehle auch keine Lösung in Einheitsgröße. Ich trete vielmehr ein für eine Erweiterung der Vorstellung, was in der Ehe der Zukunft möglich ist. Universell an einer Ehe ist nicht die Antwort, die wir finden, sondern die Frage, die wir stellen: Wie bleiben wir über eine lange Zeit mit dem gleichen Menschen verheiratet, wenn die einzige Konstante des Lebens Veränderung ist? Heute werden striktere Scheidungsgesetze und eine Rückkehr zum traditionellen Ehemodell propagiert, alles konzentriert sich darauf, eine Scheidung zu erschweren. Aber wäre es nicht besser, wenn man dafür sorgen würde, dass es leichter wird, verheiratet zu bleiben?

Am Anfang sollte eine neue Definition stehen. Wir sollten die Ehe nicht nur als Institution mit all den restriktiven Konnotationen verstehen – öffentlich im Charakter, traditionell in der Praxis, dem Status quo verpflichtet. Die Ziele einer Institution arbeiten unweigerlich gegen die Bedürfnisse des Individuums.

Wir könnten die Ehe beispielsweise als Versuchslabor ansehen, mit allen positiven Nebenbedeutungen hinsichtlich tief greifender Neuerungen und Fortschritte. Mit dieser Definition wird die Ehe zu einem sicheren Ort, an dem man Annahmen in Frage stellen, Probleme angehen, neue Formen der Beziehung wagen, Experimente legalisieren kann. Mit dieser Definition wird Ehe ein dynamischer Bewusstseinszustand, eine sich entwickelnde Partnerschaft. Ein Urlaub von der Ehe symbolisiert Bewegung nach vorn.

Wir könnten die Ehe als Energiesystem sehen, das individuelle Lösungen für individuelle Bedingungen braucht. Mit dieser Definition kümmern sich Paare um vernachlässigte Resourcen, suchen neue und erneuerbare Quellen der Kraft, verbinden das Konventionelle mit dem Unkonventionellen und schlagen manchmal entgegengesetzte Wege ein. Wenn wir die Ehe als Energiesystem sehen, ist das Ziel ein ständiger Luftaustausch – Geborgenheit, Wärme und Elektrizität das ganze Jahr über. Ein Urlaub von der Ehe bringt neue Energie in eine Beziehung.

Wir könnten die Ehe als Kunstwerk sehen; wir investieren ebenso viel Zeit in die Gestaltung einer Partnerschaft, wie wir in die Gestaltung unseres Heims investieren. In unserer Wohnung wollen wir auch nicht um jeden Preis ein altes Modell übernehmen, statt ein neues auszuprobieren. Mit dieser Definition wird die Ehe eine Leinwand, der wir uns mit offenem Herzen, einem kreativen Geist und dem Gefühl nähern, dass unsere Möglichkeiten unerschöpflich sind. Um auf der Leinwand mit Farbe und emotionalem Schwung Leben hervorzurufen, müssen wir inspiriert bleiben, die Welt ständig mit neuen Augen sehen. Dann wird die Ehe ein künstlerisches Projekt, in dem sich die vielfältigen Manifestationen des Selbst, die in uns allen existieren, frei entfalten. Mit jeder neuen Entfaltung können wir uns unserer Ehe als neues Individuum nähern – der gleiche Körper, ein veränderter Geist. In Zeiten, wenn wir uns wünschen, unser Partner wäre ein anderer Mensch, sollten wir, ehe wir uns nach einem Ersatz umsehen, erst einmal erforschen, ob *wir* nicht ein anderer Mensch werden können. Ein Urlaub von der Ehe schenkt uns den Raum, in dem wir uns neu erschaffen können, und die Zeit, die Welt neu zu entdecken.

Wir könnten die Ehe auch als Vertrag über unser beidseitiges persönliches Wachstum sehen, als Startrampe dafür, uns selbst zu entdecken, nicht nur als Fahrt zum Supermarkt. Genau wie ein Betrieb zusammenbricht, wenn niemand sich um die psychischen Bedürfnisse der Angestellten kümmert, so geschieht es auch in der Ehe. Die steigende Zahl von Frauen, die im mittleren Alter die Scheidung einreichen und als Grund «persönliche Entwicklung» angeben, sollte uns wachrütteln, die Unabhängigkeitsbestrebungen in der Ehe nicht als Bedrohung zu sehen, sondern als das Wachstum, das Frauen ganz offensichtlich brauchen. Wenn wir die Ehe als einen Vertrag für persönliches Wachstum sehen, verpflichten wir uns dazu, unsere eigene Entwicklung ebenso zu unterstützen wie die unseres Partners. Dann wird die Ehe nicht nur ein Nest, in dem man eine Familie gründet und Kinder aufzieht, sondern ein Ort, an dem wir Träume verwirklichen und Erfahrungen suchen, die uns näher mit unserem wahren Selbst in Verbindung bringen. Wenn wir älter werden, gewinnen solche Erfahrungen zunehmend an Bedeutung, denn sonst laufen wir Gefahr, den Kontakt zum Leben zu verlieren. Einer der Vorteile eines Urlaubs von der Ehe ist, dass er uns auf unsere Selbstverwirklichung fokussiert.

Schließlich können wir die Ehe auch als eine spirituelle Reise sehen. Meine Schwägerin, die als Pfarrerin arbeitet, erinnert sich, dass in den siebziger Jahren viele Paare, denen sie half, ihren persönlichen Eheschwur zu formulieren, die Worte «und in schlechten Tagen» weglassen wollten. Aber wie jedes lange verheiratete Paar weiß, geht es, wenn die Ehe Bestand haben soll, gerade darum, die schlechten Tage zu überstehen. Eine Ehe kann viel Spaß machen, solange man einen guten Job hat, die Kinder gedeihen und das Geld fließt. Der Härtetest kommt erst, wenn uns das Leben um vier Uhr morgens anspringt, wenn unser Partner seine Arbeitsstelle verliert, wenn er krank wird, die Hoffnung aufgibt, wenn wir deprimiert sind oder schlimmen Kummer haben, wenn die Beziehung an einen Tiefpunkt kommt, was unvermeidlich ist. Wenn wir unsere Bedürfnisse aufschieben müssen, weil ein geliebter Mensch ein wichtigeres Bedürfnis hat, dann liegt die Herausforderung nicht nur darin, den Kurs zu halten, sondern es auch noch mit einem Mindestmaß an Anstand und Takt zu tun. Da ein Urlaub von der Ehe für den daheim gebliebenen Partner «schlechte Tage» bedeuten kann, kann er auch einen Aspekt in der gemeinsamen spirituellen Reise des Paars darstellen.

Welche Definition auch immer mitschwingt, wir müssen uns mehr um die Essenz von Beziehungen kümmern und weniger um ihre Form. Wir müssen uns endlich verabschieden von überholten Ideen, wie eine Ehe aussehen *sollte*, und stattdessen Ausschau halten danach, wie eine Ehe sein *könnte*.

Für viele Paare – in den Anfangsjahren vielleicht sogar für die meisten – mag die Vorstellung eines Urlaubs von der Ehe fehl am Platz erscheinen. Als ich einundzwanzig war, habe ich nicht daran gedacht, den Mann, mit dem ich den Rest meines Lebens zu verbringen plante, zu fragen, wie viel Zeit für sich allein er brauchte. Mir kam auch nicht in den Sinn, über meine eigenen Bedürfnisse nach Einsamkeit nachzudenken. Aber inzwischen habe ich gelernt, dass die Dynamik von Zusammensein und Getrenntsein in einer Beziehung wichtig ist, so wichtig, dass verliebte Paare, wenn sie besprechen, wo sie wohnen und ob sie Kinder haben wollen, die Frage hinzufügen sollten: Wie viel Zeit für dich allein brauchst du? Wie wichtig ist es für dich, allein auf Abenteuersuche zu gehen? Wie würdest du dich fühlen, wenn ich eine Weile allein weggehe. Die Wissenschaftlerin Jessie Bernard schrieb 1972, dass in der Vergangenheit das Ziel für eine feste Beziehung Stabilität war. Für feste Beziehungen in der Zukunft prophezeite sie: «Die Betonung könnte sowohl für Männer als auch für Frauen auf der persönlichen Freiheit liegen.»

Ein Urlaub von der Ehe ist eine Möglichkeit, Freiheit in die Ehe einzubauen, ihr geschmeidigere Grenzen und weitere Räume zu verleihen – um sie von innen heraus umzugestalten.

An manchen Tagen fühlen sich meine Erlebnisse im Rückblick fast surreal an. Bin ich wirklich weg gewesen, frage ich mich dann, oder habe ich alles nur geträumt? Ich, die ich die meiste Zeit meines Lebens ängstlich und schuldbewusst verbracht habe, die ich neunundzwanzig Jahre mit demselben Mann verheiratet bin, die ich mich aus dem Arbeitsleben zurückgezogen habe, um bei meinen Kindern zu Hause zu bleiben, als sie klein waren – wie kommt es, dass ausgerechnet ich etwas getan habe, was manchen anderen radikal vorkommt? An anderen Tagen frage ich mich, was das ganze Theater eigentlich soll. War das alles wirklich so bedeutsam, dass ich mich hinsetzen und ein Buch darüber schreiben musste?

Dann denke ich manchmal, es hat sich nichts geändert. In meinem Kopf laufen immer noch Diskussionen ab, nur sind es jetzt eben andere. Mein Alltag, meine Routine ist dieselbe geblieben: Meistens schreibe ich und pro Semester halte ich ein bis zwei Seminare ab. Wenn einer unserer Söhne eine Nachricht auf dem Anrufbeantworter hinterlässt, ruft Jim zurück, wenn es ihm in den Kram passt, während ich, selbst wenn ich einen dringenden Termin habe, den Anruf so schnell und fast automatisch erwidere, dass die Telefonleitung sich anfühlt wie eine elektronische Nabelschnur.

Aber es gibt auch Tage, an denen ich staune, was sich alles verändert hat. Wir ziehen aus unserem Vororthaus in eine Wohnung in der Innenstadt – wir werfen eine Schale ab. Jim verlässt das Haus genauso oft wie ich. Die Jungs rufen ihn viel öfter an. Neben meinem Bett liegt ein Buch über Schriftstellerkolonien in aller Welt. Ich weiß, dass ich mich noch einmal dorthin zurückziehen werde, vielleicht jedes Jahr für einen Monat oder so. Die Zeit wird mir gehören, ich werde sie mir nehmen, um für mich zu sorgen, meine Arbeit neu zu bewerten, aber auch, um meinen Mann zu vermissen, die Anziehungskraft zwischen uns zu stärken, mir ins Gedächtnis zu rufen, dass ich ihn und seine Liebe nicht für selbstverständlich nehmen will. Das nächste Mal kann ich hoffentlich ohne schlechtes Gewissen aufbrechen.

Alles hat sich verändert, nichts hat sich verändert. Während ich dieses Buch ein Jahr später zu Ende bringe, bleibt dieser Gedanke.

Ich war drei Monate weg, so lange wie als Kind in den Sommerferien – eigentlich nicht mehr als ein Pixel auf dem Computerbildschirm unserer Ehe. Aber in diesen drei Monaten verwirklichte ich drei Träume. Vor kurzem sagte Jim: «Ich möchte, dass du weißt, dass es für mich in Ordnung ist, wenn du das neunmonatige Studium in New York machst. Ich weiß, wir werden das gut überstehen.» Das Wichtigste, was ich durch mein Weggehen gelernt habe, ist, dass es nicht die Ehe war, die mich immer zurückgehalten hat. Alle Barrieren gegen das Leben, das ich mir wünschte, waren in mir selbst. Und als mir das klar wurde, verliebte ich mich noch einmal von neuem in meinen Mann.

Ich konnte mir nie vorstellen, für drei Monate wegzugehen und trotzdem verheiratet zu bleiben. Als ich entdeckte, dass ich es konnte, begann das Leben sich mir wieder zu öffnen, dehnte sich die Zeit, reich an Möglichkeiten, und erstreckte sich vor mir wie endlose Felder vor einem weit entfernten Horizont.

Ausgewählte Literatur

Memoiren

Bender, Sue: *So einfach wie das Leben. Eine Frau bei den Amischen – Die Geschichte einer Wandlung.* Verlag Paul List. München 1996

Fejes, Claire: *Cold Starry Night – An Alaska Memoir.* Epicenter Press. Seattle 1996

Fejes, Claire: *People of the Noatak.* Alfred A. Knopf. New York 1966

Grumbach, Doris: *Fifty Days of Solitude.* Beacon Press. Boston 1994

Jaynes, Gregory: *Come Hell on High Water – A Really Sullen Memoir.* North Point Press. New York 1997

Katz, Jon: *Running to the Mountain – A Journey of Faith and Change.* Villard. New York 1999

Kempe, Margery: *The Book of Margery Kempe.* Doubleday. New York 1998

Lindbergh, Anne Morrow: *Muscheln in meiner Hand. Eine Antwort auf die Konflikte unseres Daseins.* Piper. München 1990

Sarton, May: *Journal of a Solitude.* Norton. New York 1973

Sarton, May: *Mrs. Stevens Hears a Marmaid Singing.* Norton. New York 1965

Shalom, Sabina: *A Marriage Sabbatical.* Mead. New York 1984

Steinbeck, John: *Travels with Charlie – In Search of America.* Penguin Books, Viking. New York 1962

West, Jessamyn: *Hide and Seek – A Continuing Journey.* Harcourt Brace Jovanovich. New York 1973

Biografien

Banner, Lois W.: *Elizabeth Cady Stanton – A Radical for Women's Rights.* Brown and Company. Boston 1980

Berg, A. Scott: *Lindbergh.* Putnam's Sons. New York 1998

Blanch, Lesley: *The Wilder Shores of Love.* Simon and Schuster. New York 1954

Butler, Susan: *East to the Dawn – The Life of Amelia Earhart.* Adison-Wesley. Reading, Massachusetts 1997

Cowart, Jack und Hamilton, Juan (Hrsg.): *Georgia O'Keeffe – Art and Letters.* Little, Brown. Boston 1987

Eisler, Benita: *O'Keeffe and Stieglitz – An American Romance.* Doubleday. New York 1991

Goldstein, Donald M. und Dillon, Katherine V.: *Amelia – The Centenntial Biography of an Aviation Pioneer.* Brasseys. Washington 1997

Griffith, Elisabeth: *In Her Own Right – The Life of Elizabeth Cady Stanton*. Oxford University Press. New York 1984

Hedrick, Joan D.: *Hariet Beecher Stowe – A Life*. Oxford University Press. New York 1994

Johnston, Johanna: *Runaway to Heaven – The Story of Harriet Beecher Stowe*. Doubleday. New York 1963

Lader, Lawrence und Meltzer, Milton: *Margaret Sanger – Pioneer of Birth Control*. Thomas Y. Crowell. New York 1969

Lane, Ann J.: *To Her Land and Beyond – The Life and Work of Charlotte Perkins Gilman*. Pantheon Books. New York 1990

Lisle Laurie: *Georgia O'Keeffe – Das Leben der großen amerikanischen Malerin*. Droemer Knaur Verlag. München 1992

Lovell, Mary S.: *A Rage to Live – A Biography of Richard and Isabel Burton*. W. W. Norton. New York 1998

Milton, Joyce: *Die Lindberghs – Eine Biographie*. Hoffmann und Campe. Hamburg 1995

Robinson, Roxana: *Georgia O'Keeffe – A Life*. Harper and Row. New York 1989

Whelan, Richard: *Alfred Stieglitz – Eine Biographie*. Verlag Kehayoff Gina. München 1989

Kulturgeschichte

Aries, Philippe und Duby, Georges (Hrsg.): *A History of Private Life*. Band 1–3. Harvard University Press. Cambridge 1988

Cahill, Thomas: *Wie die Iren die Zivilisation retteten – Die nie erzählte Geschichte der heldenhaften Rolle, die Irland vom Untergang Roms bis zum Aufstieg des mittelalterlichen Europa spielte*. btb. München 1998

Degler, Carl N.: *At Odds – Women and the Familiy in America from the Revolution to the Present*. Oxford University Press. New York 1980

Gilman, Charlotte Perkins: *The Home – Its Work and Influence*. McClure, Phillips. New York 1903

Goodsell, Willystine: *A History of Marriage and the Family*. The Macmillan Company. New York 1934

Green, Harvey: *The Light of the Home – An Intimate View of the Lives of Women in Victorian America*. Pantheon Books. New York 1983

Hite, Shere: *Wie Frauen Frauen sehen. Neue Wege zwischen Zuneigung und Rivalität – Analyse einer Gesellschaft im Umbruch*. Europa Verlag. München 1997

Hochschild, Arlie: *Der Achtundvierzig-Stunden-Tag – Wege aus dem Dilemma berufstätiger Eltern*. Droemer Knaur Verlag. München 1993

Labarge, Margaret Wad: *A Small Sound of the Trumpet – Women in Medieval Life*. Beacon Press. Boston 1986.

Baruch, Grace und Brooks-Gunn, Jeanne (Hrsg.): *Women in Mid-Life.* Plenum Press. New York 1984

Bernard, Jessie: *The Future of Marriage.* World Publishing. New York 1972

Bettelheim, Bruno: *Kinder brauchen Märchen.* Deutscher Taschenbuchverlag. München 1980

Borysenko, Joan: *Guilt Is the Teacher, Love Is the Lesson.* Warner Books. New York 1990

Buchholz, Ester Schaler: *The Call of Solitude – Alonetime in a World of Attachment.* Simon and Schuster. New York 1997

Campbell, Joseph: *Die Kraft der Mythen – Bilder der Seele im Leben des Menschen.* Artemis/Patmos. Düsseldorf 1994

Campbell, Joseph: *The Hero's Journey – The World of Joseph Campbell.* Harper and Row. San Francisco 1990

Campbell, Joseph: *The Hero With a Thousand Faces.* Princeton University Press. Princeton 1949

Carter, Betty: *Unsichtbare Schlingen – Die Bedeutung der Geschlechterrollen in der Familientherapie.* Klett Cotta. Stuttgart 1995

Chinen, Allan B.: *Once Upon a Midlife – Classic Stories and Mythic Tales to Illuminate the Middle Years.* Jeremy P. Tarcher. Los Angeles 1992

Csikszentmihalyi, Mihaly: *Das Flow-Erlebnis – Jenseits von Angst und Langeweile: im Tun aufgehen.* Klett Cotta. Stuttgart 1993

Csikszentmihalyi, Mihaly: *Die außergewöhnliche Erfahrung im Alltag – Die Psychologie des Flow-Erlebnisses.* Klett Cotta. Stuttgart 1996

Erikson, Erik H.: *Kindheit und Gesellschaft.* Klett Cotta. Stutgart 1992

Erikson, Erik H.: *Identität und Lebenszyklus – Drei Aufsätze.* Suhrkamp. Frankfurt 1995

Gallagher, Winifred: *The Power of Place – How Our Surroundings Shape Our Thoughts, Emotions and Actions.* Poseidon Press. New York 1993

Gilligan, Carol: *Die andere Stimme – Lebenskonflikte und Moral der Frau.* Deutscher Taschenbuchverlag. München 1996

Gilligan, Carol und Brown, Lyn Mikel: *Meeting at the Crossroads – Women's Psychology and Girls' Development.* Harvard University Press. Cambridge 1992

Gottman, John M. und Silver, Nan: *The Seven Principles for Making Marriage Work – A Practical Guide from the Country's Foremost Relationship Expert.* Crown Publishers. New York 1999

Gottman, John M.: *Lass uns einfach glücklich sein – Der Schlüssel zu einer harmonischen Prtnerschaft.* Wilhelm Heyne Verlag. München 1998

Harris, Judith Rich: *Ist Erziehung sinnlos? Die Ohnmacht der Eltern.* Rowohlt. Reinbek 2000

Heyn, Dalma: *Die heimliche Lust – Der Mythos von der weiblichen Treue.* Droemer Knaur Verlag. München 1995

Johnson, Robert A.: *She – Understanding Feminine Psychology.* Harper. New York 1976

Jung, Carl Gustav: *Die Dynamik des Unbewussten.* Gesammelte Werke VIII. Walter Verlag. Düsseldorf 1966

Maslow, Abraham H.: *Toward a Psychology of Being.* John Wiley and Sons. New York 1999

McGoldrick, Monica und Anderson, Carol M. (Hrsg.): *Feministische Familientherapie in Theorie und Praxis.* Lambertus Verlag. Freiburg 1991

McGoldrick, Monica und Gerson, Randy: *Genogramme in der Familienberatung.* Verlag Hans Huber. Göttingen 1995

Miller, Jean Baker: *Toward a New Psychology of Women.* Beacon Press. Boston 1976

Pearson, Carol S.: *Die Geburt des Helden in uns – Transformationen durch die* 12 Archetypen. Droemer Knaur Verlag. München 1993

Phelps, Ethel Johnston (Hrsg.): *Mensch Märchen – Die schönsten Märchen von schlauen Mädchen.* Elefanten Press. Berlin 1994

Segaller, Stephen und Berger, Merrill: *The Wisdom of the Dream – The World of C. G. Jung.* Shambhala. Boston 1989

Sheehy, Gail: *Die neuen Lebensphasen – Wie man aus jedem Alter das Beste machen kann.* Verlag Paul List. München 1996

Sills, Judith: *Liebe nach dem ersten Blick – Handbuch für Romantiker (zu zweit).* Rowohlt Taschenbuch. Reinbek b. Hamburg 1991

Stein, Murray: *In MidLife – A Jungian Perspective.* Spring Publications. Dallas 1983

Wile, Daniel B.: *Partnerschaftsprobleme, kein Problem – Rezepte gegen die Einsamkeit zu zweit.* Beltz-Quadriga. Weinheim a. d. Bergstraße 1992

Woodman, Marion und Dickson, Elinor: *Dancing in the Flames – The Dark Goddess in the Transformation of Consciousness.* Shambhala Publications. Boston 1996

Philosophie und Religion

Ariel, David S.: *Spirtual Judaism – Restoring Heart and Soul to Jewish Life.* Hyperion. New York 1998

Buber, Martin: *Ich und du.* Verlag Schneider Lambert. Gerlingen 1994

Heschel, Abraham Joshua: *The Sabbath – Its Meaning for Modern Man.* Farrar, Straus and Giroux. New York 1951

Kierkegaard, Sören: *Die Krankheit zum Tode.* Europäische Verlagsanstalt. Hamburg 1995

Miles, Sian (Hrsg.): *Simone Weil – An Anthology.* Weidenfeld and Nicolson. New York 1986

Montaigne, Michel de: *Essais 1–3.* Diogenes Verlag. Zürich 1996

Moore, Thomas: *Der Seele Flügel geben – Das Geheimnis von Liebe und Freundschaft.* Droemer Knaur Verlag. München 1995

Nouwen, Henri J. M.: *Clowning in Rome – Reflections on Solitude, Celibacy, Prayer and Contemplation.* Image Books. New York 1979

Rilke, Rainer Maria: *Briefe an einen jungen Dichter.* Insel Verlag/Suhrkamp. Frankfurt 2000

Russel, Bertrand: *Marriage and Morals.* Horace Liveright. New York 1929

Thoreau, Henry David: *Walden oder Hüttenleben im Walde.* Manesse Verlag. Stuttgart 1972

Belletristik

Berg, Elizabeth: *Der Ruf des Mondes.* Wilhelm Goldmann Verlag. München 1998

Chopin, Kate: *Das Erwachen.* Ars Vivendi. Cadolzburg 1996

Colwin, Laurie: *Happy All the Time.* HarperPerennial. New York 1978

Ibsen, Henrik: *Nora – Ein Puppenheim.* Reclam. Ditzingen 1990

Lessing, Doris: *To Room Nineteen.* In: *Doris Lessing's Stories.* Alfred A. Knopf. New York 1978

Lewis, Sinclair: *Main Street – Die Geschichte von Carol Kennicott.* Manesse Verlag. Stuttgart 1996

Tyler, Anne: *Kleine Abschiede.* S. Fischer. Frankfurt 1995

Dank

Ein Buch zu schreiben ist ebenfalls eine Reise, voller Angst und Hoffnung, voller Paradoxe. Man reist allein, aber man ist angewiesen auf die Hilfe anderer Menschen. Gleichzeitig isoliert man sich, zieht sich ganz in sich selbst zurück, was bedeutet, dass man diejenigen, die man braucht, notgedrungen vernachlässigt. Dafür, dass sie mir trotzdem geholfen und in vielen Fällen auch verziehen haben, geht mein tief empfundener Dank an:

Karen Koman, die mich überzeugt hat, dass das Thema ein Buch wert ist, und einen Titel dafür gefunden hat;

meine Agentin Lisa Bankoff und meine Lektorin Marnie Cochran, die Verbündeten meines Traums – engagierte Verlagsprofis und wundervolle Frauen;

die Ucross Foundation of Wyoming, Hedgebrook of Washington State und Arin Waddell, die mir einen herrlichen Platz zum Schreiben verschafft und mir meinen Urlaub von der Ehe erst ermöglicht haben;

die Frauen – und Männer –, deren Geschichten diese Seiten füllen und die mich inspiriert haben;

die vielen berufstätigen Menschen, die ihre Zeit und ihre Erfahrungen mit mir geteilt haben, vor allem die vier, die dies nicht nur einmal, sondern immer wieder taten: die Psychoanalytikerin Alice Brand-Bartlett und Edward Greenwood, Professor an der Karl Menninger School of Psychiatry in Topeka, Kansas; Bill Bumberry, Ph. D., klinischer Psychologe in St. Louis, Missouri; John Gottman, Ph. D., Professor der Psychologie an der University of Washington und Kodirektor des Gottman Institute in Seattle; sowie Patricia Vesey-McGrew, Analytikerin in Boston, Massachusetts;

die Freundinnen und Kolleginnen Jane Ferry, Anna Howald, Kit Jenkins, Joan Johnson, Jane Peters, Roberta Brown Root und Karen Scheeter für ihr sorgfältiges Korrekturlesen, ihr ehrliches Feedback und ihre angenehme Gesellschaft;

Martha Baker dafür, dass sie zwei Entwürfe mit scharfem Auge und viel Herzenswärme vollständig redigiert hat;

die ASJA-Mitglieder Murray Bloom, Don Carlinsky, Florence Isaacs, Sallie Randolph und Victoria Secunda;

Rosemary Danielle und Doris Helmering für ihren erfahrenen Rat unterwegs;

Bill Olbricht an der Olin Library der University of Washington und Ellen Eliceiri und ihre Leute an der Eden-Webster Library für ihre unschätzbar wertvolle Hilfe bei den Recherchen;

Marco Pavia, dem Cutter von Perseus, der so nett und geduldig war, wenn ich mit meinen Änderungen noch in allerletzter Minute ankam;

Melissa Criggs, Donna Shatz, Ann Wald und meine Schwägerinnen Particia, Beckie und Mia, die mich unterstützt haben, als ich es am dringendsten brauchte;

meine Eltern, die es respektierten, dass ich allein sein musste, und die stolz auf mein Vorhaben waren;

meine Söhne Eric und Brain, deren freimütige Kritik eines frühen Entwurfs mich dazu gebracht hat, einen besseren zu schreiben, deren genervtes «Bist du *immer* noch nicht fertig?» mich bis zur letzten Seite in Trab gehalten hat, deren Lachen und deren Liebe mir Ruhe gaben, mich aufmunterten und mich bei Verstand hielten;

und Jim, der daran glaubte, dass dieses Buch wichtig ist, und nach diesem Glauben gehandelt hat, der zahllose Seiten gelesen, zahllose Stunden zugehört, mir Ideen, Spaziergänge, Mahlzeiten und Zeitpläne offeriert hat, der sich nicht ein einziges Mal darüber beklagt hat, dass ich sein Leben ans Licht der Öffentlichkeit zerrte, indem ich über meines schrieb, der sogar peinliche Momente seines Lebens beigesteuert hat, der mir geholfen hat, mein Ziel nicht aus den Augen zu verlieren und mit meiner Unsicherheit zu leben, bis ich sie endlich loslassen konnte.

Cheryl Jarvis ist freie Journalistin. Sie schreibt u.a. für das *Wall Street Journal* und für *Cosmopolitan*. Zurzeit arbeitet sie als Professorin im Fachbereich Kommunikation und Journalismus an der Washington University und der Webster University. Sie lebt mit ihrem Mann in St. Louis.